元号読本

「大化」から「令和」まで全248年号の読み物事典

所功・久禮旦雄・吉野健一［編著］

元社

はじめに

元号（年号）とは何でしょうか。それは、人（個人）に付ける漢字の名前です。だから、親が生まれてくる子供のため、希望や理想をこめて名前を考えるように、日本人がこれから迎える時代のため、希望や理想を託して元号という名前を付けることに、すぐれた文化的な意義があります。

たとえば、これまで三十年あまり使ってきた「平成」元号は、改元当日、竹下内閣の小渕官房長官が「この平成には、国の内外にも天地にも平和が達成される、という意味がこめられており、これからの新しい時代の理想とするに最もふさわしい」と説明しています。当時の人々は、それをどのように受けとめていたのでしょうか。

実は平成二年（一九九〇）十一月、即位礼と大嘗祭が行われた頃、皇后陛下（当時五十五歳）は「平成」と題する御歌《みうた》三首の一つに次のごとく詠んでおられます（『瀬音　皇后陛下御歌集』大東出版社編・刊、平成九年より）。

ともどもに平《たひ》らけき代を築かむと諸人《もろひと》のことば国うちに充《み》つ

しかも、それから三十年近く経った平成三十一年（二〇一九）の二月二十四日、政府主催の「御在位三十年記念式典」において、天皇陛下（八十五歳）は、右の御歌を感慨深く引用され、次のように述べておられます（宮内庁ホームページより）。

この頃（平成のはじめ）、全国各地より寄せられた「私たちも皇室と共に平和な日本をつくっていく」という静かな中にも決意に満ちた言葉を、私どもは今も大切に心にとどめています。

まさに多くの日本人が「平成」元号を知って感じたのは、このような新しい時代への期待であり決意であったことを、あらためて気づかされました。

およそ元号（年号）は、西暦のような数字によって一年一年を点（ポイント）で連ねる線とは異なり、意味を表す漢字の組み合わせに、歩みゆく当代への思いをこめるものですから、しばらくして振り返れば、その時代の帯（ゾーン）として大まかな特色を表すことにもなります。

このような元号のもつ意味（味わい）は、ふだんあまり意識されませんでしたが、「平成」の終わりが近づくにつれ、かなりの人々に実感され、まもなく四月一日に発表される新しい元号への関心も著しく高まっています。これは五十年あまり前から元号（年号）制度史を細々と研究してきた私にとりまして、まことに有り難く嬉しいことです。

ただ、それが一時的な興味にとどまることなく、これを機に元号（年号）の歴史を全体的に見わたしながら、個別的な由緒を読み解くことにより、日本文化の本質理解が深められてゆくことになれば、と心から念じています。

そのような近未来にも、本書が身近な手がかりとなり、読んで楽しむ事典として末永く愛用されますならば、それに勝る喜びはありません。

平成三十一年（二〇一九）三月十八日

所 功

元号読本＊目次

装丁　濱崎実幸

凡　例

一、和暦を西暦の年月日に換算する際は、「天正」改元（一五七三年）まではユリウス暦に基づき、それ以降はグレゴリオ暦に基づきました。

二、和暦の月日は、明治五年（一八七二）までは旧暦（太陰太陽暦）であり、明治六年（一八七三）以降は新暦（太陽暦＝グレゴリオ暦）になります。

三、数字は位取り（十・百・千）を入れる和数字を使用するとともに、西暦表記や具体数などを列記する一部の箇所では位取りなしにしました。

四、古文の引用や漢文の読み下し文は新仮名遣いを基調としながら、一部で旧仮名遣いを併用しました。字体は新字を基調とし、固有名詞などの一部には旧字を併用しました。

五、年号・元号には複数の読み方をするものがありますが、本書では一種類の読み方のみ挙げました。

六、年号・元号別の解説には、以下の基本データを付しました。

①改元理由……代始・祥瑞・災異・革年の四大別で記載（一部例外あり）。②改元年月日……和暦と西暦を併記。③使用期間……月単位で計算し近似値で記載。④出典……記録などによって明確な「延長」改元（九二三年）以降の文献を記載し、推定による文献は「不詳」として省略。⑤勘申者……採用された年号（元号）の考案者を列記。⑥天皇……改元時の天皇名を記載。⑦年号（元号）を冠する用語等……挙げうる場合のみ一例または数例を列記。

序章　年号・元号制度の基礎知識

一、年代を表示するには、どんな方法があるか

無限に流れる時間（日・月・季・年）の周期を表示するのが「暦」（大和言葉の語源は「日読《かよ》み」か）です。その暦は、大別すれば、純太陰暦（例：イスラム暦）、純太陽暦（例：グレゴリオ暦）、太陰太陽暦（中国伝来の旧暦）の三種類に分けられます。

暦の主軸となる年代の推移を表示する「紀年法」にも、古来さまざまな方法があります。いずれも何らかの起点＝紀元を設定し、その年から何年という数え方をします。それは次のように分類することができます。

❖今も使用されている世界の主要な紀年法

■宗教的な紀年法

①ユダヤ教の創生紀元（ＢＣ三七六一年）　②キリストの生誕紀元（ＡＤ元年）

③イスラムの聖遷紀元（ＡＤ六二二年）　④釈尊の入滅紀元（ＢＣ五四三年）

■政治的な紀年法

(a)建国紀元

⑤古代の建国伝説によるもの　⑥近代の独立や革命に基づくもの

(b)王制紀元

⑦国王の即位に基づくもの　⑧国王制定の年号によるもの

このうち、前者の「宗教的な紀年法」とは、創唱宗教の主要な伝説上の起点から年次を数える紀年法です。実例を挙げてみましょう。

まず①は、ユダヤ教の『旧約聖書』により、世界が創造された元年をＢＣ三七六一年とします。ただ、その起点をＢＣ四〇〇四年とかＢＣ五五〇〇年とする説もあります。

次の②は、一般に西暦とか西洋紀元（西紀）と称されますが、本質は主イエスが生誕したと伝えられる年（史実と数年齟齬《そご》がある）を元年としたキリスト教暦のことです。それゆえ、その元年以降をＡＤ（Anno Domini、主＝イエスよりの略）、紀元以前をＢＣ（Before Christの略）で表します。これはＡＤ五五〇年頃、ローマの神学者のディオニシウスにより提唱されましたが、ヨーロッパでは十世紀頃に広がったとみられています。

ついで③は、イスラム教の開祖マホメット（ムハンマド）が聖地メディナに遷《うつ》ったＡＤ六二二年を元年とします。ただ、イスラム教団の暦は純太陰暦（太陰＝月の朔望《さくぼう》周期≒二九・五日）により、一月を二十九日か三十日としますから、一年は三五四日か三五五日）しかなく、太陽暦の②と比べれば、三十三年間に一年多くなります。

さらに④は、仏教の開祖釈尊（釈迦牟尼《しゃかむに》の略）が入滅《にゅうめつ》したと伝えられるＢＣ五四三年を元年とします。ただ、その入滅年には異説が多く、数百年以上も幅があります。

わが国においては、釈尊の入滅後、正法《しょうぼう》、像法《ぞうぼう》、末法《まっぽう》と、時代を下がるにつれて仏法が次第に衰え、仏教公伝の欽明天皇十三年（五五二）より五百年後の永承《えいじょう》七年（一〇五二）から末法の世に入ると信じられていましたから、仏滅はＢＣ九四九年（正法千年・像法千年後が末法）という説によっていたことになります。

これらの宗教的な紀年法は、起点の元年から数えはじめて一直線に続きますから、年代の流れ（前後の関係や間隔）がわかりやすく、また創唱宗教はあまり民族・国境にとらわれませんから、その信奉者や教化地域などで広く使われます。

一方、後者の「政治的な紀年法」は、大別して(a)建国紀元と(b)王制紀元があります。まず(a)の⑤は、古代の建国紀元（伝説王の即位紀元）によるもので、中国の黄帝《こうてい》紀元（元年BC四六〇九年）、朝鮮（韓国）の檀君《だんくん》紀元（元年BC二三三三年）、および日本の神武《じんむ》天皇紀元（元年BC六六〇年）などがよく知られています。

特に神武天皇紀元は、明治維新から昭和の終戦まで「皇紀《こうき》」と称され、政府も公用してきました。これができたのは、推古《すいこ》女帝九年（AD六〇一年）説と天智《てんぢ》称制当初（六六一年）説とがあります。中国伝来の讖緯《しんい》説（六十年ごとの辛酉の年に「革命」が起き、甲子の年に「革令」が起こるという一種の数理哲学）に基づき、神武天皇の即位元年（神武元年）を逆算したものです。それによれば、平成三十一年（二〇一九）は皇紀二六七九年ですが、史実より六百数十年ほど古く設定されているとみられます。

次に(a)の⑥は、近代の独立や革命により新しい国が建てられた場合、それを起点とします。たとえば、アメリカ合衆国の独立（一七七六年）やフランス革命（一七八九年）、ロシア革命（一九一七年）、中国の辛亥《しんがい》革命（一九一一年）などは、その当年か翌年を元年として年次を数えることがあります（特に節目の何周年など）。

ついで(b)の⑦は、王制（君主制）国家において、その国王が即位した当年か翌年を元年として在位年次を数えます。たとえば、イギリスではエリザベス二世の即位（一九五二年）からの在位紀年が②キリスト生誕紀元と併用され、また仏教国タイ王国ではラーマ十世の即位（二〇一六年）からの在位紀年が④釈尊入滅紀元と併用されることもあります。

さらに(b)の⑧は、王制国家において国王（皇帝・天皇）が制定する漢字の称号＝年号を冠して年次を数えています。詳しくは以下の本論で述べるとおり、それは在位途中に改元されることもありますが、中国では明代から、日本でも明治から、代始に勅定した年号を在位中変えない「一世一元」（一代一号）となっています。

これらの政治的な紀年法は、その国家の統治域内で行われます。また、(a)の⑤⑥はその国家体制が大きく変われば改廃され、まして(b)の⑦⑧は国王の交替ごとに代わります。王制をとるそれぞれの国柄を示すものといえましょう。

二、中国の年号には、どのような特徴があるか

年代を漢字の称号により表示する年号の制度は、中国においてスタートしました。ただ、中国の文字文化は、殷代に成立し（甲骨文字）、次の周代の文献も数多く伝わっていますが、年号がはじまったのは漢代からです。

中国の天子や諸侯（地方の侯王）が即位の当年から翌年を「元年」として年代を数えることは、

すでに周代の『春秋』（魯の年代記、BC七二二〜BC四八一年）などにみられます。また、それを治世の途中で建て改める「改元」も、漢代から行われており、改元以降は、「後元年、後二年」等と称しています（『史記』「文帝紀」など）。

ついで、漢の第七代皇帝武《ぶ》（在位BC一四一〜BC八七年）は、即位の翌年から六年ごと（のち四年ごと）に改元を繰り返し、それぞれ「初元元年」「二元元年」「三元元年」などと称しています。

しかし、それでは混乱を生じたのか、五元三年（BC一一四）に、有司（役人）から「元はよろしく天瑞《てんずい》（吉兆の祥瑞《しょうずい》）をもって命ず（名付ける）べし。一元は建元《けんげん》といい、二元は元光《げんこう》といい、三元は元朔《げんさく》といい、四元は元狩《げんしゅ》といい、五元は元鼎《げんてい》というべし」（要旨）との進言がありました。

そこで、これを用いて、従来数字で呼んだ元号に吉祥の漢字を冠して呼ぶようになりました。ですから、中国最初の年号は「建元」（BC一四〇〜一三五）ですが、その命名は三十数年後（BC一一三年か）追称されたことになります。

このようにして成立した中国年号の特徴は、まず皇帝の代始に必ず制定されます。ただし、それはほとんど即位の当年ではなく翌年（踰年《ゆねん》）であり、その大半が正月（元日とは限らない）です。また、それを途中で改元する理由は、祥瑞の出現や大赦《たいしゃ》の実行に伴うものが多くみられます。

ところで、中国においては、天下の広域を治める正統な天子＝皇帝が年号を建てただけでなく、それに従わない地方の侯王＝僭主のなかにも、中国にならって年号をつくり覇を競うことが少なくありませんでした。

中華民国の陶棟著『歴代建元考』（民国十八年＝一九二九年稿）によれば、前者＝正統王朝の皇帝合計が一九八代で年号総数四五六、また後者＝非正統政権の僭主合計数が一六九代で年号総数二八七あり、両方を合算すれば七四三もの年号が建てられたとみられます（どの王朝を正統と認めるか、その成立・滅亡をいつとみるか、論者により数が少し異なる）。

そのうち、前掲書において、正統王朝の公式年号とするのは、表1のとおりです。これによれば、一帝平均二〜三回ほど改元した（一帝平均五・二年ほどで改元された）ことになります。極端な例は、中国史上で、唯一の女帝武則天《ぶそくてん》（日本では「則天武后《そくてんぶこう》」で知られる。正史の『唐書』では皇帝と認めず「武后《ぶこう》」と称する）は、在位二一年間（六八四〜七〇五年）で一七回も改元し、うち九回は一年に二回も改元しています。

これら中国の公式年号四五六を調べてみると、ほとんど二文字です。ただ、例外的に、三文字（新

表1　中国歴代の正統王朝ごとの皇帝と年号の総数

王朝名	皇帝数	年号数
前漢	8	38
新	2	4
後漢	13	40
三国：魏	5	10
三国：呉	4	18
三国：蜀	2	5
西晋	4	17
東晋	11	22
南朝：宋	8	11
南朝：斉	7	8
南朝：梁	6	14
南朝：陳	5	7
北朝：北魏	15	41
北朝：西魏	1	1
北朝：東魏	1	4
北朝：北斉	7	10
北朝：北周	4	8
隋	4	5
唐	24	77
五代：後梁	3	6
五代：後唐	4	5
五代：後晋	2	3
五代：後漢	2	3
五代：後周	2	3
北宋	9	30
南宋	9	22
元	10	16
明	16	17
清	10	11
（計）	198	456

表2　年号文字使用回数一覧表

〔中国年号〕（148文字。中国のみの用字には傍線を付す）
10回以上……元46、永34、建26、天・和＝21、平20、興18、太17、光15、嘉・大・徳＝14、熙・康＝13、泰・寧＝12、景・始・初・中＝11、延・祐・乾・至＝10（以上24字）
9〜3回……開・咸・慶・隆＝9、宝・明＝8、安・順＝7、聖・定・武・暦・龍＝6、淳・紹・治・通・道・貞＝5、化・皇・正・成・昌・寿・同・鳳・萬（万）＝4、炎・熹・顕・広・国・歳・朔・章・神・靖・宣・統・符・文・封＝3（以上43字）
2回……応・観・漢・義・徽・禧・啓・弘・祥・上・崇・清・端・地・長・禎（禎）・福・豊・本・雍・陽・耀・露（以上23字）
1回……意・雲・運・河・会・甘・監・紀・儀・久・居・竟・極・五・後・考・更・黄・業・功・鴻・亨・載・丹・視・嗣・爵・狩・授・緒・如・証・彰・承・昇・升・昭・仁・垂・綏・政・征・節・摂・先・総・足・戴・宅・調・鼎・登・唐・晋・復・豫・楽・麟（以上58字）

代の「始建国《しけんこく》」、梁代の「中大通《ちゅうだいつう》」「中大同《ちゅうだいどう》」など）や四文字（唐を改め武周と称した則天武后の「天冊万歳《てんさくばんざい》」「万歳登封《ばんざいとうふう》」「万歳通天《ばんざいつうてん》」など）もみられます。

さらに地方の王朝であれば、西夏（九代で三七回改元）代には四文字年号が多く、「天授礼法延《てんじゅれいほうえん》祚《そ》」「天賜礼盛国慶《てんしれいせいこっけい》」のような六文字年号まであります。

公式年号の使用文字を調べてみると、表2のような文字が多く使われており、頻度の少ないものまで集計しても一四八文字にすぎません。また、これらを組み合わせた年号は、本来一回しか採用すべきでないのですが、中国では王朝の交替が多く、そのため別の王朝で同一のものが何回も使われています。特に「建武《けんぶ》」と「太平《たいへい》」は各五回、「永興《えいこう》」と「太和《だいわ》」が各四回、「永安《えいあん》」「永平《えいへい》」「甘露《かんろ》」「建元《けんげん》」「元興《げんこう》」が各三回に及び、二回の例が二五年号もあります。

三、日本の年号・元号は、どのようにして成立したか

年号・元号は漢字文化の一つです。古代中国において発明された漢字は、いわゆる中華帝国の領域だけでなく、東夷《とうい》・南蛮《なんばん》・西戎《せいじゅう》・北狄《ほくてき》と称された周辺の地域にも広まりました。それに伴って、儒教の経典や漢訳の仏典も、また律令法や儀礼書も、さらには暦法（太陰太陽暦）やこの元号（年号）制度も、東北・東南アジア一帯に伝えられたことにより、一大漢字文化圏を形成しています。

しかし、それがどこでも同じように行われたわけではありません。そもそも中国は、周辺の国々を未開な後進地域と見下《みくだ》し、中華文明で教化する立場から、一種の主従関係を結ぶような対外政策を取り続けました。そのために年号も暦も周辺の国々へ頒《わか》ち与えるとともに、そのまま使わせようとして、それ以外のものを独自に建て用いることは容易に認めませんでした。

たとえば、朝鮮半島の新羅では、法興王《ほうこうおう》（在位五一四～五四〇年）が即位七年に「律令を頒示し、はじめて百官の公服を制し」、同十五年に「はじめて仏法を行う」など、政治や文化の発展に努め、晩年（五三八年）「はじめて年号（建元）を称す」るに至りました。その後の王も三代にわたって

「開国《かいこく》」「大昌《だいしょう》」「鴻済《こうさい》」「建福《けんふく》」「仁平《にんぺい》」という独自の年号を建て続けています。

しかし、真徳《しんとく》女王（在位六四七〜六五四年）が代始に「太和《だいわ》」という年号を建てたところ、それを伝え聞いた唐の太宗《たいそう》から、「新羅は大朝（唐）に臣事（臣下として服従）しながら、何を以て別に年号を称するや」と詰問されました。そこでやむなく「先祖の法興以来、私に紀年あれど、もし大朝の命あらば、小国（新羅）また何ぞ敢えてせんや」と陳謝して、まもなく（六六〇年から）「中国の永徽《えいき》年号を行う」ことになったのです（『三国史記』新羅本紀）。

それゆえ、わが国も大和朝廷が国内の統一を進め、朝鮮半島にまで勢力を伸ばすほどになっても、中国の南朝に使者を遣した五世紀代の「倭の五王」たちは、中国の年号をそのまま使うか、ないし中国由来の干支《かんし》により年代を表していたとみられます。

たとえば、「倭王武《わおうぶ》」（雄略天皇に比定されている）が宋の順帝にあてた上表文《じょうひょうぶん》には宋の年号が記されていたでしょうし、その「ワカタケル大王」（雄略天皇）に仕えたという人物の古墳（埼玉県行田市の稲荷山古墳）から出土した刀剣の銘文には「辛亥《しんがい》」（四七一年）と干支が刻まれています。

ついで、推古女帝（在位五九三〜六二八年）の摂政として聖徳太子（厩戸皇子）は隋に使節を遣わし、その国書で「日出づる処の天子、日没する処の天子に書を致す」と対等外交を申し入れています。けれども、それに日本の年号が記されていた可能性はほとんどありません。

ただ、聖徳太子は薨去《こうきょ》の前後から「法王大王」「聖徳法王」と仰がれていました。そのため、太子の事績を残す際に「法興《ほうこう》」という年号らしきものが使われています。

たとえば、奈良時代の『伊予国風土記』と認められる逸文《いつぶん》（『釈日本紀』所引）に「法興六年十月、歳は丙辰（五九六年）に在り。我が法王大王……夷与《いよ》（伊予）村に逍遥して、まさに神井（道後温泉）を観る」とあります。この「法興」が年号だとすれば、元年は崇峻《すしゅん》天皇四年辛亥《しんがい》（五九一年）にあたります。ただ、同年は朝廷で特別な出来事が見あたりません。そのため、「法興寺」（飛鳥寺《あすかでら》、元興寺《がんごうじ》とも）起工の年とか「仏法興隆」の太子の成年（十八歳か十九歳）にちなんで「法興元年」を設定し、それが太子賛仰者により使われたのではないかと考えられています。そうであれば、これは一種の「私年号」とみられます。

さらに、それから約半世紀後（六四五年）、中大兄皇子（のちの天智天皇）が中臣鎌足（のちの藤原鎌足）らの協力により蘇我入鹿らの勢力を打倒した「大化改新」（乙巳《いっし》の変）が起こります。しかも、その直後に即位した叔父孝徳天皇（在位六四五〜六五四年）のもとで、はじめて「大化《たいか》」という年号が公式に建てられました（『日本書紀』）。これこそ日本における最初の「公年号」と認められています。

その文字の出典は不明ですが、もし『漢書』（循吏伝）の「民の為に利を興し害を除きて大化を成す」などから採ったとすれば、まさに坂本太郎博士の言われるように「儒教の政治理念たる教化を布《し》いて、大いに天下を治せんとする」（坂本太郎著『大化改新の研究』至文堂、昭和十三年）理想の表明であったとみられます。

もっとも、これが直ちに広く使われたわけではありません。それは当時の人々が年号に不慣れだったこともありますが、むしろ改新政府自身、前述した新羅が「大唐」の圧力に臣従せざるをえないような厳しい東アジア情勢に配慮して、その普及に消極的だったのではないかと思われます。

しかし、ともかくそのような状況のもとで、あえて日本独特の公年号を創建したことは、中国を手本としながらも独立の意気を示そうとしたものとして評価に値します。

とはいえ、日本の年号が法的制度として確立し普及するのは、さらに約半世紀後（七〇一年）です。「大宝《たいほう》」改元の行われた同年に「大宝律令」が完成し、その中に「およそ公文に年を記すべくんば、皆年号を用いよ」と明文化されたことは、まさに画期的な意味を持っています。それまでは干支を用いてきた公文書に、必ず年号が使われるようになったからです。

四、年号の改元は、どんな理由で行われたか

改元のパターンとしては、以下のような例があります。

①「大化」の改元は天皇の代替わりに伴う「代始改元」の最初の例

前項で述べた「大化」年号のように、天皇の代替わりに際して改元することを「代始《だいはじめ》改元」といいます。これは王制紀元である年号の根本原則であり、後述するように、これのみに純化したのが「一世一元」（一代一号）の制度にほかなりません。

ただ、その代始はいつか、必ずしも一定していません。実例をみると、飛鳥・奈良時代（ほぼ七〜八世紀）には践祚《せんそ》（即位）直後か年内が多いですが、平安初期以降（「明治《めいじ》」改元まで）はその翌年（年を踰《こ》すので「踰年《ゆねん》」という）が大多数となっています。それは桓武《かんむ》天皇の崩御直後に、次の平城《へいぜい》天皇が延暦《えんりゃく》二十五年（八〇六）を「大同《だいどう》」元年と改元したところ、次のような批判を招いたか

らです（『日本後紀』）。

国君即位したまい、年を踰《こ》えて後に改元するは、臣子の心、一年に二君あるに忍びざるによるなり。今、いまだに年を踰えざるに改元したまい、先帝の残年を分かちて当年の嘉号と成すは、終わりを慎みて改むる無きの義を失い、孝子の心に違うなり。

つまり、前帝の崩御であれ譲位であれ、その年末までは前帝の残年としてそのまま据え置き、年を踰えてから改元することが、「孝子の心」（新帝の心遣い）であり、「臣子の心」（一般の心情）にかなうというわけです。

②「白雉」のように「吉兆」とされる物が出土したことによる「祥瑞改元」の例

次に祥瑞《しょうずい》改元があります。これは不思議な天然現象や珍しい植物・鉱物などの出現を、天子の政治が天帝に認められた「吉兆」と見なし、それを寿《ことほ》ぎ改元したのです。

たとえば、前述の「大化」建元から五年後（六五〇年）に、穴戸国（のちの長門国、現・山口県）より「白雉《はくち》」が献上され、そこで盛大な祝賀式が催され、孝徳天皇から「天下に大赦し、元を白雉と改めしむ」（『日本書紀』）との詔《みことのり》が出されています。これには大化改新が順調に進みつつあることを自賛し予祝する意味も含まれていたとみられます。

ただ、この「白雉」年号も、ほとんど普及していません。むしろ奈良時代に入り「白鳳《はくほう》」と改称されてしまいました。そのため、それが今なお美術史の時代区分などに「白鳳時代」という表現が用いられています。

この祥瑞改元は、飛鳥・奈良時代から平安初期にすでに多くみられます。それを祥瑞別に挙げてみますと、珍しい鳥獣として「白雉」「朱鳥《しゅちょう》」「霊亀《れいき》」「神亀《じんき》」「宝亀《ほうき》」および「嘉祥《かしょう》」「仁寿《じんじゅ》」（ともに白亀）、「天安《てんあん》」「元慶《がんぎょう》」（ともに白鹿）など、貴重な鉱物として「大宝《たいほう》」「天平感宝《てんぴょうかんぽう》」（ともに金）、「和銅《わどう》」（銅）など、美しい瑞雲として「慶雲《けいうん》」「神護景雲《じんごけいうん》」「天応《てんおう》」（斎宮の美雲）などがあります。

また「養老《ようろう》」改元（七一七年）は、元正《げんしょう》女帝が美濃国（現・岐阜県）多芸郡の湧き出る泉に行幸して若返りの「醴泉《れいせん》」の効能を嘉賞されたからです（『続日本紀』）。

ただ、祥瑞として奏上・献進された中に、意図的で不自然な作為とみられるような珍しい事例（「大宝《たいほう》」の金、「天平《てんぴょう》」「天平宝字《てんぴょうほうじ》」の瑞字など）も少なくありません。

③「貞元」のように地震など天変地異による「災異改元」の例

ついで災異《さいい》改元があります。これは、前項とは逆に自然の災害や災異を天の戒めとみなし、あえて人心一新のために改元が行われたのです。その災異としては、日蝕・彗星《すいせい》（箒星《ほうきぼし》）などの現れる天変とか、地震・旱魃《かんばつ》・暴風・洪水・火事・疫病・飢饉などの生ずる地異とか、内乱・外戦等の起きる人災とか、いわゆる厄年（厄運）など、多岐にわたります。

たとえば、「貞元《じょうげん》」改元（九七六年）は、日蝕と地震、「永祚《えいそ》」改元（九八九年）は彗星と地災によります。また、大風雨や旱魃とそれに伴う疫病による改元は、十世紀だけでも、「延長《えんちょう》」（九二三年）、「天徳《てんとく》」（九五七年）、「康保《こうほう》」（九六四年）、「天延《てんえん》」（九七四年）、「正暦《しょうりゃく》」（九九〇年）、「長徳《ちょうとく》」（九九五年）、「長保《ちょうほう》」（九九九年）など七例に及びます。

しかも、その間に内裏の火災を理由とする「応和《おうわ》」（九六一年）、「貞元《じょうげん》」（九七六年）、「永徳《えいとく》」（九八三年）の改元があり、さらに「天慶《てんぎょう》」改元（九三八年）は平将門の乱と地震、「天元《てんげん》」改元（九七八年）は災害と「太一五厄」（陰陽道由来による厄年）によるといいます。つまり、平安中期以降は、①の代始改元以外、大多数が災異改元となったのです。

④「延喜」のように讖緯（革命・革令）思想に基づく「革年改元」の例

さらに、十世紀はじめに登場して、以後幕末まで励行されてきたのが、革年《かくねん》改元にほかなりません。これは、中国伝来の讖緯《しんい》説により、干支一巡六十年（一元）の一定倍数周期のうち「辛酉《しんゆう》」年に「革命《かくめい》」が起きたり、「甲子《かっし》」年に「革令《かくれい》」が生ずると予見し、変革に伴う不安・混乱を避けるため、改元を行ってきました。

ただし、日本ではじめて「辛酉革命」を意識して改元したとみられるのは奈良末期の「天応《てんおう》」（七八一年）です。それを明確な論拠としたのは「延喜《えんぎ》」改元（九〇一年）からです。

すなわち、文章博士《もんじょうはかせ》の三善清行《みよしきよゆき》が、その前年（昌泰《しょうたい》三年）から来年の辛酉は、「帝王革命の期、君臣剋賊《こくぞく》の運」にあたると予言し警告しました。すると、それを利用した左大臣藤原時平が、正月早々右大臣菅原道真を「謀反」のかどで大宰府へ追放しました。

そこで清行は、あらためて「革命勘文《かんもん》」を提出し、今年は「大変革命の年にあたる」のみならず、去年の秋から不吉な「彗星」や「老人星」が見えることなどを理由にあげ、「改元して天道に応ぜんことを請う」たところ、それが採用され、醍醐天皇が七月に「延喜《えんぎ》」と改元したのです。

これが先例となり、次の「応和《おうわ》」（九六一年）以降、六十年ごとの辛酉年にはほとんど、「革命」

改元が行われてきました。その上、辛酉から四年目の甲子年にも、「康保《こうほう》」（九六四年）を初例として、六十年ごとに「革令」改元を行うこととなりました。

そのため、平安中期以降は、前述の①代始と③災異と、この④「革年」による改元が次々に重なったので、一年号の平均寿命は四年半ほどしかありませんでした。

そのほかにも、上記（①〜④）にあてはまらないもの、ないしは表向き③の災異としながら、ほかの複雑な理由によるとみられるものなどがあります。

五、年号・元号の文字は、どんな出典から選ばれたか

日本の年号・元号は、古来すべて中国の古典（漢籍）から良い文字が選ばれてきました。その出典が記録によって判明するのは、平安時代の「延長《えんちょう》」（九二三年改元）以降です。

ただ、それ以前の「大化」（六四五年改元）から「延喜《えんぎ》」（九〇一年改元）に至る公年号についても、漢文学者の森本角蔵氏が『日本年号大観』（目黒書店、昭和八年）で推定の典拠文例を示されています。たとえば、最初の「大化」という二文字は、『漢書』『宋書』『晋書』『文選』など、また「大宝」という文字は『周礼』『易経』『宋書』『文選』などにみえます。

しかし、ここでは典拠の確定できる「延長」から「令和」まで二一六の公年号について、それぞれの出典（複数の場合も少なくない）を経・子・史・集・緯の五種に分け、引用文回数を表示すると、表3のようになります（「令和」は国書を出典とするため入れていない）。

表3　公年号の出典と引用文回数

〔経類〕尚書＝書経36　周易＝易経27　詩経15　礼記8　左伝4　孝経3　周礼2　孟子2　論語・爾雅・春秋・春秋繁露・大戴礼……各1

〔子類〕芸文類聚9　荘子4　維城典訓4　群書治要3　荀子3　老子3　賈子新書2　孔子家語2　修文殿御覧2　抱朴子2　塩鉄論・韓非子・顔子家訓・魏文典論・管子・金楼子・五行大義・崔寔政論・太公六韜・長短経・帝王略論・典言符命・博物志・白虎通・文中子……各1

〔史類〕後漢書23　漢書21　旧唐書17　晋書16　史記13　宋書5　貞観政要4　後魏書3　国語3　杜子通典3　三国志3　隋書3　梁書3　北斉書2　会要・会稽記・五代史・新唐書・宋史・太宗実録・帝王世記・南史・北史……各1

〔集類〕文選22　蔡邕儀・董巴議・韋孟諷諫詩・伝休奕文・楊雄文……各1

〔緯類〕易緯3　詩緯2　春秋緯2　河図挺佐輔2　尚書考霊耀・春秋命歴序・春秋内事・龍魚河図……各1

これによれば、漢籍の類別に従いますと、まず史書類（広義の歴史書）が二三種類、引用文合計一二八回で最も多くなります。次に経書類（広義の哲学書）は一三種類ですが、引用文回数は一〇二回にのぼります。ついで子書類（諸子の学説書）は二五種類もありますが、引用文合計は四十九回にとどまります。さらに集書類（詩文の集成書）は『文選』のみ二二回も引かれていますが、ほかは五種類で各一回にすぎません（平安時代に流布した『白《はく》氏文集《しもんじゅう》』はまったく引かれていません）。

なお、緯書類（経史の特異な注釈書）は八種、引用文合計は一三回にすぎませんが、いずれも原本の散逸した逸文として珍重されています。

しかも、森本氏の前掲書によれば、年号文字の案として勘申《かんじん》されながら採用に至らなかった分まで加えて集計しますと、経書類では『書経』（尚書）と『易経』（周易）が最も多く、史書類では『漢書』と『後漢書』が最も多い。これは日本人（特に宮廷文人たち）の漢籍に対する関心の傾向を反映しているものとみられます。

さて、このような漢籍（「令和」のみ国書）から選びだされた文字は、公年号二四八（「大化」から「令和」）について集計しますと、総数七三文字にすぎません（未採用の年号案まで加えれば一八〇文字以上となります）。その公年号の文字を使用された回数の多い順に表示（参考までに未採用の年号案の文字の勘申回数も各下の丸括弧内に記入しました）すれば、表4のとおりです。

これによれば、公年号二四八（「大化」から「令和」）に使用された総数七三文字は、二字の上か下（四字年号五例も二字ずつに分ける）の使用合計数が五〇六回にのぼります。そのうち一〇回以上の使用文字は二一字（総数の約二九％）で、その使用合計数が三六六回（全体の約七二％）を数えます。
しかも、これに未使用年号案の勘申回数を加えると、「徳」が七〇回で最も多く、ついで「天」が六七回、「永」が六二回、「元」が五三回、「長」が五二回、さらに「和」と「文」が五〇回、「応」

表4　公年号文字の使用回数（「大化」から「令和」の全248公年号）

10回以上……永29（33） 天27（40） 元27（26） 治21（22） **和**20（30） 応20（25） 長19（33） 文19（31） 正19（16） 安17（25） 延16（20） 暦16（10） 徳15（55） 寛15（17） 保15（17） 承14（15） 仁13（26） 嘉12（26） **平**12（14） 康10（15） 宝10（14）

9～1回……建9（29） 久9（18） 慶9（11） 弘8（16） 享8（15） 貞8（13） 明7（21） 禄7（13） 大6（27） 亀5（2） 万4（28） 寿4（12） 政3（16） 化3（13） 観3（13） 養3（8） 喜3（7） 中3（4） 神3（2） 雲2（0） 護2（0） 祥1（10） **成**1（10） 至1（8） 同1（8） 昭1（7） 興1（6） 乾1（5） 斉1（5） 吉1（4） 福1（4） 亨1（3） 祚1（3） 泰1（3） 禎1（3） 昌1（2） 武1（2） 国1（1） 勝1（1） **令**1（1） 感1（0） 景1（0） 衡1（0） 字1（0） 朱1（0） 授1（0） 雉1（0） 鳥1（0） 銅1（0） 白1（0） 霊1（0） 老1（0）

※文字の下の数字は使用回数（丸括弧内は未採用案にみえる回数）。
ほかに未採用案で数回勘申された文字……寧（19）・定（8）・順（7）・功（6）・咸（5）など。

が四五回、「治」が四三回、「安」が四二回、「仁」が三九回の順になります。

ちなみに、中国と日本の公年号に使用された文字を比較してみますと、彼我に共通するのは四九字にすぎません。しかし、ともに一〇回以上が「元」（中国四六回／日本二七回）、「永」（中三四／日二九）、「天」（中二一／日二七）、「和」（中二一／日二〇）、「平」（中二〇／日一二）、「延」（中一〇／日一六）、「徳」（中一四／日一五）、「嘉」（中一四／日一二）、「康」（中一三／日一〇）の九文字です。

それに対して、中国で一〇回以上使われても日本では九回以下の文字に、「建」（中二六回／日九回）、「興」（中一八／日二）、「大」（中一四／日六）、「泰」（中一二／日一）、「中」（中一一／日三）、「景」（中一一／日二）、「乾」（中一〇／日二）、「至」（中一〇／日一）があります。

逆に日本で十回以上使われても中国で九回以下の文字に、「治」（日二一回／中五回）、「応」（日二〇／中二）、「正」（日一九／中四）、「文」（日一九／中三）、「長」（日一九／中二）、「安」（日一七／中七）、「暦」（日一六／中六）、「承」（日一四／中一）、「仁」（日一三／中一）、「宝」（日一〇／中八）があります。

さらに、中国のみで用いられて日本で例がないのは、「太」「光」（一五回）、「熙」（一三回）、「寧」（一二回）、「始」「初」（一一回）、祐（一〇回）、「開」「咸」「隆」（九回）などです。

逆に日本のみで用いられて中国に例がないのは、「寛」（一五回）、「保」（一五回）、「享」（八回）、「禄」（七回）、「亀」（五回）などです。

これらをみても、革命による王朝の交替が多い中国では、年号にも創建興隆を志向するような文字が好まれたとみられます。それに対して、有史以来の皇統が続く日本では、年号にも寛和長久を記念するような文字が好まれた、といってよいかと思われます。

六、王朝時代の年号は、どのように定められたのか

わが国は、おそらく第十代崇神《すじん》天皇の頃（三世紀後半）から大和朝廷によって国内の主要地域が統一されたのち、飛鳥時代（ほぼ七世紀）に中国の隋や唐をモデルとして、中央集権的な律令体制をつくり上げました。それが奈良時代（ほぼ八世紀）から平安時代（ほぼ九～十二世紀）にかけて、多少の修補を加えながら実施されてきました。

もちろん、ひとくちに平安時代といっても、天皇を中心に律令再建を目指した前期と、摂関藤原氏が主導権を握った中期と、上皇の院政が影響力を持った後期とでは、政治のあり方が相当に異なります。

とはいえ、飛鳥・奈良時代に成立した律令太政官政治が、平安時代の中期・後期に衰退して摂関政治や院政と入れ替わったのではなく、引き続き中心的な機能を果たし続けています。それゆえ、この数百年間をまとめて「王朝時代」と称することも、決して不適切ではありません。

そこで、この王朝時代における年号文字の選定方法を調べてみますと、残念ながら平安前期までは史料が何も伝存していません。それが具体的にわかるのは、中期以降です。

たとえば、源 高明《みなもとのたかあきら》（醍醐天皇の皇子）が応和年間（九六一～九六四年）頃に撰修した『西宮記《さいきゅうき》』

や、大江匡房《おおえのまさふさ》が天仁年間（一一〇八～一一一〇年）頃に編纂した『江家次第《ごうけしだい》』などによれば、次のような手続きが示されています。

①まず改元を発議し指示するのは、天皇の勅（仰せ）による。
②次にその勅を承った大臣が、儒者（文章博士や式部大輔《しきぶのたゆう》など）に年号の勘申《かんじん》を委嘱する。
③ついでその儒者たちが漢籍から良字を選び出し「年号勘文」を提出する。
④さらに天皇の命を承けた大臣は、紫宸殿《ししんでん》の脇の近衛陣座《じんのざ》で公卿の会議（陣定《じんのさだめ》）を開く。
⑤その会議に先立ち、数通の年号勘文が外記から蔵人《くろうど》を介して天皇に奏進される。
⑥そこで天皇から公卿に対し、この勘文によって年号を定め申せ、との仰せ言がある。
⑦それを承けて公卿たち（参議以上の閣僚）は、その勘文を一つ一つ大弁に読みあげさせ、難陳《なんちん》（文字案の是非についての議論と陳弁）を繰り返す。
⑧それによって数案の中から二～三の良案が選ばれると、蔵人より天皇に上奏する。
⑨そこで再び天皇から公卿に対し、最善の一案を定め申せ、との仰せ言がある。
⑩それを承けて公卿たちは、陳の定を再開して最善案を決め、蔵人頭を介して天皇に上奏する。
⑪そこで天皇は、原則としてその最善案を認めることにより、新しい年号を勅定《ちょくじょう》される。
⑫すると内記（または弁官）が、改元の詔書《しょうしょ》を起草する。
⑬それを清書し上奏すると、天皇が勅裁の日付を記入し、太政官が連署して大納言から覆奏《ふくそう》する。
⑭その際、改元に伴う恩赦と賑給《しんごう》（困窮者等への米塩支給）があれば書き加える。
⑮その新年号を施行するため諸国へ下す太政官府には、改元詔書の写しも添えて送る。

これを実際に行われた「寛治《かんじ》」改元（一〇八七年）を例にとって確かめてみます。その前年の応徳三年十一月、白河天皇（当時三十四歳）が譲位され、皇太子善仁《たるひと》親王（八歳）が堀河天皇として践祚、まもなく即位式もあげられました。ただ、父君の上皇がはじめて院政を開いたので、実権は上皇にありました。しかし、代始の改元は、年を踰《こ》えて翌四年の四月七日に行われることになり、それに先立ち、三人の儒者から「年号勘文」が提出されています（『元秘別録』所収）。

それによれば、まず式部大輔兼左大弁《さだいべん》の大江匡房が、『礼記』の「湯以《テ》レ寛《ヲ》治《ム》レ民《ヲ》」から「寛治」と、『論衡』から「承安」との二案を出しました。また文章博士の藤原成季が、『毛詩』（詩経）から「太平」、『史記』から「養寿」、『漢書』から「康寧」の三案を出し、さらに文章博士の藤原敦実が、『尚書』から「承安」、『淮南子《えなんじ》』の「凡《ソ》治《ムル》レ物《ヲ》者……以《テス》レ和《ヲ》」から「治和」の二案を出しました。

そこで内大臣藤原師通《もろみち》の指示によって、蔵人藤原為房が大外記《だいげき》中原師平の持参した三人の「年号勘文」を、天皇（幼帝のため代行の摂政藤原師実《もろざね》）に上奏しました。ついで八人の公卿たちが陣座に着き、蔵人為房が勘文を持参すると、そのいちいちについて難陳の意見を述べ、六案のうち「寛治」と「治和」の二案を選んで上奏しました。

すると、幼帝代行の摂政師実から両案についていろいろと尋ねられたので、蔵人為房が清涼殿と陣座との間を何度も往き来します。その結果、陣定で「寛治」が最善案に決定した旨を蔵人為房から上奏しました。

そこで、天皇（代行の摂政）から「応徳四年を改めて寛治元年と為すべし」との仰せ言が下されました。それを承けて、大内記菅原在良が改元詔書を起案し、その清書を蔵人為房が上奏しています（『為房卿記』など）。

ところで、この時に年号案の勘申を命じられた儒者は大江氏と藤原氏の二人です。その勘中儒者（式部大輔・文章博士など）の時代的な傾向をみますと、平安中期・後期には、藤原氏が最も多く、ついで大江氏と菅原氏とそのほかも若干います。

しかし、鎌倉～室町時代には、大江氏がゼロとなった代わりに、菅原氏が藤原氏よりも圧倒的に多くなります。しかも、江戸時代には、すべて菅原氏（唐橋《からはし》・高辻・東坊城《ひがしぼうじょう》・五条・桑原・清岡の六家）の儒者が担当しています。

七、武家時代の年号はどのように定められたか

平安末期、源頼朝が平家勢力との戦いに勝利してから、やがて江戸末期、徳川慶喜が朝廷に大政を奉還するまでの六百数十年間は、途中で後醍醐天皇による「建武中興」の新政が数年行われましたが、全体的に武家主導の「武家時代」と称して大過ありません。ただ、その間（鎌倉～室町～江戸時代）、天皇を中心に上皇も摂関以下の公卿たちも参画して、律令的な太政官政治が続けられていたのです。

このような武家時代における年号の選定方法をみますと、原則として朝廷側で従来の手続きにより行われましたが、武家側でも決して無関心・無関係だったわけではありません。

むしろ、一般の武士も庶民たちも日常的に使う年号は、政治的な権威のシンボルでしたから、幕

府の意向を反映させるために、さまざまなかたちで介入しています。

たとえば、後鳥羽上皇が討幕を企てられ敗北した承久《じょうきゅう》の変から三年後（一二二四年）の十一月、後堀河《ごほりかわ》天皇のもとで「天変災旱」を理由に「元仁《げんにん》」と改元されました。すると、まもなく鎌倉幕府から「元仁、不快」と抗議してきましたので、そのため、朝廷では翌年四月、災異（疱瘡《ほうそう》流行による天下不静）を理由として「嘉禎《かてい》」と改元しています（『明月記』）。

ついで、吉野の南朝と系統を異にする北朝の天皇を奉じた室町幕府は、自らの正統性を確保するため、三代将軍足利義満が、「南北朝合一」を実現させました（一三九二年）。それに伴って南朝の「元中《げんちゅう》九年」が否定され北朝の「明徳《めいとく》三年」が公用されることになったのです。しかも義満は、勘合《かんごう》貿易を開く際、明皇帝への上表文に「彼の国の年号」を使っており、それを禅僧瑞渓周鳳《ずいけいしゅうおう》の『善隣国宝記』で批判しています。

さらに、室町後期（戦国時代）の延徳《えんとく》四年（一四九二）夏、京都近辺で疫病が大流行したため、改元することになりました。そこで、儒者三人（いずれも菅原氏）の勘申した九種類の年号案を、まず「内々武家に進められ」たところ、幕府から「明の字三（明応・明保・明暦）のうちより用いらるべし」と返答してきました。それを承けて、朝廷の公卿会議では、その三案につき難陳論議を行い、「明応《めいおう》」を最善案として上奏し、後土御門《ごつちみかど》天皇の勅定を仰いでいます（『親長卿記』）。

やがて、織田信長、豊臣秀吉を経て天下を統一した徳川家康は、将軍職を退いてからも朝廷対策などに実権を振るっています。

その一つが元和《げんな》元年（一六一五）に公布された『禁中《きんちゅう》並《ならびに》公家《くげ》諸法度《しょはっと》』であり、その第八条に

「改元は、漢朝の年号のうち吉例をもって相定むべし。但し、重ねて習礼《しゅらい》相熟するにおいては、本朝先規の作法たるべき事」と規定されています。

すなわち、年号の改元は、すでに中国で使われた年号の中から吉例にかなうものを選び定めたらよいが、ただ近い将来、もともと朝廷で行われてきた作法に習熟できたら、それによって改元すべきだ、というのです。この前半は、戦国乱世に衰退した公家たちが改元儀礼に不慣れだとみなす林羅山の意見に拠っており、また後半を付け加えたのは禅僧金地院崇伝《こんちいんすうでん》の意見を取り入れたものとみられます。

崇伝の『本光国師日記』によれば、従来（室町時代）の改元は、①まず天皇に年号勘文が奏覧される、②ついでそれを将軍が一覧して良い案を内定する、③それが公卿会議の責任者に内々伝達されたら、改元定《さだめ》でその通りに決定する、④その上奏を受けた天皇が、それを新年号として勅定される、という手続きを経てきたのだから、今後もこの作法を続けるほうがよいとしています。

そこで、江戸時代の具体例をみると、中国の年号を採用したのは当時の「元和」しかありません（唐の憲宗が八〇六年に建てた先例による）。それ以降は「本朝の先規」に従い行われています。もちろん、それは王朝時代のような朝議だけでなく、崇伝のいうような将軍の関与（むしろ干渉）が当然のごとく行われています。

たとえば、寛永六年（一六二九）、後水尾《ごみずのお》天皇（当時三十四歳）が幕府の専横に抗議して突如譲位され、約八百五十年ぶりに幼い女帝明正《めいしょう》天皇（当時七歳）が即位しました。けれども、朝幕対立の余波によるのか、その在位十四年間に改元は一度もありませんでした。ついで後光明《ごこうみょう》天皇の即位により、ようやく「一年号三帝に渉《わた》る例なし」として、同二十一年（一六四四）、代始踰年改元の議がおこっています。

そこで、朝廷の儒者八人（いずれも菅原氏）が勘申した年号を江戸へ送りました。すると、将軍徳川家光は老中と林家《りんけ》（羅山《らざん》と春斎＝鵞峰《がほう》父子）を招き、原案の可否を評議させています。その際に、「年号は天下ともに用いることなれば、武家より定むべきこと勿論なり。公家・武家の政《まつりごと》は……正しくして保たば大吉なり」との結論が得られたので、それを京都へ返奏しました。すると、朝廷の公卿会議でその通りに決定され、直ちに「正保《しょうほう》」と勅定されるに至ったのです（林春斎『改元物語』）。

しかし、この「正保」は音が「焼亡」に似ているとか、正の字が「一にして止む」と読めるから「久しかるまじき兆し」との噂が流れました。そこで、慶安《けいあん》五年（一六五二）「承応《じょうおう》」と改元されましたが、これは前年に徳川家光が薨去して家綱が将軍職を継いだことによるものかとみられています（同上）。また家綱の薨去後、吉宗が継職した正徳六年（一七一六）の「享保《きょうほう》」改元も、同様の理由によるものと考えられます。

さらに、幕府の側では、京都から送られてくる複数の候補案を検討する際、朝廷の推す案ではなく別の案を出したり、また適切なものがなければ朝廷に旧勘文の送付を求めたりしています。とりわけ「正徳」改元（一七一一年）には、学識のある新井白石が積極的に関与したとみられています。

なお、江戸時代の年号は、改元詔書が出されると、京都の公家や門跡《もんぜき》寺院などでは直ちに使われました。しかし、それ以外の武家や庶民は、京都所司代より江戸幕府へ伝達された日付を改元日とし、それが老中より諸大名へ布達され各領内に伝えられてから使うまで、十日前後遅れています。

八、一世一元はどのようにして成立したか

このように、武家時代（とりわけ江戸時代）の年号には、かなり幕府が介入しています。そのため、災異改元でも、「江戸大火」や「関東風雨」などによる例が少なくありません（明暦《めいれき》四年→「万《まん》治《じ》」、明和《めいわ》九年→「安永《あんえい》」など）。

しかし、基本的には王朝時代以来の公卿会議を経て天皇による勅定という原則が保持されていました。それゆえ、新井白石も「我が朝の今に至りて、天子の号令、四海の内に行わるる所は、独り年号の一事のみにこそおわしますなれ」（『折たく柴の記』）と述べています。

ただ、その改元は、前述のとおり天皇の代始だけでなく、多様な天災・地異や六十年ごとに回ってくる辛酉・甲子年などを理由として、ほぼ数年（短いときは一年前後）で行われています。それに対して、本質的な批判を加え、いわゆる一世一元（一代一号）とすることを提唱したのが、大坂の中井竹山《ちくざん》と水戸の藤田幽谷《ゆうこく》にほかなりません（豊後の広瀬淡窓《たんそう》なども同意見）。

まず、懐徳堂《かいとくどう》学主の中井竹山は、天明八年（一七八八）五十九歳の時、老中松平定信に建策した『草茅危言《そうぼうきげん》』の中で「年号の事」を取り上げ、「我が邦は、李唐の制を取りて、大化・白雉をはじめ、大宝以来、いまに連綿たり。……（されど）千有余年の間、改元ありてさして吉もなく、改元なくてさらに凶もなし。……何分これは明・清の法に従い、一代一号と定めたき御事なり」と論じてい

ます。それのみならず、年号に使う文字は、従来七〇字ほどに制限されているが、今後それ以外の良い文字も選ぶべきだとか、一代一号になればその年号を天皇の追号として奉るのが至当ではないか、とも主張しています。

また、彰考館史官の藤田幽谷（一正）は、寛政《かんせい》三年（一七九一）十八歳の時、『正名論』とともに『建元論』を書き上げました。そのなかで、中国と日本における年号の来歴を概観した後、「革命」「革令」の改元は「万古一姓の邦」日本に不適切であり、祥瑞・災異の改元も無意味だと批判した上で、「明氏の国を建つるや、累世相承《るいせいあいう》け、即位の踰年（翌年）に元を改めて終年易《か》えず。それ一統慎始の義に於て両得と謂《い》うべし」と論じ、即位の踰年に改元して在位中改めない一世一元こそ「元号」の本義にかなう、と主張しています。

この中井・藤田の両者は、直接の交流がないにもかかわらず、ほぼ同時期にほとんど同趣旨の提言をしたことになります。それが直ちに朝廷に取り上げられたわけではありませんが、やがて数十年後に成立する一世一元（一代一号）の制に影響を与えたことは違いありません。

それが公式に採用されたのは、「明治《めいじ》」改元（一八六八年）の時です。『岩倉公実記《いわくらこうじっき》』の「年号、明治と改元の事」によれば、「具視《ともみ》は難陳の如き閑論議を闘わすの儀式は、繁褥《はんじょく》の流幣たるを以て、首としてその改正を唱え、かつ一世一元の制と為すの議を建つ。議定、参与、皆これを善《よし》とす。因りて上奏、聖裁を経たり」とあります。また、その相談を受けた議定の松平慶永《よしなが》も、のちに次のように説明しています。

すなわち、改元の方式も「御一新」の機会に「御一代御一号」と定められましたが、その文字原案は従来どおり菅原氏の儒者から勘申させています。それを岩倉の依頼によって、松平が「好《よ》き年号……五六」を選び差し出したところ、「この年号は衆人の決定（公卿の難陳）を廃し、聖上（天皇）自ら賢所へ入りなされ、神意御伺いの処、明治年号を抽籤《ちゅうせん》相成り候に付、明治と御決定に相成」ったのです（『逸事史補《いつじしほ》』）。

こうして決定された「明治」年号は、九月八日の改元詔書に「……慶応《けいおう》四年を改めて明治元年となす。自今以後、旧制を革易し、一世一元以て永式となせ」とあります。また同日付の「行政官布告」に「それまで吉凶の兆象に随《したが》い、しばしば改元これあり候えども、今より御一代一号に定められ候」とあります。これにより、「一世一元」（一代一号）は「永式」として定められたことになります。

しかも、これを承けて、明治二十二年（一八八九）に制定された『皇室典範《てんぱん》』では、第十二条に「践祚の後元号を建て、一世の間に再び改めざること、明治元年の定制に従う」と明文化しています。さらに同四十二年（一九〇九）に公布された施行規則の『登極令《とうきょくれい》』も、次のような規定を設けています。

第二条　天皇践祚の後、直ちに元号を定む。元号は、枢密顧問に諮詢《しじゅん》したる後、之を勅定す。

第三条　元号は、詔書を以て之を公布す。

つまり、これ以後は「年号」でなく「元号」（一世一号）が公用語となりました。その元号は、新天皇が前帝の崩御を承けて践祚されたならば、直ちに枢密院の顧問官らで協議、上奏すると天皇が勅定され、詔書により公布される（これ以外の改元はないから、元号は終身在位中使われる）ことになったのです。

これ以後、「大正《たいしょう》」改元（一九一二年）も「昭和《しょうわ》」改元（一九二六年）も、これに基づいて行われました。その詳細な記録が宮内庁と国立公文書館に現存します。

九、現行の「元号法」は、どのようにして成立したか

明治の『皇室典範』は、天皇が欽定《きんてい》されたものであり、『大日本帝国憲法』と相並ぶ皇室の根本法でした。しかし、昭和二十年（一九四五）の敗戦後、日本を占領統治したＧＨＱ（連合国軍総司令部）から、従来の典範も憲法も改廃するように指令されました。そこでＧＨＱ側の作成した英文草案に基づく政府案が、帝国会議で少し修訂され、『日本国憲法』として同二十一年十一月三日（明治節）に公布されました。しかも、半年後の翌二十二年五月三日、その施行に先立ち、従来の典範も関係の皇室令（『登極令』など）も、いっせいに廃止されています。それによって、元号（一世一元）の制度は明文上の法的根拠を失ったのです。

もちろん、当時の政府としては、新しく法律として定める『皇室典範』に「国務的な事項」の「元号」規定が盛りこめないと判明した段階で、代わりに単独の『元号法』が必要と考え、同二十一年十一月に次のような法案を用意しています。

①皇位の継承があったときは、新たに元号を定め、一世の間、これを改めない。
②元号は、政令でこれを定める。（付則省略）

つまり、これによって①従来の一世一元を原則として守るとともに、②新憲法のもとで内閣が「政

令」により元号を定める、というルールをつくろうとしたのです。

しかし、被占領下では、法案を国会へ出す前に英訳をＧＨＱへ届けて承認を取らなければなりませんでした。すると、ＧＨＱの民政局政治部から「元号の制度は、年を数える際に一つの権威として天皇を扱うことになり、新憲法の建前から好ましくない。昭和の元号を事実上扱うことには反対しないが、元号の法制化は承認できない。しいてやりたければ、占領が終わってから自由に立法すればいい」と通告してきました。そのため、この法案は枢密院から撤回され、闇に葬り去られてしまったのです。

そこで、これ以降、昭和の元号は「事実たる慣習」として用いられてきました。しかし、それでは「天皇陛下に万一のことがあれば、その瞬間をもって昭和という元号は消え去る」(内閣法制局見解）状態にあったのです。それゆえ、昭和二十七年（一九五二）四月の講和独立後、あらためて『元号法』制定の要望が次第に高まりました。

特に同四十七年二月、自民党の政務調査会が「元号に関する小委員会」を設け、各界の有識者から意見を聴き、「元号問題は一世一代の法制化という方針で解決していく」との結論をまとめています。それに対して、野党などが容易に同調しないため、三木内閣は同五十一年十月、「改元が必要な時は……元号名を閣議決定し、内閣公示を行いたい」というにとどまりました。

しかし、次の福田内閣になると、同五十三年十月、「元号は法制化によって持続させる」という方針を固めました。それを承けて、大平内閣が翌五十四年四月、次のような「元号法案」を通常国会に上程しています。

1　元号は、政令で定める。
2　元号は、皇位の継承があった場合に限り改める。（付則省略）

これは、前述の未提出法案をもとにして、①を2、②を1に入れ替え、表現を簡略化したものであり、内容は変わっていません。つまり、まず元号は、この法律に基づいて政府が政令で定めるという方法を明らかにした上で、それが皇位の継承時のみに改元されるという一世一元の原則を決めたのです。

この法案は、衆参両院の内閣委員会を中心に、四か月近く熱心に審議されました。その間に参考人十数人の意見陳述も行われています（賛成は坂本太郎・村尾次郎・宇野清一・小野祖教・林修三・村松剛・堀健三・小川泰の各氏など）。そして結局、自民党・新自由クラブ・民社党・公明党の賛成多数（日本社会党と日本共産党は反対）により、七月に成立しました。

しかも、この『元号法』に基づいて、新元号の政令はどのような手続きで定めるのか、別に決めておく必要があるため、同年十月、詳細な改元要綱がつくられました。

それによれば、皇位の継承が生じた時点で、まず内閣（首相）が元号の候補名を考案者（若干名）に委嘱すると、考案者は漢文の古典から数案（各二～五）の候補名を内閣に提出します。

次に内閣（官房長官のもと）で、候補名を検討・整理し精査・選定します。その際、それが⑴国民の理想としてふさわしいような良い意味を持つ、⑵漢字二字、⑶書きやすく読みやすい、⑷これまでに元号などに使用されたり俗用されていないことに留意しなければなりません。

さらにその選定原案が民間の有識者（八名）と国会の衆参正副議長（四名）に示され、意見を聴取して合意を得ます。

そこで、閣議を開き、最善原案（一つ）について確認の協議をした上で、政令を決定します。

その政令が天皇の国事行為として署名・押印のうえ公布されると、新元号は官庁でも民間でも使用できることになります。

こうして改元に必要な法令も具体的な要綱も整ったのです。そのおかげで、それからちょうど十年後の昭和六十四年（一九八九）一月七日早朝、昭和天皇の崩御に伴い、直ちに皇太子明仁《あきひと》親王が践祚されますと、竹下内閣は直ちに右の手続きを踏んで新元号「平成《へいせい》」を決定し、午後二時半に公表のはこびとなりました。

また、それから満三十年三か月後の平成三十一年（二〇一九）四月一日、一か月後の皇位継承に先立って、新元号「令和」が発表されました。これは「平成」改元と同様に、「元号法」に則りながら、前回と大きく異なりますのは、平成二十九年六月成立の「皇室典範特例法」に基づく天皇の「高齢譲位」が可能となって、平成三十一年四月三十日限りの「退位」、五月一日に新天皇の即位（践祚）という予定を前提にして、改元準備が内々に着々と進められ、一般国民の使用便宜に配慮して、施行一か月前に「令和」の公表が可能になったわけです。

以上、年号・元号に関する主要な基礎知識を略述してきました。「大化」から「令和」に至る二四八の公年号については、以下の各論を随時どこからでもお読み願います。

飛鳥・奈良、平安時代の年号概説

「大化」「白雉」「朱鳥」の初期年号

飛鳥時代とは、ミヤコ（宮処＝天皇の住居）が飛鳥から奈良に遷《うつ》るまでの百五十年間ほどをいいます。この間、飛鳥（現・奈良県明日香村）の朝廷は、飛鳥板葺宮《いたぶきのみや》、後飛鳥岡本宮《のちのあすかおかもとのみや》、飛鳥浄御原宮《あすかきよみはらのみや》などを転々とします。和銅《わどう》三年（七一〇）に奈良に遷都して奈良時代がはじまりました。延暦《えんりゃく》三年（七八四）に長岡京に遷都されるまで、ほぼ七十年間にわたってここがミヤコとされました。その後、長岡京を経て、延暦十三年（七九四）に平安京への遷都が行われます。以後、十二世紀に鎌倉幕府ができるまでの約四百年を平安時代といいます。

日本最初の公年号（国家により制定された年号）は乙巳《いっし》の変による蘇我本宗家の滅亡と皇極天皇の譲位を受けた、孝徳天皇の即位とともに建てられた「大化《たいか》」年号（六四五）です。それ以前は中国の年号（三世紀）や干支《かんし》（五世紀）などが使われていたほか、法隆寺など聖徳太子信仰が盛んな集団を中心として、私年号（特定の組織や地域が独自に用いた年号）として「法興《ほうこう》」という年号（七世紀か）を用いていたこともありました。

「大化」に続く「白雉《はくち》」（六五〇）は、穴戸国（のちの長門国、現・山口県）から献じられた白い雉《きじ》に由来します。これは、君主の徳に対して、天が良いしるしを示してくれるという、中国の祥瑞《しょうずい》災異《さいい》思想に基づくものでした。以後しばらく年号は使われなくなり、天武天皇の晩年に数か月用いられた「朱鳥《しゅちょう》」（六八六）を挟んで、文武天皇朝の「大宝《たいほう》」（七〇一）まで、長い空白期が続きます。これら初期の三年号については、出土遺物に書かれていることもほとんどなく、その実在を疑問視する研究者もいます。

実は隣国、朝鮮半島の新羅では、六世紀から独自の年号を用いていましたが、真徳女王二年（六四八）、唐に使者を派遣した際に、なぜ唐の年号を用いないのかと当時の皇帝・太宗（李世民）から叱責を受け、中国の年号を用いることになりました。当時の東アジアの中で、「大化」「白雉」などの独自の年号を称することは、独立の気概を示す意味がありましたが、国際情勢が緊迫していく中で、その使用も断続的・限定的なものとならざるを得なかったのでしょう。

「大宝」年号以降安定する年号制度

「大宝」年号は、それまでの天皇を中心とした豪族の連合政権であった大和朝廷が、中国の律令制度を取り入れ、中央集権的で、機能的な官僚制と公地公民制に基づく律令国家を構築していく中で用いられた年号です。日本で最初の完成された体系的成文法である「大宝律令」には、公文書には年号を記すように、と規定されており、以後、官僚制と文書行政の広がりとともに、年号制度は日本社会に定着していくこととなります。

和銅三年（七一〇）に平城京に遷都して以降の年号の特徴としては、代始《だいはじめ》改元と祥瑞改元が重なることが多く、またその際の祥瑞はしばしば「亀」であったことが注目されます。元明天皇から元正天皇への譲位の際の「霊亀《れいき》」（七一五）、元正天皇から聖武天皇への譲位の際の「神亀《じんき》」（七二四）、そして藤原光明子を皇后とする際の「天平《てんぴょう》」（七二九）、さらに後年ですが、称徳天皇崩御後、光仁天皇即位に際しての「宝亀《ほうき》」（七七〇）などです。政治的に重要な出来事であり、反対派もいたであろう皇位継承や立后に際して、その人が徳ある存在であることを示す祥瑞が利用されたのでしょう。

また、奈良時代半ばからは「天平感宝《てんぴょうかんぽう》」（七四九）、「天平勝宝《てんぴょうしょうほう》」（七四九）、「天平宝字《てんぴょうほうじ》」（七五七）、「天平神護《てんぴょうじんご》」（七六五）など、「四字年号」が用いられていることもこの時代の特徴です。これに先立ち、中国では唐に変わり、中国史上唯一の女帝・則天武后（武則天）が登場し、その治世においては四字年号が用いられていました。当時、聖武天皇を補佐していた光明皇后や、その後継者である孝謙天皇（重祚して称徳天皇）は、同じ女性の為政者として則天武后を見本としていた可能性が高く、また彼らの後ろ盾を経て廟堂に君臨していた藤原仲麻呂は、中国の文物を取り入れることに積極的だったため、日本でも四字年号が用いられることになったのでしょう。

平安時代の年号制度

称徳天皇の崩御の後、称徳天皇の異母妹・井上内親王を皇后とし、その子・他戸親王を皇太子として、光仁天皇が即位します。しかし、井上・他戸親子はまもなく失脚し、代わって、渡来系氏族の母を持つ山部親王（のちの桓武天皇）が皇太子となります。その立太子に際しては「天応《てんおう》」（七八一）、即位に際しては「延暦」（七八二）改元が行われます。

桓武天皇は、渡来系の血を引くことを逆手にとり、軍事・学問に通じた渡来系氏族を重用し、「造都と征夷」（長岡・平安京の二度の遷都と東北への軍事的進出）による、中国風の天皇として君臨します。この頃、年号も「亀」や「雲」に由来し、その文字を用いるものから、「天応」「延暦」、そして桓武天皇の息子である平城天皇の時代の「大同《だいどう》」（八〇六）、嵯峨天皇の時代の「弘仁《こうにん》」（八一〇）、淳和天皇の時代の「天長《てんちょう》」（八二四）など、中国思想に基づく、理念を示す言葉へと変化していきます。この時代は代始改元がほとんどで、祥瑞改元は姿を消します。結果的に天皇一人につき一年号という状況が続きます。

このような状況が変化するのが、平安時代半ばの醍醐天皇の時代です。昌泰《しょうたい》四年（九〇一）、右大臣菅原道真が失脚しますと、前年から、中国の予言思想に基づき、六十年に一度の「辛酉《しんゆう》」の年には大きな変化が起こることを警告していた文人貴族・三善清行に対して、あらためて諮問が行われ、その際に提出された「革命勘文《かくめいかんもん》」により「延喜《えんぎ》」改元（九〇一）が行われます。六十年後には「応《おう》和《わ》」改元（九六一）が行われ、さらに「甲子《かっし》」の年にも変化が起こるという主張により、三年後に「康保《こうほう》」（九六四）改元が行われます。以後、辛酉革命《しんゆうかくめい》・甲子革令《かっしかくれい》の年には改元を行うことが通例となります（革年《かくねん》改元）。

また、「延喜」に続く「延長《えんちょう》」改元（九二三）は長雨（あるいは日照り）と疫病を理由とした改元で、以後、災害・怪異が起こるたびに改元が行われるようになります（災異改元）。結果として、改元がしばしば行われるようになり、年号の数が増えていきます。この頃、多くの禁忌を伴う「陰陽道」が成立し、また御霊信仰なども流行したため、災害が起こるたびにさまざまな宗教的対応がとられました。改元もその一つとして行われるようになったようです。

災異改元は、平安中期（朱雀《すざく》～後冷泉《ごれいぜい》天皇朝、百三十八年間）には十八回、平安後期（後三条～安徳天皇朝、百十五年間）には二十五回もみられます。その理由とされた「災異」はさまざまですが、天変・地異・人災の三つに整理してみましょう。

①天変……日蝕《にっしょく》、彗星《すいせい》など
②地異……地震、旱魃《かんばつ》、暴風、洪水、飢饉、疫病、火災など
③人災……兵乱など

①の「日蝕」は太陽と地球の間に月が入り太陽を覆い隠す天体現象です。昔の人は凶兆と考えて恐れていました。円融《えんゆう》天皇朝の「貞元《じょうげん》」改元（九七六）の理由の一つには日蝕があったようです。「彗星」は、箒星《ほうきぼし》とか長星《ちょうせい》と呼ばれ、妖しい存在と考えられてきました。一条天皇朝の「永祚《えいそ》」（九八九）改元は一か月にわたり彗星が見え、地震も起こったことを理由としています。どうやらこれ

は約七十六年ぶりに地球に接近したハレー彗星だったようです。

②の「地異」のうち「疫病」では、かなり広範囲に多数の死者が出たこともあります。たとえば、「長徳《ちょうとく》」改元（九九五）の時は、その前年（正暦《しょうりゃく》五年）に九州から起こった「疫癘《えきれい》」があっという間に全国へ広がり、夏には京都の人口の過半が疫死しました。そこで政府は、社寺で奉幣《ほうへい》、祈禱《きとう》をするだけでなく、翌年二月、「疾疫天変」によって「長徳」と改元したのです。しかし、「長徳」は「長毒」に通じるとして批判する声もありました。実際、その後も疫病は治まる気配はなく、関白の藤原道隆、その後を継いだ弟の道兼（「七日関白」）をはじめ、左大臣・大納言・中納言という今日でいうと重要閣僚クラスの貴族たちが次々と没する事態となりました。そのような中で、病魔の手にかかることがなかった権大納言藤原道長に「内覧」（関白の職権代行）の宣旨が下り、同年右大臣、翌年左大臣と出世の道を歩むこととなったのです。

「地震」の例としては、平安時代末、院政期の「永長《えいちょう》」改元（一〇九七）があります。これは南海トラフ地震と推測される大規模な地震で、京都では二時間で六度の大きな揺れがあり、近畿圏だけでも大規模な被害が確認されています。地震の発生から約二週間後には改元が行われましたが、翌年再び地震が起こったため、「承徳《じょうとく》」と改元されています。しかし承徳三年（一〇九九）には三たび大規模な地震が起こり、「康和《こうわ》」と改元されることとなりました。

③の「人災」としては「兵乱」があります。改元の理由にまでなった兵乱は、次の五例です。

- 「天慶《てんぎょう》」改元（九三八）……平将門の乱
- 「長元《ちょうげん》」改元（一〇二八）……平忠常の乱

- 「永久《えいきゅう》」改元（一一一三）……僧兵の争い
- 「永暦《えいりゃく》」改元（一一六〇）……源義朝らの挙兵
- 「寿永《じゅえい》」改元（一一八二）……源頼朝らの挙兵

このうち、平将門と平忠常の乱は、それぞれその兵乱を受けて改められた年号を冠して「承平《じょうへい》・天慶の乱」とも呼ばれ、源義朝と源頼朝たちの挙兵は、挙兵当時の年号を冠して「平治《へいじ》の乱」「長元の乱」「治承《じしょう》・寿永の内乱（源平合戦）」と呼ばれます。

平安時代の中頃から、南都（奈良）の興福寺や北嶺《ほくれい》の延暦寺などの有力寺院では、武装した僧兵（別称「大衆《だいしゅう》」）が勢力を持つようになりました。天永《てんえい》四年（一一一三）の四月前後にも、清水寺別当《べっとう》の人事をめぐって、興福寺と延暦寺の僧兵数百人が朝廷におしかけ、力づくで無理難題をふっかけたのです。その威勢におそれをなした朝廷の努力の一つが、七月の「永久」改元なのです。

年号はどのように決められたか

ここで、平安時代の年号の選考過程を見ていくことにしましょう。『新儀式』『西宮記』『江家次第』などの儀式書によれば、改元はまず天皇からの仰せを受けた大臣が、文人貴族が就任することが多い文章博士《もんじょうはかせ》（大学寮の教官）や式部大輔《しきぶのたゆう》（儀式を掌る式部省の次官）に対し、年号案とその出典となる古典を記した「年号勘文」の提出を命じます。年号を決定する会議は、内裏の近衛陣で行われる「陣定」という会議の一つとして「年号定《さだめ》（改元定《さだめ》）」と呼ばれ、上級貴族で、今日の閣僚にあたる公卿たちが出席します。弁官（事務方のトップ）が、提出された勘文を読み上げ、公卿たちが議論を行います。

この議論は「難陳《なんちん》」（論難と陳弁）と呼ばれ、中国や日本の歴史や文字についての知識が競われます。たとえば、平安時代末の「久寿《きゅうじゅ》」改元（一一五四）の時は、議長をつとめるべき左大臣の藤原頼長が次々と年号案を論難しているのですが、その中には「天保」というのは文字を分解すると「一大人只十」、すなわち「大人」（天皇）に十人しか従わないということになり不吉だ、という文字遊びのようなものもあります。

最終的に二〜三案に絞られたものが天皇に報告され、天皇から一案に絞るように命ぜられ、再び議論して決定します。天皇はそれを受けて詔書として改元を宣言され、さらに太政官符という行政文書により全国に改元が通知されます。ここで重要なのは、年号を決めるのは天皇ということになっていることです。醍醐天皇による「延長」改元の際は、報告された年号案が「不快」ということで、醍醐天皇自ら、『文選』「白雉詩」の中から「延長」という文字を選んでいます。そのほか、以前提出された年号勘文を下して、もう一度選びなおすようにと天皇が指示することもありました。

平安時代中期になると摂政・関白、後期には上皇（譲位した天皇、院）が政治の実権を握り、幼帝が続くことになるのですが、その際にも事前に摂関や上皇の介入はありますが、最終的には天皇が決定するかたちになっていました。

第一章　飛鳥・奈良時代の年号

001▼大化～017▼天応

645～782年

001▼

【大化】《たいか》

①改元理由：代始改元
②改元年月日：皇極天皇四年六月十九日／西暦六四五年七月十七日
③使用期間：四年八か月
④出典：不詳
⑤勘申者：不明
⑥天皇：孝徳天皇
⑦年号を冠する用語等：大化改新

❖最初の公年号とみられる「大化」

『日本書紀』巻二十五の大化元年（六四五）六月乙卯条に、「天豊財重日姫《あめとよたからいかしひめ》天皇四年を改めて大化元年と為《な》す」という記事があります。皇極天皇の譲位と孝徳天皇の即位が行われ、その際に「大化」年号が用いられはじめたことが読み取れます。この「大化」こそが日本において最初に国家により用いられた年号（公年号）です。

『日本書紀』には専横を極めた蘇我蝦夷《えみし》・入鹿《いるか》親子を中大兄皇子・中臣鎌足が中心となって打倒し（乙巳《いっし》の変）、新政権を樹立し、皇室を中心とした中央集権体制の構築が進められた経緯が記されており、この改革は「大化の改新」と呼称されます。

この改革の実態については、その際に出された「大化改新詔」に一定の潤色が見られることから、一時期は否定的な見解も提出されました。しかし、孝徳天皇朝の難波《なにわ》遷都を裏付ける大規模な宮殿

（難波長柄豊碕宮《なにわながらとよさきのみや》）跡が発見（前期難波宮《なにわのみや》遺跡）されたことや、『常陸国風土記』『皇大神宮儀式帳』の分析から、この時期に大規模な地方行政改革の存在が裏付けられたことから、今日では『日本書紀』の内容にある程度の信憑性があるとされています。

「大化」年号については、京都府宇治市の橋寺放光院にある「宇治橋断碑」に「大化二年丙午之歳」と記されているのがほぼ唯一の使用例です。もっとも、この碑は江戸時代に発見された一部をもとに再建されたもので（碑文は鎌倉時代の『帝王編年記』による）、このほかに出土遺物に「大化」年号が見えないこともあり、その実在を疑う研究者もいます。しかし、大規模な改革に連動して、中国的な年号制度が導入されたということは充分考えられることです。そして当時の識字率からすれば、おそらくその使用は限定的であったために、出土遺物に見られないことになったのだろうと推測されます。

002▼

【白雉】はくち

①**改元理由**：祥瑞改元など
②**改元年月日**：大化《たいか》六年二月十五日／西暦六五〇年三月二十二日
③**使用期間**：四年八か月
④**出典**：不詳
⑤**勘申者**：不明
⑥**天皇**：孝徳天皇
⑦**年号を冠する用語等**：白鳳文化

❖難波宮ではじめての祥瑞改元

『日本書紀』の白雉元年二月戊寅条に「穴戸国（のちの長門国、現・山口県）より白雉が献上され改元した」とあります。『日本書紀』によれば、孝徳天皇は百済人や留学帰りの知識人たちにその意味を問い、天皇の高徳により出現したと、中国の祥瑞災異思想に基づく回答を得ます。そして白雉を大々的な儀礼とともに難波長柄豊碕宮に迎え、改元を行ったと記されています。奈良時代に多く行われた祥瑞改元の初の例です。白雉五年十月十日、孝徳天皇が難波宮で崩御すると、『日本書紀』は翌年からを斉明天皇元年とし、以後三十一年間、年号は用いられません。なお、『続日本紀』では昔の出来事のことを「白鳳《はくほう》以来、朱雀《すざく》以前」とする記事があり、奈良時代半ばの藤原鎌足の伝記『大織冠伝』には「白鳳十二年」と書かれています。これは「白雉」（および「朱鳥」）の異称と考えられています。七世紀後半の文化を示す美術史用語としての「白鳳文化」はこれに由来します。

003▼

【朱鳥《しゅちょう》】

①**改元理由**：祥瑞改元など
②**改元年月日**：天武天皇十五年七月二十日／西暦六八六年八月十四日
③**使用期間**：二か月
④**出典**：不詳
⑤**勘申者**：不明
⑥**天皇**：天武天皇
⑦**年号を冠する用語等**：なし

❖天武天皇の病気平癒願う改元

「白雉」年号から約三十年間の空白ののちに、『日本書紀』朱鳥元年七月戊午の条は「改元して朱鳥元年と云う。よりて宮を名づけて飛鳥浄御原宮《あすかきよみはらのみや》と曰う」と記します。平安時代末の歴史書『扶桑略記』は大和国（現・奈良県）から献じられた「赤雉」によって改元が行われたとしますが、明確ではありません。飛鳥浄御原宮の改称とともに、道教思想により、天武天皇の病の平癒を願うために行われたとする説が有力です。しかし天武天皇はまもなく崩御となり、皇后の鸕野讃良《うののさらら》皇女が数年間、称制（天皇の代行）を行った後に即位しました（持統天皇）。『日本書紀』は天武天皇崩御の翌年から「朱鳥」年号を用いておらず、約二か月だけの年号ということになりますが、一方で『万葉集』や『大神宮諸雑事記』には「朱鳥四年」などの記述がみえることから、「朱鳥」年号の停止がはっきり宣言されていなかった可能性があります。

004▼

【大宝】《たいほう》

①**改元理由**：祥瑞改元
②**改元年月日**：文武天皇五年三月二十一日／西暦七〇一年五月三日
③**使用期間**：三年一か月
④**出典**：不詳
⑤**勘申者**：不明
⑥**天皇**：文武天皇
⑦**年号を冠する用語等**：大宝律令

❖律令法に明文化された年号制度

奈良時代の基本史料とされる『続日本紀』の大宝元年（七〇一）三月甲子の条に「対馬嶋、金を貢ぐ。元をたてて大宝元年としたまう」とあります。対馬嶋（現在の長崎県対馬）からの金の出土を祥瑞として、約十六年ぶりに年号が用いられました。実は対馬には金山はなく、後日「詐欺」と発覚したと『続日本紀』は記します。

大宝元年から翌年にかけて、はじめての本格的な体系的法典である大宝律令が施行されます。その儀制令には公文書には年号を記すことが規定されています。以後、年号は公式の紀年法として、「令和」まで絶えることなく使用されています。この規定に基づき、藤原京出土の木簡や、上野国（現・群馬県）の多胡碑・金井沢碑などの各地の石碑でも、この頃から年号が用いられています。

005▼

【慶雲】きょううん

①改元理由：祥瑞改元
②改元年月日：大宝《たいほう》四年五月十日／西暦七〇四年六月十六日
③使用期間：三年八か月
④出典：不詳
⑤勘申者：不明
⑥天皇：文武天皇
⑦年号を冠する用語等：慶雲の改革

❖宮中での「慶雲」出現を目撃

慶雲の改元は『続日本紀』大宝四年五月甲子条に、「西楼の上に慶雲を見る」とあり、宮中に慶雲が出現したことによります。

改元の翌年より、中納言の設置や官人の給与体系の改正、税制改革が行われます。「慶雲の改革」と呼ばれる、この一連の改革は、大宝年間から断続的に続いていた飢饉への対応という性格もありますが、同時に大宝律令施行以後の不具合を修正するという意味もありました。慶雲元年に帰朝した遣唐使のもたらした、唐王朝での律令制運用の情報をもとに、律令制の整備が進展していきます。

006▼

【和銅】わどう

①**改元理由**：祥瑞改元・代始改元
②**改元年月日**：慶雲《きょううん》五年一月十一日／西暦七〇八年二月七日
③**使用期間**：七年八か月
④**出典**：不詳
⑤**勘申者**：不明
⑥**天皇**：元明天皇
⑦**年号を冠する用語等**：和同開珎、和銅経

❖「皇朝十二銭」最初の「和同開珎」

慶雲五年（七〇八）武蔵国秩父郡（現・埼玉県秩父市）から銅が献上され、これを記念して慶雲から和銅へと改元されました。『続日本紀』和銅元年正月乙亥条には、元明天皇の詔が掲載されており、銅の出現を「天地の神の顕し奉る瑞宝」、すなわち天神地祇が天皇に献じた祥瑞として改元を行ったとしています。前年の七月には元明天皇が即位しており、その即位改元という意味もありました。この銅の出現を受けて、同年二月には催鋳銭司《さいじゅせんし》が設置され、五月に銀銭、八月に銅銭が鋳造・発行されました（銀銭は翌年廃止）。天武天皇朝に「富本銭」が発行されたことはありましたが、律令国家による本格的な貨幣発行は、この「和同開珎」にはじまります。以後、天徳二年（九五八）の乾元大宝まで、いわゆる「皇朝十二銭」の発行が続きます。ただ、この「和同開珎」がどの程度流通したかは疑問視されています。

007

霊亀《れいき》

①**改元理由**：祥瑞改元・代始改元
②**改元年月日**：和銅《わどう》八年九月二日／西暦七一五年十月三日
③**使用期間**：二年二か月
④**出典**：不詳
⑤**勘申者**：不明
⑥**天皇**：元正天皇
⑦**年号を冠する用語等**：なし

❖新帝・元正天皇の即位を寿ぐ祥瑞改元

奈良時代には祥瑞出現と天皇即位に伴う改元が連動して行われました。新天皇は祥瑞が出現するほどの人徳の高い存在なので、皇位に就くにふさわしいとの評価を広めるためと推測されます。和銅八年九月二日、草壁皇子の娘・氷高内親王が元明天皇の譲位を受けて即位しました（元正天皇）。即位の当日、左京職から瑞亀が献上され改元しました。その亀の姿を「長さ七寸、闊《ひろ》さ六寸、左の眼白く、右の眼赤し。頸に三公を著し、背に七星を負う。前の脚に並びに離の卦《け》有り。後の脚に並びに一爻《こう》有り。腹の下に赤白の両点ありて、八の字を相次ぎつ」と『続日本紀』は記し、元正天皇が「皇位に就いた最初に天が嘉《よ》きしるしを顕《あらわ》してくれた」と詔を下し、改元を行ったとしています。以後、奈良時代は皇位継承に際して、しばしば亀の祥瑞が出現しています。祥瑞について、律令では国司・郡司などの地方官は「祥瑞を発見したら朝廷に報告するように」と命じています。

008▼

【養老】

ようろう

①**改元理由**：祥瑞改元
②**改元年月日**：霊亀《れいき》三年十一月十七日／西暦七一七年十二月二十四日
③**使用期間**：六年三か月
④**出典**：不詳
⑤**勘申者**：不明
⑥**天皇**：元正天皇
⑦**年号を冠する用語等**：養老律令

❖若返りの「美泉」を理由とした改元

『続日本紀』によれば、霊亀三年（七一七）九月より、元正天皇（女帝）が美濃国当耆郡多度山（現・岐阜県養老郡養老町）へ行幸されました。帰京後、十一月に改元が行われます。その時の詔では、行幸の際に用いた美泉（滝）が肌を若返らせ、髪を黒くするなどの諸々の功徳があるとし、大瑞《だいずい》に相当するとしています。美泉が湧き養老と改元したのは、律令時代ならではの、儒教的な徳治思想です。なお、この時の美濃国の地方官に藤原麻呂という人物がおり、彼はのちの「天平」の改元でも、背に文字のある瑞亀《ずいき》を献上していますので、彼が祥瑞を演出したという説もあります。この頃、藤原不比等により大宝律令の改訂が行われました。養老四年（七二〇）、不比等の死去の直前にある程度完成し、「養老律令」と呼ばれたこの律令は、天平宝字元年（七五七）、不比等の孫である藤原仲麻呂により施行されます。

009▼

【神亀】じんき

①**改元理由**：祥瑞改元・代始改元
②**改元年月日**：養老《ようろう》八年二月四日／西暦七二四年三月三日
③**使用期間**：五年六か月
④**出典**：不詳
⑤**勘申者**：不明
⑥**天皇**：聖武天皇
⑦**年号を冠する用語等**：神亀経

❖聖武天皇の即位を寿ぐ改元

『続日本紀』によれば、養老七年（七二三）十月、平城京・左京の紀家が白い亀を献じ、これを「大瑞」として、大赦や紀家をはじめとした多くの人々に褒賞が行われました。その翌年、聖武天皇が即位し、同時に「去年の九月、天地の貺《たま》える大き瑞物《ずいぶつ》」と全国の豊作を理由として改元が行われました。聖武天皇は文武天皇の皇子で、その即位が待たれていた存在でした。神亀四年（七二七）には、聖武天皇と、藤原不比等の娘・光明子の間に基王（某王）が生まれましたが、翌年に死去し、早くも皇位継承の不安定さが浮き彫りとなります。そのような中、左大臣長屋王が「左道を学び国家を傾けようとしている」との密告があり、尋問の末に、長屋王とその妻吉備内親王（文武天皇の姉妹）、そして二人の間に生まれた王たちは自尽しました（長屋王の変）。『続日本紀』はこれを「誣《ぶ》告《こく》」（虚偽の訴え）とし、冤罪であったことを認めています。

010▼

【天平】てんぴょう

①**改元理由**：祥瑞改元
②**改元年月日**：神亀《じんき》六年八月五日／西暦七二九年九月二日
③**使用期間**：十九年八か月
④**出典**：不詳
⑤**勘申者**：不明
⑥**天皇**：聖武天皇
⑦**年号を冠する用語等**：天平文化

❖光明皇后の立后に関わる「天平」改元

『続日本紀』によれば、神亀六年（七二九）六月に、背中に「天王貴平知百年」と文がある亀が献じられ、八月にそれを「天に坐す神地に坐す神」の献じた「貴瑞」として改元が行われました。京職大夫（平城京内の行政長官）として献上を行ったのは、「養老」改元の時に美濃国に勤務していた藤原麻呂で、彼が再び祥瑞に関与した可能性が指摘されています。改元の二か月後には、仁徳天皇以来の皇族以外の出身の皇后として、藤原光明子の立后が行われています。麻呂は光明子の姉妹にあたり、長屋王の変後の動揺を抑え、光明皇后の立后を寿ぐものとして「天平」改元が計画された可能性は高いようです。聖武天皇・光明皇后夫妻はその後、仏教事業に積極的に関与し、さまざまな寺院や仏像が造立され、「天平文化」の代表として現在も多くの人々に愛されています。

011▼

【天平感宝】

てんぴょうかんぽう

①**改元理由**：祥瑞改元
②**改元年月日**：天平《てんぴょう》二十一年四月十四日／西暦七四九年五月四日
③**使用期間**：三か月
④**出典**：不詳
⑤**勘申者**：不明
⑥**天皇**：聖武天皇
⑦**年号を冠する用語等**：なし

❖大仏造立に必要な黄金発見を喜ぶ四字年号

天平二十一年（七四九）二月二十一日、陸奥国小田郡（現・宮城県遠田郡湧屋町）で黄金が産出したとの知らせが、同国の国司・百済王敬福によりもたらされた、と『続日本紀』は語っています。聖武天皇は歓喜したことでしょう。四月一日には、東大寺に行幸し、本来南面する君主でありながら、北面して大仏を拝し、黄金の発見を感謝するとともに、「天平感宝」改元を行っています。以後、約二十年ほど続く「四字年号の時代」のはじまりです。中国で則天武后が「天冊万歳」「万歳登風」などの四字年号を用いていたことに、光明皇后とその甥にあたる藤原仲麻呂が影響を受けたのではないかとされています。東大寺の大仏は天平十五年（七四三）に聖武天皇が造立を発願し、同十七年から具体的な建造の作業が開始されています。鍍金《ときん》（メッキ）用の黄金の発見により、大仏造立の見込みが立ってきたことを受けて、同年七月、聖武天皇は娘の阿倍内親王に皇位を譲ります。

012▼

【天平勝宝】《てんぴょうしょうほう》

①**改元理由**：代始改元
②**改元年月日**：天平感宝《てんぴょうかんぽう》元年七月二日／西暦七四九年八月十九日
③**使用期間**：八年
④**出典**：不詳
⑤**勘申者**：不明
⑥**天皇**：孝謙天皇
⑦**年号を冠する用語等**：勝宝感神聖武皇帝

❖孝謙天皇の即位による改元

天平勝宝元年（七四九）七月二日、聖武天皇の娘である阿倍内親王が孝謙天皇として即位したのに伴い、「天平勝宝」改元が行われました。年内の二度の改元は日本ではほかに例はありませんが、中国の則天武后は年内に三年号を用いた例が五度あり、それにならったものでしょう。また、天平勝宝七年（七五五）には「天平勝宝七年」の表記を「七歳」と改めよという勅が出されていますが、これも唐の玄宗が天宝三年（七四四）に「年」を「載」と改めたことが遣唐使により伝えられたためではないかとされています。

このような中国の年号制度や紀年法を積極的に取り入れたのは、光明皇太后と、その甥で側近でもあった藤原仲麻呂だとされています。天平勝宝元年、光明皇太后の家政機関である皇太后職を紫微中台と改め、仲麻呂はその長官となり、皇太后の権威を後ろ盾として、権力をふるいました。

013▼

【天平宝字】

てんぴょうほうじ

①**改元理由**：祥瑞改元
②**改元年月日**：天平勝宝《てんぴょうしょうほう》九年八月十八日／西暦七五七年九月六日
③**使用期間**：七年五か月
④**出典**：不詳
⑤**勘申者**：不明
⑥**天皇**：孝謙天皇
⑦**年号を冠する用語等**：なし

❖大炊王（淳仁天皇）立太子のための演出か

『続日本紀』によれば、この改元にさきがけて、天平勝宝九歳（七五七）の三月、宮中の天井の塵除けの裏に「天下大平」の瑞字が自然と浮かび上がり、さらに同年八月に駿河国（現・静岡県）益頭郡の金刺舎人麻自《かなさしのとねりまじ》より、蚕《かいこ》が糸で「五月八日帝釈標知天皇命百年息」という瑞字を書いたとの知らせがもたらされたといいます。後者の意味について貴族たちに審議させたところ、五月八日は聖武天皇の一周忌にあたり斎会などが行われたため、帝釈天が光明皇太后と孝謙天皇の至誠に感じて天の門を開き、優れた政治が行われているのを見て、天皇の統治が百年続くことを約束した、という意味の「霊字」であるとの回答がありました。孝謙天皇はこれを喜び、改元を行いました。反仲麻呂派の貴族が一掃された橘奈良麻呂の変からまもなくの改元であり、社会の動揺を鎮め、大炊王《おおいおう》の立太子を寿ぐための演出であろうと考えられています。

改元の翌年八月には大炊王が即位し（淳仁天皇・淡路廃帝）、仲麻呂は、天皇から恵美押勝《えみおしかつ》の名を贈られました。またこの時、すでに崩じていた聖武天皇に「勝宝感神聖武皇帝」、光明皇太后に「天平応真仁正皇太后」、称徳太上天皇に「宝字称徳孝謙皇帝」とそれぞれ年号を含む称号が贈られます。天平宝字四年（七六〇）一月には仲麻呂は太師（太政大臣）に任じられ、名実ともに廟堂の首座の地位を占めました。しかし六月に光明皇太后が崩御すると、淳仁天皇と孝謙太上天皇の不和もあり、仲麻呂の勢力基盤は動揺します。最終的には、天平宝字八年（七六四）九月、孝謙太上天皇との軍事衝突となり、敗れて近江国で殺害されます。まもなく淳仁天皇は廃れました。

淳仁天皇は立太子に際して改元が行なわれたものの、その即位に連動する代始改元は行われませんでした。これは淳仁天皇が、光明皇后・孝謙太上天皇・藤原仲麻呂らに配慮して統治を行わねばならなかったことを示すものとする研究者もいます。

014▼

【天平神護《てんぴょうじんご》】

①**改元理由**：代始改元か
②**改元年月日**：天平宝字《てんぴょうほうじ》九年一月七日／西暦七六五年二月一日
③**使用期間**：二年七か月
④**出典**：不詳
⑤**勘申者**：不明
⑥**天皇**：称徳天皇
⑦**年号を冠する用語等**：なし

❖内乱の勝利は神々の加護による

藤原仲麻呂の乱を鎮圧し、淳仁天皇を廃位し、淡路公として都から追い払った孝謙太上天皇は、天平宝字九年（七六五）一月、その勝利を「神霊の国を護り、風雨の軍を助ける」結果であるとして「天平神護」改元を行ったと『続日本紀』は記します。十月には淡路の淳仁天皇の逃亡が発覚し、まもなく不審な死を遂げます。翌閏十月には僧道鏡が太政大臣禅師になっていることも見逃せません。さらに十一月には大嘗祭を行い、天皇の地位に復したこと（重祚）を明確にし（称徳天皇）、翌年十月には道鏡を法王の地位に就けます。称徳天皇はすでに出家していましたから、尼でありながら大嘗祭を行うことに対しての反発があったようです。しかし、天皇は詔で「仏教の経典を見れば、仏の教えを守護するのは諸々の神である」と、仏教の中に位置づけられた帝釈天や梵天のような神々と、日本古来の神祇を重ね合わせる独自の論理を展開しました。

015▼

【神護景雲】じんごけいうん

①**改元理由**：祥瑞改元
②**改元年月日**：天平神護《てんぴょうじんご》三年八月十六日／西暦七六七年九月十三日
③**使用期間**：三年一か月
④**出典**：不詳
⑤**勘申者**：不明
⑥**天皇**：称徳天皇
⑦**年号を冠する用語等**：神護景雲経

❖最後の「四字年号」

『続日本紀』によれば、天平神護三年（七六七）八月に三河国（現・愛知県）から「慶雲」出現の報告があり、六月には宮中に七色の「麗雲」が現れたのを天皇と侍臣たちが目撃し、伊勢国（現・三重県）からは伊勢神宮の外宮の上に五色の「瑞雲」が出現したという報告がありました。陰陽寮も七月に「景雲」が現れたことを報告し、式部省はこれを「大瑞」であると認定しました。天皇はこれを伊勢の大神、歴代天皇の霊、三宝（仏教）・諸天・天地の神のもたらしたものと喜び、改元を行いました。この年号では「神護」のもとでの「景雲」が強調されたわけですが、実際、称徳天皇朝は、仏教への優遇策と同時に神社に対してもさまざまな政策を行っています。これは父親の聖武天皇が仏教に深く帰依し、自らを「三法の奴《さんぽうのやっこ》」と称する一方で、神祇《じんぎ》信仰にも熱心であったことを継承したのかもしれません。

016▼

【宝亀】

ほうき

①改元理由：即位改元、祥瑞改元

②改元年月日：神護景雲《じんごけいうん》四年十月一日／西暦七七〇年十月二三日

③使用期間：十年三か月

④出典：不詳

⑤勘申者：不明

⑥天皇：光仁天皇

⑦年号を関する用語等：宝亀の乱

❖久しぶりの「亀」による改元

「宝亀」改元は、『続日本紀』によれば、神護景雲四年（七七〇）八月に肥後国（現・熊本県）より、祥瑞の白亀が二匹献上されたことによる改元で、光仁天皇の即位と同じ記事の中に改元の詔が掲載されています。皇位継承に関わる「亀」を理由とした改元で、しかも二字の年号というのは、四字年号が使われはじめた孝謙天皇の即位以前に立ち返るという政治姿勢を示しているのかもしれません。改元の理由として、仏教や歴代天皇の霊が語られることもありませんでした。

なお、宝亀十一年（七八〇）には東北で、伊治公呰麻呂が伊治城で朝廷から派遣された按察使らを殺し、多賀城を襲撃するという事件（宝亀の乱）が起こっています。

017▼

【天応】てんおう

①**改元理由**：祥瑞改元
②**改元年月日**：宝亀《ほうき》十二年一月一日／西暦七八一年一月三十日
③**使用期間**：一年八か月
④**出典**：不詳
⑤**勘申者**：不明
⑥**天皇**：光仁天皇
⑦**年号を関する用語等**：なし

❖「辛酉革命」の演出と年号文字の変化

この改元理由は「祥瑞改元」とされていますが、従来とは少し異なります。『続日本紀』は伊勢の斎宮《さいぐう》に美雲が現れたからとしますが、今までと違い、具体的な祥瑞を示す文字ではなく、「天応」という嘉字（めでたい文字）が使われていることです。これに加えて、改元された年と日が「辛酉《しんゆう》」という特別な年・日にあたっていたことも注目されます。辛酉の年は十干十二支の組み合わせで六十年に一度あります。辛酉の年には革命が起こるとするのは、中国の讖緯説《しんいせつ》という一種の予言思想に基づくものです。

改元の年の四月、光仁天皇は譲位し、桓武天皇が即位します。そのため、「天応」改元は桓武天皇の即位（あるいはそれに先立つ立太子）を演出するためのものであり、「天応」にも天命が革まる（革命）という意味がこめられていたのではないかと推測されています。

第二章　平安時代の年号

018▼延暦～106▼元暦

782～1185年

018

【延暦】

えんりゃく

①**改元理由**：代始改元
②**改元年月日**：天応《てんおう》二年八月十九日／西暦七八二年九月三十日
③**使用期間**：二十三年八か月
④**出典**：不詳
⑤**勘申者**：不明（石上宅嗣、淡海三船か）
⑥**天皇**：桓武天皇
⑦**年号を冠する用語等**：延暦寺

❖桓武天皇の即位を記念する新しい年号

『続日本紀』天応二年（七八二）八月己巳条に収められている改元の詔は、中国の年号の歴史を回顧しつつ、即位と祥瑞出現の際は改元するのが通例であるとし、今回も即位と豊作、祥瑞の出現による改元であると述べています。実際には凶作に悩まされており、光仁天皇の譲位による桓武天皇の即位を記念しての改元でした。「延暦」という言葉の直接の出典は不明ですが、徳のある政治の延長を意味すると考えられています。具体的な祥瑞などの事物に由来せず、中国の年号の歴史を詔で述べ、理念的な漢語の組み合わせによる「延暦」年号は、祥瑞に多く由来する奈良時代の年号とはその性格を大きく異にするものでした。その背景には、渡来系の氏族の血を引くことを逆手にとり、中国的な君主のあり方を目指す桓武天皇の政治姿勢があったと思われます。桓武天皇の治世において、以後改元は行われておらず、その間、長岡京と平安京への遷都などが行われました。

019▼

【大同】

だいどう

①**改元理由**：代始改元

②**改元年月日**：延暦《えんりゃく》二十五年五月十八日／西暦八〇六年六月八日

③**使用期間**：四年四か月

④**出典**：不詳

⑤**勘申者**：不明

⑥**天皇**：平城天皇

⑦**年号を冠する用語等**：大同類聚方

❖『日本後紀』に批判される即位と同日の改元

延暦二十五年（八〇六）三月十七日、桓武天皇が崩御すると、皇太子安殿《あて》親王に神器が渡され、即日践祚となり（平城《へいぜい》天皇）、五月十八日には大極殿《だいごくでん》において即位礼が行われました。『日本後紀』は改元の詔を載せていませんが、その後に、平城天皇が即位と同時に改元を行ったことを本来、先帝崩御時は年内は改元せず、年が改まってから改元するべき（踰年改元）で、そうしないと年内に二君に仕えることになり「礼に非ざる」と批判しています。そのため、この日に代始改元が行われたと思われます。踰年改元は平安時代には通例となりましたが、奈良時代においてはしばしば即位同日改元が行われており、平城天皇の改元も同時代においてそれほど批判されるようなことであったとは思われません。『日本後紀』の編纂を命じた嵯峨天皇の時代に礼制の理解が深まったことなどにより、この批判記事が生まれたものと考えられています。

020▼

【弘仁】こうにん

①**改元理由**：代始改元
②**改元年月日**：大同《だいどう》五年九月十九日／西暦八一〇年十月二十日
③**使用期間**：十三年四か月
④**出典**：不詳
⑤**勘申者**：不明
⑥**天皇**：嵯峨天皇
⑦**年号を冠する用語等**：弘仁格式、弘仁私記

❖嵯峨天皇のもとで政局の安定

『日本後紀』によれば、嵯峨天皇の即位は大同四年（八〇九）四月一日ですが、改元はそれから一年以上経った大同五年九月十九日でした。この改元の遅れは「踰年改元」によるとも考えられますが、平城太上天皇の政治的影響力が強く、改元できなかったとも考えられます。実際、「弘仁」改元が行われたのは、大同五年（八一〇）に平城太上天皇と嵯峨天皇の対立に起因する内乱、いわゆる「薬子《くすこ》の変」が収拾し、平城太上天皇が出家して、嵯峨天皇のもとに国政の権能が回復されてからでした。その改元の詔では、父の桓武天皇の「延暦」改元の詔にならい、日本の年号の歴史が回顧され、即位によって年号を改めるのが通例であるのにいまだ行われていないため、改元を行うことが宣言されています。これ以後は「踰年改元」が通例となっていきます。この頃、律令を補う「格式」の集成、編纂が行われました（弘仁格式）。

021▼

【天長】てんちょう

①改元理由：代始改元
②改元年月日：弘仁《こうにん》十五年一月五日／西暦八二四年二月八日
③使用期間：十年
④出典：不詳
⑤勘申者：都腹赤（文章博士）、南淵弘貞（右近衛少将）、菅原清公（弾正大弼）
⑥天皇：淳和天皇
⑦年号を冠する用語等：天長格抄、天長六本宗書

❖淳和天皇のもとで律令制の再建

この改元についての『日本後紀』の当該部分は現存しておらず、その抄出が『日本紀略』にみえるのみです。そのため改元の理由は明確ではありませんが、弘仁十四年（八二三）四月に嵯峨天皇が譲位し、淳和天皇が即位しているため、年が明けるのを待っての代始改元と推測されます。また、『元秘別録』にはこの改元の際の年号勘文が引用されており、都腹赤・南淵弘貞・菅原清公が年号案を提出したことがわかりますが、出典を明記しないなど、のちの時代のそれとは形式が違います。

天長年間は淳和天皇一代の年号です。兄の嵯峨太上天皇の影響力が強く、あまり目立たない印象がありますが、その統治下において、令の公式注釈書としての『令義解』や官符の集成である『天長格抄』（現存せず）の編纂など、律令制再建のための諸事業が行われていることは見逃せません。

022▼

【承和】じょうわ

①改元理由：代始改元
②改元年月日：天長《てんちょう》十一年一月三日／西暦八三四年二月十四日
③使用期間：十四年五か月
④出典：不詳
⑤勘申者：不明
⑥天皇：仁明天皇
⑦年号を冠する用語等：承和の変、承和の遣唐使、承和昌宝

❖「承和の変」による政界の変動

『続日本後紀』が掲載する改元の詔では、夏・殷・周の歴史を回顧し、過去の帝王たちが新年の改元を恒例としていたため、自らもそれにならうことが告げられていますが、実際には前年、淳和天皇の譲位と、正良《まさら》親王の即位（仁明天皇）を受けた代始改元と考えられます。仁明天皇朝は漢詩文や唐風儀礼の受容も頂点を迎え、のちのち「承和の故事」としてこの時代が回顧されることとなりました。しかし、淳和・嵯峨両太上天皇が崩ずると、承和九年（八四二）七月十七日、伴健岑《とものこわみね》と橘逸勢《たちばなのはやなり》らが、朝廷転覆の謀叛を企てたとして逮捕・配流され、同時に皇太子の恒貞《つねさだ》親王（淳和天皇皇子）も事件に関係ありとして廃されました（承和の変）。これは当時中納言であった藤原良房による陰謀だとされています。

023▼

【嘉祥】

かじょう

①**改元理由**：祥瑞改元
②**改元年月日**：承和《じょうわ》十五年六月十三日／西暦八四八年七月十六日
③**使用期間**：二年十一か月
④**出典**：不詳
⑤**勘申者**：不明
⑥**天皇**：仁明天皇
⑦**年号を冠する用語等**：嘉祥寺

❖藤原良房が主導した、久しぶりの「祥瑞改元」

『続日本後紀』によれば、承和十五年（八四八）六月、豊後国（現・大分県）から献じられた白亀を祥瑞として賀する上表文を、左大臣源常・右大臣藤原良房ら貴族十三人が連名で仁明天皇に対して提出しました。天皇は当初、自らは不徳である、とこの祝賀を断っていますが、後日再び上表文が提出され、祥瑞の出現を喜ばないのは天の意志に背くことだと言われ、天皇はようやく祥瑞を受け、改元を行うこととしました。

天皇の治世半ばでの改元は、実に「天応」改元以来久しぶりのことでした。儀礼的なやりとりにも見えますが、これは本来天皇が決定すべき改元に対して、藤原良房が貴族たちを巻きこんで圧力をかけたとも解釈できます。

024▼

【仁寿】にんじゅ

①**改元理由**：代始改元、祥瑞改元
②**改元年月日**：嘉祥《かじょう》四年四月二十八日／西暦八五一年六月一日
③**使用期間**：三年六か月
④**出典**：不詳
⑤**勘申者**：不明
⑥**天皇**：文徳天皇
⑦**年号を冠する用語等**：なし

❖文徳天皇の即位を寿ぐ改元

仁明天皇の譲位により、皇太子道康《みちやす》親王が皇位に就いた（文徳天皇）ことによる代始改元です。『日本文徳天皇実録』に収められた改元の詔には、前年に美作国と備前国（ともに現・岡山県）と摂津国（現・大阪府・兵庫県）から「白亀」が、石見国（現・島根県）から「甘露」が献進・奏上されたことも理由としています。詔に引用された『孫氏瑞応図』は、「甘露が草木に降りたものは、人を寿せしむ（長生きさせる）」としており、「仁寿」という元号はこれに由来するものと思われます。

文徳天皇が践祚して数日後には、その女御の藤原明子（良房の娘）が惟仁親王（のちの清和天皇）を出産、同年皇太子となりました。その背後に藤原良房の力が働いていたことは言うまでもありません。

025▼

【斉衡】さいこう

①改元理由：祥瑞改元
②改元年月日：仁寿《にんじゅ》四年十一月三十日／西暦八五四年十二月二十三日
③使用期間：二年三か月
④出典：不詳
⑤勘申者：不明
⑥天皇：文徳天皇
⑦年号を冠する用語等：なし

❖祥瑞改元の一方で自然災害も

石見国（現・島根県）より「醴泉」が報告されたこと（『日本文徳天皇実録』によれば三日後には涸《か》れたという）により行われた祥瑞改元です。改元の際には文武百官のほか、伊勢神宮をはじめとする全国の神社関係者にも位を授けており、また翌日には嵯峨天皇の山陵に、祥瑞に対する感謝と、報告が遅れたお詫びを告げる使者を派遣しています。斉衡三年（八五六）には交野郡に使者を派遣し、かつて桓武天皇が行った中国風の郊天祭祀を行っています。伊勢神宮や嵯峨天皇は、文徳天皇にとって先祖ですし、郊天祭祀は中国風の直系継承を正当化するものです。まだ幼い惟仁親王を皇太子とすることへの不満をそらす意味があったと考えられます。

しかし、斉衡二年（八五五）には、地震のために東大寺大仏の仏頭が転落します。

026▼

【天安】てんあん

①**改元理由**：祥瑞改元
②**改元年月日**：斉衡《さいこう》四年二月二十一日／西暦八五七年三月二十日
③**使用期間**：二年二か月
④**出典**：不詳
⑤**勘申者**：不明
⑥**天皇**：文徳天皇
⑦**年号を冠する用語等**：天安寺

❖再三の祥瑞改元と藤原良房の太政大臣就任

『日本文徳天皇実録』によれば、美作国（現・岡山県）より「白鹿」が、常陸国（現・茨城県）より連理木《れんりぼく》（二つの木の枝が結合したもの）が献上されての祥瑞改元でした。改元の直前には藤原良房が、奈良時代の道鏡以来ひさびさの太政大臣となっています。

天安元年（八五七）には京市内に洪水が発生しましたが、天安二年（八五八）五月には葛野川（桂川）と加茂川（鴨川）が同時に氾濫し、堤防が決壊して京市中は人馬の通行が不可能となるほどでした。天安三年（八五九）八月、文徳天皇は崩御します。病弱のゆえか、自らを擁立してくれた良房の圧力のためか、一度も天皇の居所たる内裏正殿に入ることのなかった天皇でした。

027▼

【貞観】

じょうがん

①**改元理由**：代始改元

②**改元年月日**：天安《てんあん》三年四月十五日／西暦八五九年五月二十日

③**使用期間**：十八年

④**出典**：不詳

⑤**勘申者**：不明

⑥**天皇**：清和天皇

⑦**年号を冠する用語等**：貞観大地震、貞観格式、貞観儀式、貞観寺、貞観交替式、貞観永宝

❖幼帝・清和天皇の即位に伴う改元

天安三年（八五九）四月、文徳天皇の突然の崩御を受けて、わずか九歳の幼帝・清和天皇の即位に伴う代始改元です。改元の詔では、この改元により皇位の長い安定がもたらされるであろうと宣言しています。その治世は当初より、天皇の外祖父の太政大臣藤原良房やその弟である右大臣良相により支えられており、貞観格式・貞観儀式といった法律・儀式書が編纂されています。貞観八年（八六六）閏三月には内裏の応天門が炎上し、当初放火の容疑が左大臣源信にかけられますが、のちに真犯人は大納言伴善男とされ、伊豆に流罪となります。事件の真相は不明ですが、その過程において藤原良房が人臣初の摂政に任命されたことは後世からみて重要な意味を持つことになります。

また貞観十一年（八六九）には東北を中心とした大地震が発生しています（貞観大地震）。

028▼

【元慶】がんぎょう

①**改元理由**：代始改元・祥瑞改元
②**改元年月日**：貞観《じょうがん》十九年四月十六日／西暦八七七年六月一日
③**使用期間**：七年九か月
④**出典**：不詳
⑤**勘申者**：不明
⑥**天皇**：陽成天皇
⑦**年号を冠する用語等**：元慶の乱、元慶官田、元慶寺

❖陽成天皇の即位に伴う改元

貞観十八年（八七六）四月、清和天皇が譲位し、皇太子の貞明親王（陽成天皇）が即位したことによる代始改元です。またこの年に但馬国（現・兵庫県）が白雉、尾張国（現・愛知県）が「木連《もくれん》理《り》」、備後国（現・岡山県）が白鹿の発見を報告したことによる祥瑞改元でもありました（『日本三代実録』）。以後、祥瑞を理由とする改元は姿を消します。

元慶二年（八七八）には出羽国（現・秋田県）の俘囚（朝廷の支配に服した蝦夷）が反乱を起こしており（元慶の乱）、元慶三年（八七九）には、税収の減少を受けて、畿内の一部の田の経営を請け負わせ、その収益を一部の官人の給与などにあてる制度が開始されます（元慶官田）。律令制支配の動揺が各地で顕著になってきました。

029▼

【仁和】にんな

①改元理由：代始改元
②改元年月日：元慶《がんぎょう》九年二月二十一日／西暦八八五年三月十一日
③使用期間：四年二か月
④出典：不詳
⑤勘申者：不明
⑥天皇：光孝天皇
⑦年号を冠する用語等：仁和寺

❖大地震の中、宇多天皇異例の即位

光孝天皇の即位に伴う代始改元でした。この前年の元慶八年（八八四）、十四歳の若さで陽成天皇は譲位します。その背景には良房の後継者として太政大臣となった藤原基経《もとつね》との対立がありました。代わって即位した時康親王（光孝天皇）は即位後すぐに基経を関白に任じます。

仁和三年（八八七）七月、南海トラフ型とされる大地震が起こり、その混乱の中、八月に光孝天皇が崩御し、直前に臣籍から皇族に復帰した定省《さだみ》親王が即位します（宇多天皇）。宇多天皇は基経を父帝と同様に関白に任じますが、基経はその任命の表現を不満とし、政務を放棄します（阿衡《あこう》の紛議）。そのため代始改元が行われず、「仁和」年号は新帝即位後、約二年継続することになりました。

030▼

【寛平】かんぺい

①**改元理由**：代始改元
②**改元年月日**：仁和《にんな》五年四月二十七日／西暦八八九年五月三十日
③**使用期間**：九年
④**出典**：不詳
⑤**勘申者**：不明
⑥**天皇**：宇多天皇
⑦**年号を冠する用語等**：寛平の治、寛平御時后宮歌合、寛平御遺誡、寛平大宝

❖「阿衡の紛議」による二年遅れの代始改元

宇多天皇の即位による代始改元です。『日本紀略』では、即位後、三年に及んで改元するのはこの時がはじめてであると、代始改元の遅れが指摘されています。「阿衡の紛議」により悩まされた宇多天皇は寛平三年（八九一）、藤原基経が死去すると関白を置かず、親政を行います。菅原道真らを登用し、天皇を中心とした貴族官僚の序列化や地方行政改革を行いました（寛平の治）。文化面でも、紀友則・貫之らが参加した「寛平御時后宮歌合」や「寛平御時菊合」などさまざまな文化振興事業を行います。

寛平九年（八九七）、宇多天皇は譲位します。その際、皇太子の敦仁親王（醍醐天皇）に書き与えた教訓書が「寛平御遺誡」です。

031▼

【昌泰】しょうたい

①**改元理由**：代始改元

②**改元年月日**：寛平《かんぺい》十年四月二十六日（四月十六日、八月十六日説あり）／西暦八九八年五月二十日

③**使用期間**：三年三か月

④**出典**：不詳

⑤**勘申者**：不明

⑥**天皇**：醍醐天皇

⑦**年号を冠する用語等**：昌泰の変

❖醍醐天皇の即位に伴う改元

寛平十年（八九八）四月、宇多天皇が譲位し、皇太子敦仁親王が皇位に就いた（醍醐天皇）ことによる代始改元です（『日本紀略』）。昌泰二年（八九九）、藤原時平は左大臣、菅原道真が右大臣となり、太政官の首班となり、醍醐天皇を支えました。しかし、昌泰四年（九〇一）、道真が大宰員外帥《だざいいんがいのそち》に貶《おと》され、その子や門下生たちも地方に左遷されました（昌泰の変）。これは時平が、道真が醍醐天皇を退位させ、その弟斉世《ときよ》親王を皇位に就けようとしていると讒訴《ざんそ》したことによるとされています。

032▼

【延喜】えんぎ

①**改元理由**：革年改元など
②**改元年月日**：昌泰《しょうたい》四年七月十五日／西暦九〇一年八月三十一日
③**使用期間**：二十一年九か月
④**出典**：不詳
⑤**勘申者**：紀長谷雄（左大弁）
⑥**天皇**：醍醐天皇
⑦**「延喜」を冠する用語等**：延喜格式、延喜・天暦の治、延喜の荘園整理令、延喜通宝、延喜私記、延喜交替式

❖三善清行の進言による初の「辛酉革命」改元

昌泰四年（九〇一）七月の干支は「辛酉」でした。これに先立ち、昌泰三年（九〇〇）、文章博士の三善清行は右大臣菅原道真に対し書を呈し、「明年は辛酉」にあたり、大きな動乱が予想されるので身のほどを知って辞職するのがよいと述べています。その後、道真が失脚すると、昌泰四年二月に「革命勘文」を朝廷に提出し、今年は「大変革」の起こりやすい年（辛酉革命）なので改元をすることを提案し、さらに五月にも「改元を請うの議」を提出しています。

ここで述べられているのは中国に由来する、特定の数理と独特の論理により未来を予測する讖緯説を、日本の歴史に当てはめたものでした。その理屈はかなり強引なものでしたが、結局この意見に基づき「延喜」改元が行われます。そして以後、この説に基づき、六十年に一度、「辛酉」の年に

改元することが恒例となります（左表「平安時代の革年改元」参照）。

なお、「延喜」の改元の詔は現存していませんが、『扶桑略記　裏書』は、辛酉革命とともに、逆臣（菅原道真の左遷）と、祥瑞とされた南極老人星（天の南極にあって人の寿命をつかさどるとされたカノープスの和名）の出現を改元の理由としています。

醍醐天皇は摂政を置かず、延喜格式などの法律の編纂や延喜の荘園整理令といった律令制の再建政策をとったため、後世「延喜の治」として理想視されることになりました。しかし、実際には左大臣藤原時平の主導性が強く、その政策も律令制の再建というよりも、社会の実態に合わせた行政改革というべきものとされています。

平安時代の革年改元

天皇	辛酉革命による改元		甲子革令による改元	
	改元年（西暦）月日	新年号	改元年（西暦）月日	新年号
醍醐	昌泰四年（九〇一）七月十五日	延喜		
村上	天徳五年（九六一）二月十六日	応和	応和四年（九六四）七月十日	康保
後一条	寛仁五年（一〇二一）二月二日	治安	治安四年（一〇二四）七月十三日	万寿
白河	承暦五年（一〇八一）二月十日	永保	永保四年（一〇八四）二月七日	応徳
崇徳 近衛	保延七年（一一四一）七月十日	永治	康治三年（一一四四）二月二十三日	天養

0 3 3

【延長】えんちょう

①**改元理由**：災異改元
②**改元年月日**：延喜《えんぎ》二十三年閏四月十一日／西暦九二三年五月二十九日
③**使用期間**：八年
④**出典**：『文選』など
⑤**勘申者**：醍醐天皇の勅定による
⑥**天皇**：醍醐天皇
⑦**年号を冠する用語等**：延長風土記

❖醍醐天皇による年号案の差し替え

醍醐朝に行われたこの改元の理由は長雨による水害と疫病による改元で、災害を理由としたはじめての改元でした（『日本紀略』）。醍醐天皇の皇子であった源高明の著した儀式書『西宮記』には、醍醐天皇が「博士勘申の字不快。仍《よ》りて勅定有りて、以て文選白雉の詩を以て延長とす」とあり、醍醐天皇が自ら年号を決定したと記しています。

『江談抄』にはこの改元の時の出来事として、天皇の側近の源公忠が遁死して冥界に行き、菅原道真の怨霊が天皇の罪を訴えている中で、「改元があればどうしようか」という冥界の役人たちの会話を耳にします。やがて蘇生した公忠が天皇に報告して改元が行われたといいます。『北野天満宮縁起絵巻』にもこのエピソードが絵画化されています。

034▼

【承平】じょうへい

①**改元理由**：代始改元
②**改元年月日**：延長《えんちょう》九年四月二十六日／西暦九三一年五月十六日
③**使用期間**：七年一か月
④**出典**：『漢書』
⑤**勘申者**：大江朝綱（大内記）、大江維時（文章博士）
⑥**天皇**：朱雀天皇
⑦**年号を冠する用語等**：承平・天慶の乱

❖朱雀天皇の即位と関東の兵乱

承平の改元は、延長九年（九三一）の醍醐天皇の崩御による、朱雀天皇の即位に伴う代始改元と考えられています（『一代要記』）。左大臣藤原忠平が中心となり陣定《じんのさだめ》が行われ、年号が決定されました。（『貞信公記』）

承平五年（九三五）、関東で平将門が、親族と私闘を行い、さらに天慶元年（九三八）には国司、ひいては朝廷への反乱へと発展します（承平・天慶の乱）。

035▼
【天慶】てんぎょう

①**改元理由**：災異改元
②**改元年月日**：承平《じょうへい》八年五月二十二日／西暦九三八年六月二十二日
③**使用期間**：八年十一か月
④**出典**：『漢書』
⑤**勘申者**：大江朝綱（左少弁兼文章博士）、大江維時（文章博士）
⑥**天皇**：朱雀天皇
⑦**年号を冠する用語等**：承平・天慶の乱

❖東西兵乱を理由とした災異改元

承平八年（九三八）五月、地震・厄運とともに、東西の兵乱を理由として改元が行われました（『日本紀略』）。「承平・天慶の乱」と呼ばれる内乱です。東国の内乱は、「平将門の乱」として知られています。承平五年（九三五）二月、下総国（現・千葉県）の豪族平将門が、一族内部の争いをきっかけに、国衙《こくが》を襲い国司を京へ追放するまでに至りました。将門の反乱はどんどんエスカレートして、自らを「新皇《しんのう》」と称しましたが、天慶三年（九四〇）に鎮圧されます。同じ頃、四国の伊予国（現・愛媛県）から九州の大宰府にかけて、藤原純友《すみとも》が暴れていました。こちらも天慶四年（九四一）には鎮圧されますが、期せずして東西でほぼ同時に反乱が起こったことの衝撃は大きかったようです。

036▼

【天暦】てんりゃく

①**改元理由**：代始改元

②**改元年月日**：天慶《てんぎょう》十年四月二十二日／西暦九四七年五月十五日

③**使用期間**：十年六か月

④**出典**：不詳

⑤**勘申者**：村上天皇の勅定による。大江維時か

⑥**天皇**：村上天皇

⑦**年号を冠する用語等**：延喜・天暦の治

❖村上天皇が自ら選んだ年号

後世、「天暦の治」として称賛された村上天皇朝は、朱雀天皇が弟の皇太子成明《なりあきら》親王（村上天皇）に譲位してはじまり、この改元はそれに伴うものでした（『日本紀略』）。朱雀天皇はまだ二十四歳でしたから、この異常に早い譲位は、母后穏子が「弟の成明親王が天皇となった様子を見たいものだ」と言ったのを聞いて、朱雀天皇が譲位を急いだためと『大鏡』は語ります。

『元秘別録』は大江維時《これとき》が選んだ年号としますが、『江家次第』は提出された年号案を天皇が不満に思い、自ら決められた例として「天暦」を挙げています。天暦三年（九四九）に関白藤原忠平が没し、以後関白が置かれなかったため、天皇親政が行われたとされます。しかし、実際には左大臣藤原実頼と、右大臣で天皇の外戚でもある藤原師輔が中心となって政務を行っていたようです。

037▼

【天徳】てんとく

①**改元理由**：災異改元
②**改元年月日**：天暦《てんりゃく》十一年十月二十七日／西暦九五七年十一月二十一日
③**使用期間**：三年四か月
④**出典**：『周易』『礼記』
⑤**勘申者**：不明
⑥**天皇**：村上天皇
⑦**年号を冠する用語等**：天徳御時内裏歌合

❖「天徳の内裏焼亡」起こる

「水旱《すいかん》の災」と「怪異」を理由として行われた改元です（『日本紀略』『扶桑略記』『改元部類』）。

天徳三年（九五九）八月に「天徳詩闘」（詩合）が行われ、翌年三月には内裏で「天徳御時内裏歌合」と呼ばれる大規模な歌合が行われました。藤原朝忠・藤原元真・源順・壬生忠見・大中臣能宣・平兼盛・中務・本院侍従などの歌人が参加し、後世の模範とされました。

その六か月後の九月二十三日の深夜、内裏の宣揚門より火災が発生して、またたく間に燃え広がり、翌日の早朝までに、代々の宝物や文書とともに桓武天皇の平安京遷都以来の内裏をほぼ燃やし尽くしました。「天徳の内裏焼亡」と呼ばれる事件です。

038▼

【応和】おうわ

①**改元理由**：災異改元、革年改元

②**改元年月日**：天徳《てんとく》五年二月十六日／西暦九六一年三月五日

③**使用期間**：三年五か月

④**出典**：『晋書』『傅休奕文』

⑤**勘申者**：菅原文時（文章博士）

⑥**天皇**：村上天皇

⑦**年号を冠する用語等**：応和の宗論

❖内裏焼亡と辛酉革命による改元

内裏の焼亡とともに、はじめての辛酉革命による革年改元である「延喜」から六十年が経過したことを受けて、改元が行われました（『日本紀略』）。陰陽寮が「天徳は火神の号」との意見を提出したことも理由とされています（『村上天皇御記』）。

この日は、内裏再建のために殿舎・門の柱を立てる儀式も行われており、慌ただしい中、天皇自ら「応和を年号と為すべし」と決定し、大赦は「延喜」の例によるべきことを命じたと、村上天皇が日記に記しています。これにより、辛酉の年の改元は以後恒例となりました。

応和三年（九六三）には、再建なった清涼殿で、比叡山と南都から十人ずつの僧侶が出て、法華三部経をテーマに論争が五日間にわたり繰り広げられています（応和の宗論）。

039▼

【康保】

こうほう

①**改元理由**：革年改元、災異改元
②**改元年月日**：応和《おうわ》四年七月十日／西暦九六四年八月十九日
③**使用期間**：四年一か月
④**出典**：『尚書』
⑤**勘申者**：村上天皇による勅定。大江維時（中納言）、藤原後生（文章博士）説
⑥**天皇**：村上天皇
⑦**年号を冠する用語等**：なし

❖はじめての「甲子革令」による改元

甲子年にあたる応和四年（九六四）、甲子革令による革年改元が行われました。六十年前は辛酉の改元のみが行われたのですが、それに准ずる甲子革令による改元も行うべきかが早くから問題とされていました。算道・儒学・天文道、そして三善清行の孫の四人の学者が意見を提出していましたが、意見が分かれたため、天皇が三善道統（清行の孫）と賀茂保憲（安倍晴明の兄弟子）を呼び、道統に「今年は革命にあたるのか」と聞いたところ、「祖父の説では革命の年ではありませんが、改元を行うのは悪いことではないでしょう」と答え、保憲も同意したので改元が決定されたことを天皇自ら日記に書いています。しかし、詔には革令を理由とは書かないことになりました。なお、「康保」年号も村上天皇が自ら選んだ年号です。『扶桑略記』では「旱魃《かんばつ》」も改元の理由としています。

040

【安和】

あんわ

①**改元理由**：代始改元
②**改元年月日**：康保《こうほう》五年八月十三日／西暦九六八年九月八日
③**使用期間**：一年八か月
④**出典**：不詳
⑤**勘申者**：藤原後生（文章博士）
⑥**天皇**：冷泉天皇
⑦**年号を冠する用語等**：安和の変

❖病弱な冷泉天皇の即位と「安和の変」

康保四年（九六七）、村上天皇の崩御を受けて、皇太子守平親王が即位した（冷泉天皇）ことによる代始改元です（『本朝世紀』）。外戚である藤原師輔《もろすけ》がすでに没していたため、藤原実頼が関白となります。天皇は皇太子時代から病弱であり、早期の譲位が予想されました。

安和二年（九六九）に起こった「安和の変」は、そのような中での皇太子の地位をめぐる対立が原因のようです。冷泉天皇の皇太子として立てられたのは守平親王（のちの円融天皇）でしたが、兄の為平親王は左大臣の源高明の娘婿でしたので、藤原氏から危険視されていたようです。源満仲の密告により高明は大宰権帥《だざいごんのそち》に左遷され、以後、藤原摂関家による廟堂支配が確定します。

041▼

【天禄】てんろく

①**改元理由**：代始改元
②**改元年月日**：安和《あんわ》三年三月二十五日／西暦九七〇年五月三日
③**使用期間**：三年八か月
④**出典**：不詳
⑤**勘申者**：藤原後生（文章博士）
⑥**天皇**：円融天皇
⑦**年号を冠する用語等**：なし

❖円融天皇の即位に伴う改元

兄冷泉天皇の譲位により皇太子守平親王が十一歳で即位（円融天皇）し、それに伴う代始改元として行われました（『元秘別録』）。皇太子が生後十一か月の甥（冷泉天皇の皇子）の師貞《もろさだ》親王（のちの花山天皇）であることからしても、当初は中継ぎとして即位したと思われる円融天皇ですが、結果的に長期の在位となり（九六九〜九八四年）、その治世下には四度も改元が行われています。天禄元年（九七〇）には摂政藤原実頼、天禄三年（九七二）にはその地位を継承した藤原伊尹《これただ》が没しており、藤原摂関家も世代交代が進んでいきます。

042▼

【天延】てんえん

①改元理由：災異改元
②改元年月日：天禄《てんろく》四年十二月二十日／西暦九七四年一月十六日
③使用期間：二年七か月
④出典：不詳
⑤勘申者：不明
⑥天皇：円融天皇
⑦年号を冠する用語等：なし

❖相つぐ災異の中、摂関の地位争いが激化

この円融朝二度目の改元は、天変と九月に起こった地震による災異改元でした（『日本紀略』）。円融天皇朝は多難な時代で、たびたび内裏が炎上し、暴風が襲い、流行病が蔓延しています。天延二年（九七四）には藤原師輔の子で権中納言の藤原兼通が摂政となります。兼通の弟である兼通はすでに権大納言でしたので、この人事は意外なものでした。『大鏡』によれば、兼通は自らの妹である母后の藤原安子《あんし》が「摂関は兄弟順に継承せよ」と記した遺命を天皇に示し、自らを摂政とするよう説得したといいます。

043▼

【貞元】

じょうげん

①**改元理由**：災異改元
②**改元年月日**：天延《てんえん》四年七月十三日／西暦九七六年八月十一日
③**使用期間**：二年四か月
④**出典**：不詳
⑤**勘申者**：不明
⑥**天皇**：円融天皇
⑦**年号を冠する用語等**：なし

❖大地震と再びの内裏炎上による改元

『日本紀略』『元秘別録』は大地震と内裏炎上を理由とする災異改元とします。天延四年（九七六）六月、山城国（現・京都府）・近江国（現・滋賀県）で大地震が発生して多くの建物が倒壊し、多数の死傷者が出ました。大地震直前の同年五月には、天徳以来二度目の内裏炎上が起こり、天皇は摂政藤原兼通の邸宅に移ることになります（『栄華物語』）。一方、『百練抄』は同年七月の日蝕を理由とした改元としています。年号定《さだめ》（年号を決定する会議。改元定《さだめ》ともいう）の中心となったのは、左大臣の源兼明（高明の弟）や大納言藤原為光でした。貞元二年（九七七）に関白藤原兼通は病没しますが、死の直前に参内し、弟兼家の関白昇進を阻止したといいます（『大鏡』）。

044▼

【天元】てんげん

①**改元理由**：災異改元
②**改元年月日**：貞元《じょうげん》三年十一月二十九日／西暦九七八年十二月三十一日
③**使用期間**：四年五か月
④**出典**：不詳
⑤**勘申者**：不明
⑥**天皇**：円融天皇
⑦**年号を冠する用語等**：天元三年中堂供養願文

❖厄を祓い慎みを表す改元

平安中後期になると、新しい改元理由が加わります。陰陽思想に基づく「厄年改元」です。円融朝には貞元三年（九七八）に「明年陽五の御慎み」（『日本紀略』）により改元が行われています。この前後には中国の陰陽思想などをもとにした「陰陽道」が成立し、貴族たちの生活に伴うさまざまな禁忌が成立していくことになります。なお、『元秘別録』や『百練抄』では「災変」も改元の理由としており、災異改元とも判断されます。

天元元年には藤原兼家が娘・詮子《せんし》を円融天皇に入内《じゅだい》させ、まもなく懐仁親王（のちの一条天皇）が生まれます。

045▼

【永観】えいかん

①**改元理由**：災異改元
②**改元年月日**：天元《てんげん》六年四月十五日／西暦九八三年五月二十九日
③**使用期間**：二年
④**出典**：不詳
⑤**勘申者**：菅原資忠（文章博士・大学頭）
⑥**天皇**：円融天皇
⑦**年号を冠する用語等**：永観の荘園整理令

❖花山天皇の即位と荘園整理令

天元五年（九八二）十一月の内裏焼亡と、それに先立つ七月の旱魃《かんばつ》を理由とする災異改元です（『日本紀略』）。改元の詔は文人官僚で、『池亭記』『日本往生極楽記』などの著者として知られる慶《よし》滋《しげの》保胤《やすたね》によるもので、『本朝文粋』に収められています。

永観二年（九八四）、円融天皇は譲位し、皇太子の師貞親王が即位します（花山天皇）。まもなく、天皇の外叔父である藤原義懐《よしちか》が蔵人頭に任じられ、同じく天皇の乳母子である藤原惟成《これなり》とともに実権を握り、同年の「永観の荘園整理令」などの改革が行われます。

046▼

【寛和】

かんわ

①改元理由：代始改元

②改元年月日：永観《えいかん》三年四月二十七日／西暦九八五年五月十九日

③使用期間：二年

④出典：不詳

⑤勘申者：不明

⑥天皇：花山天皇

⑦年号に冠する用語等：寛和の変

❖花山天皇が突如出家し譲位

花山天皇の即位に伴う代始改元です（『日本紀略』）。その年号定においては、議長役となる上卿を大納言源重信がつとめていますが、通常は大臣が行っていますのでこれは異例のことでした。源重信自身、納言（大納言・中納言）が年号定の上卿を行った先例があるかと外記に調査させています。

寛和二年（九八六）には花山天皇が十九歳の若さで突然譲位し、出家してしまいます。『大鏡』は、自らの孫にあたる皇太子懐仁親王の即位を急ぐ藤原兼家が、息子で蔵人をつとめていた道兼に命じて、天皇が寵愛していた女御の死を悲しんでいるのにつけこみ、出家を勧めたとしています。天皇側近の藤原義懐・惟成はこれにより前途を悲観し、ともに出家します。この一連の事件を「寛和の変」と呼びます。

047▼

【永延】えいえん

①改元理由：代始改元
②改元年月日：寛和《かんわ》三年四月五日／西暦九八七年五月五日
③使用期間：二年四か月
④出典：不詳
⑤勘申者：不明
⑥天皇：一条天皇
⑦年号に冠する用語等：なし

❖一条天皇の代始改元と『尾張国百姓等解文』

前年に花山天皇が譲位し、皇太子懐仁親王が七歳で即位したことによる代始改元です（『日本紀略』）。即位に伴い、藤原兼家は摂政に任じられました。

永延二年（九八八）十一月八日、尾張国（現・愛知県）の郡司・百姓らが朝廷に対して『尾張国郡司百姓等解文』を提出し、三十一か条にわたり国司藤原元命の「苛政」を訴えました。翌年の除目で元命は国司の任を解かれますが、このほかに特に罰せられた様子はありません。当時、朝廷は財源確保のために律令国家の枠組みを再編し、国司（特に長官である守）に大幅な裁量権を与えていました。そのため、国司と徴税の対象となる郡司・百姓（この場合、現地の有力者）との対立が各地で激化していたのです。

048

【永祚】

えいそ

①**改元理由**：災異改元
②**改元年月日**：永延《えいえん》三年八月八日／西暦九八九年九月十日
③**使用期間**：一年二か月
④**出典**：不詳
⑤**勘申者**：大江維時（中納言）
⑥**天皇**：一条天皇
⑦**年号を冠する用語等**：永祚の宣命、永祚の風

❖ハレー彗星による災異改元

この改元は、七十六年ごとに飛来する最初のハレー彗星出現を理由とする災異改元でした。この年の六月一日から七月半ばまで、「通夜彗星東西に見」えたと『日本紀略』は記します。この頃、彗星は不吉なしるしとされたようで、同時に地震も起こったため改元に至ったようです。

永祚元年（九八九）八月には、近畿地方を「天下の大災」（『扶桑略記』）と呼ばれた大暴風雨が襲います（永祚の風）。また、同年九月から比叡山延暦寺の内部抗争が激化します。円仁の門流と円珍の門流の対立は天台宗成立直後から存在していましたが、延暦寺のトップである天台座主の人事をめぐってより激化します。この頃、円珍派の余慶を天台座主とする人事に円仁派が反発しており、一条天皇は藤原有国を派遣し、円仁派を強く叱責する「永祚の宣命」を下しています。

049▼

【正暦】しょうりゃく

①**改元理由**：災異改元
②**改元年月日**：永祚《えいそ》二年十一月七日／西暦九九〇年十一月二十六日
③**使用期間**：四年四か月
④**出典**：不詳
⑤**勘申者**：不明
⑥**天皇**：一条天皇
⑦**年号を冠する用語等**：なし

❖大暴風雨による災異改元

永祚元年（九八九）八月十三日夜に近畿地方を襲った、いわゆる「永祚の嵐」の災厄を祓うための災異改元です。正暦四年（九九三）には比叡山延暦寺の円仁門流の僧が、円珍門流が拠る房舎を襲撃・破壊する事件が起こります。以後、円珍門流は比叡山を降り、園城寺（三井寺）を拠点とすることになります。

050▼

【長徳】

ちょうとく

①**改元理由**：災異改元

②**改元年月日**：正暦《しょうりゃく》六年二月二十二日／西暦九九五年三月二十五日

③**使用期間**：四年十一か月

④**出典**：『揚雄文』

⑤**勘申者**：大江維時（中納言）

⑥**天皇**：一条天皇

⑦**年号を冠する用語等**：長徳の変、長徳二年大間書

❖疫病の大流行する中での改元

疫病と天変による災異改元です。正暦五年（九九四）に九州からはじまった疫病（赤斑瘡《あかもがさ》、麻疹《ましん》〈はしか〉と推測される）の流行は、全国に拡大し、京都でも人口の大半が疫死したとされています。当時、参議の藤原公任は「長徳は長毒に通じる」との危惧を藤原実資に語っていますが（『小右記』）、実際、改元の二か月後に関白の藤原道隆が病死し、道隆の死後の関白を引き継いだ弟道兼も病に倒れ（「七日関白」）、朝廷で国政を担う公卿の大半が不在という異常事態となります。そのような中、権大納言の藤原道長が「内覧」（関白の職務代行）に任じられます。

改元から二か月後、道長のライバルであった内大臣藤原伊周が花山法皇に矢を射かけるという不祥事を起こし、出雲権守に左遷されています（長徳の変）。

051▼

【長保】ちょうほう

①**改元理由**：災異改元

②**改元年月日**：長徳《ちょうとく》五年一月十三日／西暦九九九年二月一日

③**使用期間**：五年六か月

④**出典**：『周易』『国語』

⑤**勘申者**：大江匡衡（文章博士）

⑥**天皇**：一条天皇

⑦**年号を冠する用語等**：長保楽

❖再びの疫病流行による改元

『扶桑略記』は「赤斑瘡《あかもがさ》の疫に依る」と、疫病による災異改元としています。長徳四年（九九八）から「赤疱瘡《あかぼうそう》」「稲目瘡《いなめがさ》」と呼ばれる病が大流行しており、天皇から庶民に至るまで逃れることはできませんでした（『日本紀略』）。当時蔵人頭であった藤原行成は改元・大赦が行われないことを「世間奇となす」とし、早々に行うべきだと自らの日記に記しています。十二月十四日には左大臣藤原道長が来年一月に行うようにと天皇に奏上しています（『権記』）。結局一月十三日に改元が行われました。

052▼

【寛弘】かんこう

①**改元理由**：災異改元

②**改元年月日**：長保《ちょうほう》六年七月二十日／西暦一〇〇四年八月八日

③**使用期間**：八年六か月

④**出典**：『漢書』

⑤**勘申者**：大江匡衡（式部権大輔）

⑥**天皇**：一条天皇

⑦**年号を冠する用語等**：なし

❖二度の年号案採用に喜ぶ大江匡衡

地震による災異改元と思われます。『御堂関白記』によれば、藤原道長も左大臣として参加していた年号定において「寛仁」に決まりかけたところで、左大弁の藤原忠輔が一条天皇の諱《いみな》（懐仁）と同じ字があることを指摘し、「寛弘」に変更されたようです。この年号案を出した大江匡衡は「長保」年号の考案者でもあり、二度の年号採用を喜ぶ詩を残しています（『江吏部集』）。実際にこれ以後、大江氏の学問の家としての地位が確立したようです。

053▼

【長和】ちょうわ

①**改元理由**：代始改元
②**改元年月日**：寛弘《かんこう》九年十二月二十五日／西暦一〇一三年二月八日
③**使用期間**：四年三か月
④**出典**：『礼記』
⑤**勘申者**：菅原宣義（文章博士）、大江通直（文章博士）
⑥**天皇**：三条天皇
⑦**年号を冠する用語等**：なし

❖年末まで遅れた三条天皇の代始改元

前年の一条天皇譲位（まもなく崩御）と皇太子居貞親王（三条天皇）の即位による代始改元です。この改元に際しては、文章博士が出した年号案が藤原道長の意に満たず、「寛弘」改元の際に大江匡衡が出した「寛仁」案が良いと思うのだが出典がわからない、と訪ねてきた大納言藤原実資に話しています。実資は即座に『漢書』の帝紀にある、と答えました。年号定は三条天皇即位の翌年十二月二十五日までずれこみ、適当な案がなく、議事が停滞する中、議長役の上卿の道長が「寛仁」案を持ち出しますが、参加した公卿たちが一致して、正式に勘文として出されていないものを用いることはできないと拒否しています。このまま決まらないと、代始改元を行わないまま二年が経過することになるため、最終的に比較的批判が少なかった「長和」に決めることとなりました。

054

【寛仁】かんにん

①**改元理由**：代始改元
②**改元年月日**：長和《ちょうわ》六年四月二十三日／西暦一〇一七年五月二十一日
③**使用期間**：三年十か月
④**出典**：『会稽記』『尚書』『漢書』
⑤**勘申者**：藤原広業（式部大輔）
⑥**天皇**：後一条天皇
⑦**年号を冠する用語等**：なし

❖道長を外祖父とする後一条天皇の代始改元

前年、藤原道長と激しく対立した三条天皇が譲位し、道長を外祖父とする皇太子敦成《あつひら》親王が即位します（後一条天皇）。それに伴う代始改元です。道長は当時摂政も左大臣も辞しており、息子の頼通が摂政となっていました。年号定の上卿は右大臣の藤原顕光《あきみつ》が行ったのですが、一度提出させた年号勘文を道長が再提出させるなど、当初から混乱している様子がうかがえます。

最終的に、「長和」改元の際に道長がこだわった「寛仁」があらためて年号案として提出され、年号定でこれに決しました。ところが突然に顕光が、「寛仁」は一条天皇の時に避けられた案だとある人から聞いたと言い出し、藤原行成《ゆきなり》に「甚だしき謬《あやま》り」と批判されています（一条天皇の諱《いみな》は「懐仁」だが、後一条天皇の諱は「敦成」なので問題ない）。

055▼【治安】じあん

①**改元理由**：革年改元
②**改元年月日**：寛仁《かんにん》五年二月二日／西暦一〇二一年三月十七日
③**使用期間**：三年五か月
④**出典**：『漢書』
⑤**勘申者**：藤原広業（参議・式部大輔）あるいは慶滋（善滋）為政（文章博士）の二説あり
⑥**天皇**：後一条天皇
⑦**年号を冠する用語等**：なし

❖藤原道長の私邸で改元決定

『日本紀略』は今年が辛酉革命の年であることによる改元であるとしています。改元に先立ち、宿《すく》曜師《ようし》（仏教的占星術師）や紀伝道・明経道《みょうぎょうどう》・陰陽道・暦道の関係者に今年が辛酉革命にあたるかどうかの意見書を提出させています。改元定は二月二日に行われる予定でしたが、その前日、藤原道長の邸宅に民部卿源俊賢《としかた》・権大納言藤原行成《ゆきなり》・同藤原公任《きんとう》や参議で式部大輔の藤原広業《ひろなり》らが集まり、改元を決定し、広業の意により提出する年号案まで決定しています（『権記』）。道長はすでに出家していましたが、摂政の藤原頼通の後見役として、強い影響力を維持していました。藤原実資は、本来改元定《さだめ》で議論するべきことが道長邸であらかじめ決定されていたことを聞いて激怒し、翌日の改元定を欠席しています（『小右記』）。

056▼

【万寿】

まんじゅ

①改元理由：革年改元
②改元年月日：治安《じあん》四年七月十三日／西暦一〇二四年八月十九日
③使用期間：四年
④出典：『詩経』
⑤勘申者：善滋為政（文章博士）
⑥天皇：後一条天皇
⑦年号を冠する用語等：なし

❖甲子革令の年に別の理由による改元

この年の改元は甲子革令のためでした（『日本紀略』）。改元の前年、紀伝道・明経道・陰陽道・暦道の関係者に、来年が甲子革令にあたるのかを報告させています。治安四年（一〇二四）四月には、甲子革令による改元が陣定において決定され、あらためて文章博士らに年号案の提出が命じられています。

年号定では、上卿をつとめた右大臣藤原実資のもとで「万寿」が選ばれ、改元理由としての甲子革令は、「応和」改元の先例により詔では言及しないことになりました。万寿四年（一〇二七）には藤原道長・藤原公任が没しています。

057▼

【長元】ちょうげん

①**改元理由**：災異改元
②**改元年月日**：万寿《まんじゅ》五年七月二十五日／西暦一〇二八年八月十八日
③**使用期間**：八年九か月
④**出典**：『六韜』
⑤**勘申者**：善滋為政（文章博士）
⑥**天皇**：後一条天皇
⑦**年号を冠する用語等**：長元の乱、長元の託宣事件

❖関東の大規模反乱と伊勢国の託宣事件

『日本紀略』は疫病と日照りによる災異改元としています。万寿五年（一〇二八）四月に左中弁源経頼《つねより》が関白藤原頼通を訪ね、凶事が多いのは年号が良くないからとの謡言《ようげん》（噂）を告げ、右大臣藤原実資にも報告されました（『左経記』）。その後、七月の年号定により新年号は「長元」と決しました。その間の六月、関東で豪族の平忠常が安房国・上総国（ともに現・千葉県）の国府を襲撃・占領し、安房国守を焼き殺し、下総国（現・千葉県など）も含めた三国を支配下に置きました。反乱は長引き、最終的に長元四年（一〇三一）に源頼信が追討使として派遣されると忠常が降伏して終結しました（長元の乱）。また、同年六月には、伊勢国の斎宮頭《さいぐうのかみ》が独自の宗教活動をしていたのを、伊勢斎王が神の託宣と主張して批判、斎宮頭夫妻が流罪となる事件もありました（長元の託宣事件）。

058▼

【長暦】ちょうりゃく

①**改元理由**：代始改元
②**改元年月日**：長元《ちょうげん》十年四月二十一日／西暦一〇三七年五月九日
③**使用期間**：三年七か月
④**出典**：『春秋』
⑤**勘申者**：藤原義忠（大学頭）
⑥**天皇**：後朱雀天皇
⑦**年号を冠する用語等**：なし

❖摂関政治の「終わりのはじまり」

長元九年（一〇三六）に後一条天皇が崩御し、皇太弟の敦良《あつよし》親王が即位（後朱雀天皇）したことによる代始改元です（『百練抄』）。後朱雀天皇には摂政で左大臣の藤原頼通やその弟の右大臣藤原教通《のりみち》などが娘を入内させましたが、皇子が生まれることはありませんでした。天皇の外戚になることで摂政・関白となり、政治を牛耳るという摂関政治のあり方が破綻をきたしはじることになります。

059▼

【長久】ちょうきゅう

①改元理由：災異改元
②改元年月日：長暦《ちょうりゃく》四年十一月十日／西暦一〇四〇年十二月十六日
③使用期間：四年
④出典：『老子』
⑤勘申者：大江挙周（式部権大輔）
⑥天皇：後朱雀天皇
⑦年号を冠する用語等：長久の荘園整理令

❖内裏焼亡による災異改元

長暦四年（一〇四〇）九月に内裏に火災があり、三種の神器の一つである内侍所の神鏡が焼亡するという事件がありました。十一月には大地震も起こっています。それを受けての災異改元でした（『百練抄』『春記』）。

改元に先立つ六月、後朱雀天皇は即位直後の「新制」として、内裏の造営のための財源確保を大義名分とする、花山天皇朝以来の荘園整理令を発布し、新しく荘園を立てることを規制しようとしましたが、うまくいきませんでした（長久の荘園整理令）。

060▼

【寛徳】

かんとく

①**改元理由**：災異改元
②**改元年月日**：長久《ちょうきゅう》五年十一月二十四日／西暦一〇四四年十二月十六日
③**使用期間**：一年五か月
④**出典**：『後漢書』
⑤**勘申者**：平定親（文章博士）、大江挙周（式部権大輔）
⑥**天皇**：後朱雀天皇
⑦**年号を冠する用語等**：寛徳の荘園整理令

❖荘園整理令が強化されるも効果なし

長久五年（一〇四四）の六月までは疫病が流行しており、八月には旱魃《かんばつ》により諸社に奉幣《ほうへい》が行われていました（『扶桑略記』）。それを受けての災異改元です（『百練抄』）。

寛徳二年（一〇四五）、後朱雀天皇は譲位し、皇太子の親仁《ちかひと》親王が即位します（後冷泉天皇）。二日後、後朱雀天皇は崩御します。『今鏡』によれば、後朱雀天皇は遺詔《いしょう》で、後冷泉天皇の弟で、藤原摂関家との関係が薄い尊仁《たかひと》親王（後三条天皇）を皇太弟とすることを命じたといいます。後冷泉天皇は即位後の「新制」として、荘園整理令を出し、現在の国司の就任以後の荘園はすべて停止するように国司に命じ、しなかった場合は解任し、以後任用しないとしています（寛徳の荘園整理令）。

061▼

【永承】えいじょう

①**改元理由**：代始改元
②**改元年月日**：寛徳《かんとく》三年四月十四日／西暦一〇四六年五月二十二日
③**使用期間**：六年九か月
④**出典**：『宋書』『晋書』
⑤**勘申者**：平定親（文章博士・左大弁）
⑥**天皇**：後冷泉天皇
⑦**年号を冠する用語等**：なし

❖「末法」の世はじまる

後冷泉天皇の即位による代始改元です（『百練抄』）。永承六年（一〇五一）、陸奥国（東北地方の太平洋側地域）の豪族である安倍頼時らが国司に従わなかったため、朝廷は源頼義を陸奥守に任じて派遣します。この戦いは長期に及び、康平五年（一〇六二）に頼義が出羽国（東北地方の日本海側地域）の協力を得て、ようやく鎮圧しました（前九年の役・奥州十二年合戦）。

また、永承七年（一〇五二）から仏教が衰退するという「末法」がはじまると信じられており、実際この年、大和国（現・奈良県）の長谷寺が焼亡したため、人々の恐怖の念は高まりました（『扶桑略記』『春記』）。

062▼

【天喜】てんぎ

①**改元理由**：災異改元
②**改元年月日**：永承《えいじょう》八年一月十一日／西暦一〇五三年二月二日
③**使用期間**：五年七か月
④**出典**：『抱朴子』
⑤**勘申者**：平定親（右中弁・東宮学士）
⑥**天皇**：後冷泉天皇
⑦**年号を冠する用語等**：天喜の荘園整理令

❖平等院の阿弥陀堂の完成と浄土信仰の高まり

「天変怪異」による災異改元とされています（『百錬抄』）。天喜元年（一〇五三）には藤原頼通による平等院阿弥陀堂（鳳凰堂）が完成し、落慶法要が行われており、浄土信仰の高まりを感じることができます。天喜三年（一〇五五）三月には、新立荘園の停止を命じ、違反者への罰則が強化された荘園整理令が出されました（天喜の荘園整理令）。

063▼

【康平】こうへい

①**改元理由**：災異改元
②**改元年月日**：天喜《てんぎ》六年八月二十九日／西暦一〇五八年九月十九日
③**使用期間**：七年
④**出典**：『後漢書』『漢書』
⑤**勘申者**：藤原実範（文章博士）
⑥**天皇**：後冷泉天皇
⑦**年号を冠する用語等**：なし

❖内裏と法成寺の炎上による災異改元

天喜六年（一〇五八）正月十六日深夜、新造したばかりの内裏・大極殿・八省院が炎上しました。また二十三日には法成寺《ほうじょうじ》も焼失しており、これらの火災を受けての災異改元です（『玉葉』『一代要記』など）。これにより改元が行われました。しかし康平二年（一〇五九）には、天皇の居所である里内裏《さとだいり》（一条院）で火災が発生しています。康平五年（一〇六二）、東北で前九年の役が終結しました。

064

【治暦】じりゃく

①改元理由：災異改元
②改元年月日：康平《こうへい》八年八月二日／西暦一〇六五年九月四日
③使用期間：三年八か月
④出典：『尚書』『周易』
⑤勘申者：藤原実綱（式部大輔）
⑥天皇：後冷泉天皇
⑦年号を冠する用語等：治暦の荘園整理令

❖「三合厄」を理由とする最初の改元

三合《さんごう》の厄《やく》を避けるためと旱魃《かんばつ》を理由とした災異改元です。三合の厄による改元はこの時がはじめてです。三合の厄は陰陽五行説による「厄年」のタブーによるもので、太歳・太陰・客気の三神が合することによるといいます。年号定では、旱魃が理由ならば、「さんずい」がついた漢字のほうがよかろうと、漢王朝の例を引いて上卿の内大臣源俊房《としふさ》が発言し、決定しています。

治暦元年（一〇六五）九月に新しい荘園の設置を禁じる荘園整理令が出されました（治暦の荘園整理令）。治暦三年（一〇六七）に藤原頼通が関白を辞し、翌年宇治に隠遁します。そのさらに翌年には後冷泉天皇が崩御し、尊仁親王が即位しました（後三条天皇）。

065▼
【延久】
えんきゅう

①**改元理由**：代始改元
②**改元年月日**：治暦《じりゃく》五年四月十三日／西暦一〇六九年五月六日
③**使用期間**：五年四か月
④**出典**：『尚書君奭注』『尚書正義』
⑤**勘申者**：藤原実綱（式部大輔）
⑥**天皇**：後三条天皇
⑦**年号を冠する用語等**：延久の宣旨枡、延久の荘園整理令

❖後三条天皇の即位と「延久の善政」

この改元は前年の後三条天皇の即位に伴う代始改元です。後三条天皇は後朱雀天皇と禎子《ていし》内親王（陽明門院、三条天皇皇女）の間に生まれ、藤原摂関家との関わりが薄い天皇でした。三十代で即位した天皇は、藤原摂関家の傍流出身の藤原能信《よしのぶ》や村上源氏の源俊房、文人貴族の大江匡房《おおえのまさふさ》などを登用し、積極的な改革を行います。記録荘園券契所《けんけいじょ》の設置を受け、設置に関する関係文書が不分明なものの停止を命じた延久の荘園整理令や、天皇自ら定めたという、税の徴収などに用いる国家公定の枡（延久の宣旨枡《せんじます》）の設定などが行われます。これらの改革を通じて国家財源の再建に努めたため、のちに「延久の善政」と呼ばれることとなります（『古事談』）。後三条天皇は延久四年（一〇七二）に譲位し、院政をはじめようとしたともいわれますが、翌年崩御しています。

066▼

【承保】じょうほう

①**改元理由**：代始改元
②**改元年月日**：延久《えんきゅう》六年八月二十三日／西暦一〇七四年九月十六日
③**使用期間**：三年三か月
④**出典**：『尚書』
⑤**勘申者**：藤原正家（文章博士）
⑥**天皇**：白河天皇
⑦**年号を冠する用語等**：承保の荘園整理令

❖白河天皇の即位による代始改元

この改元は前年に後三条天皇の譲位と皇太子貞仁親王の即位（白河天皇）があったのを受けての代始改元です。白河天皇の即位は延久四年（一〇七二）ですから、即位してから三年後の改元ということになり、「踰年改元」の例が破られています。即位の翌年に後三条上皇の崩御があり、改元が遅れたためと考えられます。改元の翌年に承保の荘園整理令が出されています。

承保元年には上東門院と称された藤原彰子《しょうし》、その翌年には頼通の後に摂政・関白をつとめた藤原教通が没しています。道長の子たちの時代が終わろうとしていました。

067▼

【承暦】じょうりゃく

①**改元理由**：災異改元

②**改元年月日**：承保《じょうほう》四年十一月十七日／西暦一〇七七年十二月五日

③**使用期間**：三年三か月

④**出典**：『維城典訓』

⑤**勘申者**：藤原正家（文章博士）、藤原実綱（式部大輔）

⑥**天皇**：白河天皇

⑦**年号を冠する用語等**：承暦の荘園整理令

❖疱瘡の流行と大社寺の抗争

疫病（疱瘡）の流行と旱魃《かんばつ》のための災異改元です（『元秘別録』『十三代要略』）。『栄華物語』は、この年の四～五月から流行りはじめ、六～七月には大流行したと記します。八月には天皇の病と疱瘡流行を理由とした大赦も行われました。

承暦三年（一〇七九）六月、祇園社（八坂神社）の別当職をめぐり、比叡山の僧徒が祇園社に集まり強訴を行うという事件が起こりました。朝廷は源平の武士たちを動員して僧兵の取り締まりにあたらせ、承暦五年・永保元年（一〇八一）三月には、藤原氏の氏寺の興福寺と、藤原氏の始祖鎌足を祭る多武峰《とうのみね》が抗争しています。

068▼

【永保】えいほう

①改元理由：革年改元
②改元年月日：承暦《じょうりゃく》五年二月十日／西暦一〇八一年三月二十二日
③使用期間：三年
④出典：『尚書』
⑤勘申者：藤原行家（文章博士）
⑥天皇：白河天皇
⑦年号を冠する用語等：なし

❖慣例により革年改元

この改元は辛酉革命による革年改元ですが（『公卿補任』）、決定するまで紆余曲折がありました。前年の承暦四年（一〇八〇）に、紀伝・明経・算・陰陽道（暦道もか）と先例に通じた弁官・外記に、来年が辛酉革命にあたるのか、右大臣藤原俊家から諮問がありました。翌年の二月十日に行われた年号定では、提出された勘文の多くが、今年が辛酉革命にあたることに否定的であったのにもかかわらず、真偽の決定は難しいので先例に従い改元するべきだという結論になりました。革年改元が当初のように暦の計算によるのではなく、踏襲するべき先例になっていたわけです。

永保三年（一〇八三）、東北で源義家が豪族清原氏の内部対立に介入し、後三年の役が起こっています。

069▼

【応徳】

おうとく

①**改元理由**：革年改元
②**改元年月日**：永保《えいほう》四年二月七日／西暦一〇八四年三月十五日
③**使用期間**：三年二か月
④**出典**：『白虎通』
⑤**勘申者**：藤原有綱（文章博士）
⑥**天皇**：白河天皇
⑦**年号を冠する用語等**：なし

❖白河院による院政の開始

『百練抄』はこの改元は甲子革令による革年改元としています。永保三年（一〇八三）に来年が甲子革令にあたるかの調査が命じられ、この年の正月から明経・紀伝・陰陽道や外記・式部省がそれぞれ勘文を提出しており、二月に年号定が行われました。

後三条天皇は譲位に際して、自らの後継者として、白河天皇の異母弟である実仁《さねひと》親王を皇太弟としました。しかし、応徳二年（一〇八五）十一月に実仁親王が没すると、白河天皇の皇子である善仁《たるひと》親王が皇太子となり、翌年十一月に白河天皇は譲位し、善仁親王（堀河天皇）が即位します。実仁親王の同母弟である輔仁《すけひと》親王を皇位継承者とみなす勢力もあったため、早めに譲位し、自らの皇子への皇位継承を確実にするための措置でした。いわゆる「院政」のはじまりです。

070▼

【寛治】

かんじ

①**改元理由**：代始改元

②**改元年月日**：応徳《おうとく》四年四月七日／西暦一〇八七年五月十一日

③**使用期間**：七年八か月

④**出典**：『礼記』

⑤**勘申者**：大江匡房（左大弁・式部大輔）

⑥**天皇**：堀河天皇

⑦**年号を冠する用語等**：なし

❖大江匡房の勘申した年号案

前年の白河天皇譲位、堀河天皇即位による代始改元です（『元秘別録』など）。この時は年号定の上卿（議長役）は内大臣の藤原師通《もろみち》で、式部大輔・左大弁であった大江匡房の提出した「寛治」が採用されています。堀河天皇は当時幼少のため、摂政の藤原師実《もろざね》（頼通の子、師通の父）が年号の決定を行いました。一方で、改元定などの一連の儀式が終わった後は、公卿たちが揃って白河上皇がいる鳥羽殿に参上し、改元詔書にも「太上天皇の恩沢」が言及されています（『為房卿記』）。藤原摂関家と上皇（院）との微妙な対立関係が読み取れます。

寛治元年（一〇八七）には東北地方で、源義家が関わった後三年の役が終結しています。

071

【嘉保】かほう

①改元理由：災異改元
②改元年月日：寛治《かんじ》八年十二月十五日／西暦一〇九五年一月二十三日
③使用期間：二年
④出典：『史記』
⑤勘申者：大江匡房（権中納言）
⑥天皇：堀河天皇
⑦年号を冠する用語等：嘉保の強訴

❖関白・前関白・上皇の意見も聞いての改元

疱瘡の流行による災異改元です（『百練抄』）。この時の年号案も大江匡房によるものでした。彼は権大納言で、年号案を提出する立場にはないのですが、白河上皇が指名して命じたようです（『右大記』逸文）。年号定の途中、幼少の天皇の代行役である関白の藤原師通のみならず、すでに引退していた「大殿」師実と白河上皇にも報告が行われ、その意見も踏まえて「嘉保」と決定しました（『江記』逸文）。「嘉保」は匡房の祖先の大江維時が過去に提出した案であり、このことと、匡房が維時以来、大江氏ではじめて権中納言になったことや、当時の左大臣源俊房が匡房と親しかったこととの関係が指摘されています。嘉保二年（一〇九五）、延暦寺の僧兵が日吉社の神輿を奉じたはじめての強訴を行いました（嘉保の強訴）。翌年、白河上皇は出家しています（白河法皇）。

072▼

【永長】えいちょう

①**改元理由**：災異改元
②**改元年月日**：嘉保《かほう》三年十二月十七日／西暦一〇九七年一月三日
③**使用期間**：十一か月
④**出典**：『後漢書』『礼記正義』
⑤**勘申者**：大江匡房（権中納言）
⑥**天皇**：堀河天皇
⑦**年号を冠する用語等**：永長の大田楽

❖南海トラフ型巨大地震による災異改元

大地震と、その前兆としての天変を理由とした災異改元です（『中右記』など）。嘉保三年（一〇九七）十一月二十四日午前八時頃、近畿・東海地方を中心に巨大地震が発生しました。京都では大内裏が倒壊、関東・紀伊地方では大津波も発生しました。その後も十二月まで断続的に地震がありました（『後二条師通記』など）。この時の年号も大江匡房によるものです。年号定の途中で、「大殿」藤原師実に報告が行われ、その意見により決定しました。白河法皇には報告された様子がありません（『中右記』）。

これに先立ち、嘉保三年六月から七月に京内で大田楽が流行し、法皇の愛娘である郁芳門院《いくほうもんいん》媞子《ていし》も熱狂するほどでした。しかし彼女は八月に死去し、流行は沈静化します（永長の大田楽）。

073▼

【承徳】じょうとく

①**改元理由**：災異改元
②**改元年月日**：永長《えいちょう》二年十一月二十一日／西暦一〇九七年十二月二十七日
③**使用期間**：一年九か月
④**出典**：『周易』
⑤**勘申者**：藤原敦基（文章博士）
⑥**天皇**：堀河天皇
⑦**年号を冠する用語等**：なし

❖地震と彗星・洪水・大風による災異改元

地震のほか、天変（彗星）・洪水・大風による災異改元です（『異本元秘別録』など）。地震による改元から一年もしない永長二年（一〇九七）八月五日に大風と洪水があり、翌日には再び地震が起こります。さらに九月一日には彗星が出現しています（『中右記』）。この時、大江匡房は大宰権帥として九州にいて、母の喪にあったため年号案を提出していません。十一月の年号定では、提出された年号案が良くないので昨年の改元の際の年号勘文を用いるべきとする意見が出され、堀河天皇と関白藤原師通の同意を受けて、その中から「承徳」が採用されました。この結果は天皇と関白、そして白河法皇と前関白の藤原師実に報告されています。

074▼

【康和】こうわ

①**改元理由**：災異改元
②**改元年月日**：承徳《じょうとく》三年八月二十八日／西暦一〇九九年九月十五日
③**使用期間**：四年六か月
④**出典**：『崔寔政論』
⑤**勘申者**：藤原正家（式部大輔）
⑥**天皇**：堀河天皇
⑦**年号を冠する用語等**：康和の荘園整理令

❖相つぐ地震による改元の中、摂関家の勢力後退

地震と疫病を理由とする災異改元です（『百練抄』）。承徳三年（一〇九九）一月、近畿を中心に地震が発生し、京の被害は少なかったものの、大和国（現・奈良県）の興福寺、摂津国（現・大阪府・兵庫県）の四天王寺の建物などが一部倒壊しました。土佐国（現・高知県）にも被害が出たとされています（康和地震）。五月には疫病の流行もありました。六月に白河法皇から関白藤原師通に改元について問い合わせがあり、師通も賛成したため、改元が行われることになりました（『後二条師通記』）。この間、五月に寛徳二年（一〇四五）以後に建てられた荘園を禁止する荘園整理令が出されています（康和の荘園整理令）。この年の六月に関白師通が急死、康和三年（一一〇一）には父師実も死去し、摂関家の勢力は後退します。

075▼

【長治】ちょうじ

①**改元理由**：災異改元
②**改元年月日**：康和《こうわ》六年二月十日／西暦一一〇四年三月八日
③**使用期間**：二年二か月
④**出典**：『漢書』
⑤**勘申者**：菅原在良（文章博士）、藤原俊信（文章博士）
⑥**天皇**：堀河天皇
⑦**年号を冠する用語等**：なし

❖白河法皇主導の天変による改元

この改元は天変（月蝕か）による災異に見舞われての災異改元でした（『百練抄』）。前年の康和五年（一一〇三）二月に白河法皇が参議・右大弁の藤原宗忠《むねただ》に改元を行うべきよう指示され、権中納言の大江匡房も同意見だったため、天皇に報告し、改元が行われるはずでした。しかし、宗仁《むねひと》親王（のちの鳥羽天皇）の立太子のために順延しており、翌年再び年号案が提出され、年号定が行われました。この際、源俊房の命により大江匡房も年号案を提出しています（『元秘別録』）。

076▼

【嘉承】

かじょう

①改元理由：災異改元
②改元年月日：長治《ちょうじ》三年四月九日／西暦一一〇六年五月十三日
③使用期間：二年四か月
⑤出典：不詳
⑤勘申者：不明
⑥天皇：堀河天皇
⑦年号を冠する用語等：なし

❖彗星の出現による災異改元

これは、彗星の出現による災異改元でした（『百練抄』）。長治三年（一一〇六）正月、都からみて南西の空に、約三十メートルの長さの尾を引く彗星が出現し、一か月ほど見えていたと『百練抄』にあります。同年四月八日、白河法皇に改元が報告され、翌日年号定となりました。決定した後も、法皇と関白藤原忠実《ただざね》に報告が行われています。

嘉承元年（一一〇六）には源義家が没します。嘉承三年（一一〇八）に義家の子・源義親《よしちか》が出雲国（現・島根県）で略奪行為を行っていたため、平正盛が追討使として派遣され、鎮圧します。清和源氏に代わり、桓武平氏（伊勢平氏）が隆盛していくきっかけとなる事件でした。その間、嘉承二年（一一〇七）に堀河天皇が崩御し、まだ五歳の宗仁親王が即位しています（鳥羽天皇）。

0 7 7
【天仁】てんにん

①**改元理由**：代始改元
②**改元年月日**：嘉承《かじょう》三年八月三日／西暦一一〇八年九月九日
③**使用期間**：一年十か月
④**出典**：『文選』『大戴礼』
⑤**勘申者**：大江匡房（大宰権帥）
⑥**天皇**：鳥羽天皇
⑦**年号を冠する用語等**：なし

❖「天仁」は「天人」に通じるが……

前年の鳥羽天皇の即位による代始改元です（『百練抄』）。年号定の上卿は左大臣の源俊房で、最初から大宰権帥・大江匡房の案である「天仁」を強く支持していました。藤原宗忠は「天仁は天人に通じる」と「難」じましたが、源俊房が「天人は多楽（苦しむことがない）の境地」と「陳」じて決定してしまいます（『中右記』）。報告を当時五歳の鳥羽天皇に代わって受けて、判断したのは白河法皇で、摂政藤原忠実は、そのもとに参って法皇の判断を聞いているだけでした（『殿暦』）。

078▼

【天永】てんえい

①**改元理由**：災異改元

②**改元年月日**：天仁《てんにん》三年七月十三日／西暦一一一〇年七月三十一日

③**使用期間**：三年一か月

④**出典**：『尚書』

⑤**勘申者**：大江匡房（大宰権帥）

⑥**天皇**：鳥羽天皇

⑦**年号を冠する用語等**：なし

❖大江匡房最後の年号案採用

この改元は天仁二年（一一〇九）五月の彗星の出現による災異改元です。七月に行われた年号定では上卿である左大臣源俊房のもとで、大宰権帥・大江匡房の提出した「天永」と文章博士・菅原在良の「永久」が選ばれ、鳥羽天皇と白河法皇、摂政藤原忠実のもとに報告されています。最終的に彗星の天変による改元であるから「天永」が良いとされました（『中右記』）。大江匡房は翌年十一月に没しているため、これが最後の年号案の採用になりました。

源俊房がこれほど大江匡房の年号案の採用にこだわったのは、かつて白河天皇が左大臣に源俊房・顕房《あきふさ》兄弟のどちらを任じるか迷っていた時に、匡房が俊房を推薦したと『水鏡』にあり、両者が大変親しかったからと考えられます。

079▼

【永久】えいきゅう

①**改元理由**：災異改元
②**改元年月日**：天永《てんえい》四年七月十三日／西暦一一一三年八月二十五日
③**使用期間**：四年八か月
④**出典**：『詩経』『蔡邕議』
⑤**勘申者**：菅原在良（式部大輔）
⑥**天皇**：鳥羽天皇
⑦**年号を冠する用語等**：永久の変、永久の強訴

❖天皇暗殺の陰謀が発覚した「永久の変」

天変・兵革《ひょうかく》・疾病による災異改元です（『百練抄』『皇代記』）。天永四年（一一一三）は正月から二月にかけて赤斑瘡《あかもがさ》が流行し、二月と三月に月蝕・日蝕が起こっています（『百練抄』『殿暦』など）。また四月には、延暦寺の僧が興福寺の末寺である清水寺の別当に任じられたことを不満とし、興福寺が強訴を行って（永久の強訴）、両寺の抗争に発展しています。

七月に行われた年号定では、途中で、天皇・法皇・摂政への報告が行われ、法皇の主導のもとで「永久」に決しました。なお、改元の三か月後、鳥羽天皇の暗殺計画が発覚しました。首謀者の醍醐寺僧仁寛《にんかん》らが流罪となり、仁寛が護持僧をつとめていた、白河法皇の異母弟である輔仁親王は謹慎を命じられ、翌年没しています（永久の変）。

080▼

【元永】

げんえい

①**改元理由**：災異改元
②**改元年月日**：永久《えいきゅう》六年四月三日／西暦一一一八年四月二十五日
③**使用期間**：二年
④**出典**：不詳（『周易』か）
⑤**勘申者**：菅原在良（式部大輔）
⑥**天皇**：鳥羽天皇
⑦**年号を冠する用語等**：なし

❖欠席者の多い年号定に嘆く藤原宗忠

天変と天皇の病による災異改元です（『百練抄』など）。四月に行われた改元定について、当時権大納言だった藤原宗忠の『中右記』によれば、当日突然年号定のため出仕せよとの仰せがあり、雨の中参内すると、数人の公卿がいるばかりで、蔵人頭の藤原顕忠《あきただ》がしきりに法皇・関白と連絡をとっているところでした。外記に話を聞くと、改元定を行う日が今月はこの日しかなかったらしく、突然のことで参加率も悪かったようです。「改元は朝家の大事」だから、大臣が上卿となり公卿が多く参加すべきなのに、と宗忠は嘆いています。

結局、内大臣である藤原忠通が上卿となり、天皇・法皇への報告の上で「元永」と決定しました。翌年五月、鳥羽天皇の皇子・顕仁《あきひと》親王（のちの崇徳《すとく》天皇）が誕生しています。

081▼

【保安】ほうあん

①**改元理由**：災異改元
②**改元年月日**：元永《げんえい》三年四月十日／西暦一一二〇年五月九日
③**使用期間**：四年
④**出典**：不詳
⑤**勘申者**：菅原在良（式部大輔・文章博士）
⑥**天皇**：鳥羽天皇
⑦**年号を冠する用語等**：なし

❖年号は万人が納得できるものに

改元の理由を『百練抄』は「天変、御悩」による災異改元としています。しかし、藤原宗忠は「今度の改元の理由はよくわからない。最近は豊作も続いており、天皇の「御慎」のみの改元で、先例はない」とし、算博士の三善為康《ためやす》が、「天皇の即位からの年数を計算すると、今年は『御慎』があるべき」としたことによるらしい、という噂を記しています。改元定では宗忠が「長仁」という案を、流行りの散楽《さんがく》法師と同じ名で、世間の嘲弄を受けると批判し、上卿の藤原忠通も、年号は万人が納得できなければならない、と同意するというやりとりがありました（『中右記』）。

保安元年（一一二〇）十一月、関白藤原忠実が罷免され、息子の忠通が任命されています。保安四年（一一二三）、鳥羽天皇が譲位し、皇太子の顕仁親王が即位しました（崇徳天皇）。

082▼

【天治】てんじ

①改元理由：代始改元
②改元年月日：保安《ほうあん》五年四月三日／西暦一一二四年五月十八日
③使用期間：一年九か月
④出典：『易緯』『古徴書』
⑤勘申者：藤原敦光（式部大輔）
⑥天皇：崇徳天皇
⑦年号を冠する用語等：なし

❖白河法皇への報告で中断した年号定

崇徳天皇の即位による代始改元です（『百練抄』）。崇徳天皇はまだ幼く、その即位とともに摂政となった忠通も、白河法皇の影響力を排除できるわけもありませんでした。

年号定では、「天治」か「天保」が良いということになり、法皇のもとに頭弁《とうのべん》（蔵人頭を兼任した弁官）が派遣されましたが、戻ってくるまで数時間、公卿たちは待機していました。退屈のあまり、不採用となっている年号案の検討が行われました。「天保」は中国の寺院名にある、という意見に対して、「嘉祥」も唐の高僧のおくり名になると反論があり、また「天治」は天智天皇と同じ発音だ、という意見に対して、「承徳」も称徳天皇と同音であると弁護があったりと議論している間に深夜となり、頭弁が戻り「天治」となることが決定しました（『師時記』逸文）。

083

【大治】だいじ

①改元理由：災異改元
②改元年月日：天治《てんじ》三年一月二十二日／西暦一一二六年二月十五日
③使用期間：五年
④出典：『河図挺佐輔』『賈誼五美』
⑤勘申者：藤原敦光（式部大輔）
⑥天皇：崇徳天皇
⑦年号を冠する用語等：大治の荘園整理令

❖白河法皇の崩御により鳥羽上皇が「治天の君」に

疱瘡の流行による災異改元です（『百練抄』）。正月十五日には鳥羽天皇も疱瘡に感染しており、その一週間後には年号定が行われました。議論の経過は白河法皇と摂政藤原忠実のところに報告され、その指示を受けて「大治」と決定しています。

大治二年（一一二七）五月には荘園整理令が出されています（大治の荘園整理令）。そして大治四年（一一二九）に白河法皇が崩御しました。四十三年間にわたり「治天の君」（皇室の家長で、天皇の指名権を持つ）だった法皇に代わり、孫の鳥羽上皇がその地位に就くこととなりました。

084▼

【天承】てんじょう

①**改元理由**：災異改元
②**改元年月日**：大治《だいじ》六年一月二十九日／西暦一一三一年二月二十八日
③**使用期間**：一年七か月
④**出典**：『漢書』
⑤**勘申者**：藤原敦光（式部大輔）
⑥**天皇**：崇徳天皇
⑦**年号を冠する用語等**：なし

❖改元定に、院から内裏に向かう公卿たち

旱魃《かんばつ》と天変、あるいは洪水による災異改元です（『百練抄』『皇年代略記』）。改元定の当日のこと。権中納言源師時《もろとき》はまず院（鳥羽上皇の居所）を訪れ、そこで上卿が右大臣の藤原家忠から内大臣の源有仁《ありひと》に交代したことや、事務方をつとめる大外記《だいげき》が病であることを聞き、内大臣の邸で年号勘文を見てから参内しています。改元においても上皇の影響力が強いことを示すものでしょう。改元定は「天承」が良いとなり、鳥羽上皇と関白藤原忠通に報告が行われ、改元となりました。

天承二年（一一三二）正月、白河法皇の怒りを買い、関白を辞し宇治に隠棲していた藤原忠実に、内覧の宣旨が下りました。事実上の関白への復帰を意味します。また同年三月、平忠盛が内裏への昇殿を許されます。

085▼

【長承】

ちょうじょう

①改元理由：災異改元
②改元年月日：天承《てんじょう》二年八月十一日／西暦一一三二年九月二十一日
③使用期間：二年九か月
④出典：『史記』
⑤勘申者：藤原敦光（式部大輔）
⑥天皇：崇徳天皇
⑦年号を冠する用語等：なし

❖大飢饉による災異改元

疾病と火災による災異改元です（『百練抄』『一代要記』）。八月に改元定が行われました。長承年間は大飢饉が起こったようで、『方丈記』は、養和の大飢饉の描写に続けて「近くは崇徳院の御位のとき、長承のころかとよ、かかるためしはありけると聞けど」としています。

086

【保延】ほうえん

①改元理由：災異改元
②改元年月日：長承《ちょうじょう》四年四月二十七日／西暦一一三五年六月十日
③使用期間：六年二か月
④出典：『文選』
⑤勘申者：藤原顕業（文章博士）
⑥天皇：崇徳天皇
⑦年号を冠する用語等：なし

❖続く飢饉と海賊の横行

飢饉、疫病の流行、長雨、洪水などによる災異改元です（『百練抄』『中右記』）。長承四年（一一三五）四月二十七日の改元定では、年号案として出された「貞久」が「啼泣」と同音だから良くない、「承安」は殿舎の名前である、「保延」は出典の『文選』の注釈で『喪服伝』を引いているのが問題だ、などという議論があり、最終的に「保延」と決まりました。

その後も飢饉は続き、保延元年に式部大輔・大学頭《だいがくのかみ》の藤原敦光《あつみつ》が飢饉などの災害について「勘申《かんじん》」（諮問を受けての意見書）を提出しています。翌年には山陽道・南海道の海賊を平忠盛が追討しています。

087▼

【永治】えいじ

①**改元理由**：革年改元
②**改元年月日**：保延《ほうえん》七年七月十日／西暦一一四一年八月十三日
③**使用期間**：九か月
④**出典**：『魏文典論』『晋書』
⑤**勘申者**：藤原実光（権中納言）、藤原永範（文章博士）
⑥**天皇**：崇徳天皇
⑦**年号を冠する用語等**：なし

❖崇徳天皇の譲位が生んだ遺恨

辛酉革命による革年改元です（『百練抄』）。保延六年（一一四〇）、来年が辛酉革命にあたるのかが明経・算・暦博士らに諮問されています（「革命勘文」）。七月十日に改元定が行われ、「永治」改元と決したほかに、天下諸神の位を一階進めたり、大赦・免税や老人・僧尼への穀物の支給が命じられました（『改元部類』）。

保延七年（一一四一）三月、鳥羽上皇が出家します。同年十二月には崇徳天皇が譲位し、皇太弟の躰仁《なりひと》親王が即位します（近衛天皇）。その際、躰仁親王は崇徳天皇の養子として譲位するはずが、譲位宣命に「皇太弟」と書かれており、天皇の直系尊属のみ可能とされた院政ができず、崇徳天皇は譲位を強要した鳥羽法皇を恨みに思ったと『水鏡』や『愚管抄』は記します。

088▼

【康治】《こうじ》

①**改元理由**：代始改元
②**改元年月日**：永治《えいじ》二年四月二十八日／西暦一一四二年五月二十五日
③**使用期間**：一年十か月
④**出典**：『宋書』
⑤**勘申者**：藤原永範（文章博士）
⑥**天皇**：近衛天皇
⑦**年号を冠する用語等**：なし

❖藤原頼長、年号定の結果を批判

前年の近衛天皇の即位による代始改元です（『百練抄』）。永治二年（一一四二）四月に改元定があり、この時の年号案は文章博士の藤原永範による三案のみでした（『元秘別録』）。当時、学識豊かなことで知られた内大臣藤原頼長は、兄の摂政藤原忠通より年号定への参加を命ぜられましたが、固辞し自宅に待機していました。しかし「康治」と決まったことを聞いて、参加していた権中納言藤原公能《きんよし》に「二文字とも水を含む文字で、これは水害からくる飢饉の予兆となる年号だ」と告げ、問題にならなかったのか問いただしています。公能からそのような発言はなかったと聞き、「今の公卿たちは儒教の経典も歴史も学ばない、これでは国が滅ぶ」と嘆いたと、自らの日記に記しています（『台記』）。

089▼

【天養】てんよう

①**改元理由**：革年改元
②**改元年月日**：康治《こうじ》三年二月二十三日／西暦一一四四年三月二十八日
③**使用期間**：一年四か月
④**出典**：『後漢書』
⑤**勘申者**：藤原茂明（文章博士）
⑥**天皇**：近衛天皇
⑦**年号を冠する用語等**：なし

❖革年改元を機に『周易』を学んだ藤原頼長

甲子革令による革年改元です。前年の康治二年（一一四三）に、来年が甲子革令にあたるのか明経・紀伝・算・暦・陰陽道などの博士に諮問が行われ、これに対してそれぞれ勘文が提出されています。しかしいずれも、三善清行の説の可否について言及しておらず、明確には革令ではないが、先例により改元されるべきとするものでした。康治三年（一一四四）十月に甲子定があり、革令による改元が決定された後に、二十三日に改元定があり、「天養」と決まりました（『清原重治記』）。

なお、内大臣藤原頼長はこの改元に際して『周易』を学ぼうとしましたが、この書を学ぶと「凶」があるから五十歳以後にするべきという伝承により、寿命を延長する泰山府君《たいさんぶくん》の祭りを安倍泰親《やすちか》に行わせ、その上で学習したといいます（『台記』『古今著聞集』）。

090▼

【久安】

きゅうあん

①改元理由：災異改元

②改元年月日：天養《てんよう》二年七月二十二日／西暦一一四五年八月十二日

③使用期間：五年六か月

④出典：『晋書』『漢書』

⑤勘申者：藤原永範（文章博士）

⑥天皇：近衛天皇

⑦年号を冠する用語等：なし

❖摂関家が分裂し、対立を深める

天養二年（一一四五）四月に都の西方に彗星が出現したことによる災異改元です（『百練抄』『本朝世紀』）。同年七月に年号案の提出が命じられ、同月二十二日に改元定が行われました。

久安五年（一一四九）、藤原頼長は左大臣となり、さらに父忠実は頼長の兄である摂政藤原忠通の氏長者を剝奪し、頼長に与えました。鳥羽法皇は忠通を関白に任じる一方で、頼長に内覧の宣旨を下したので、同じ権限を有することになった両者の対立は深まる一方でした。

091▼

【仁平】にんぴょう

①改元理由：災異改元
②改元年月日：久安《きゅうあん》七年一月二十六日／西暦一一五一年二月十四日
③使用期間：三年十か月
④出典：『後漢書』
⑤勘申者：藤原永範（文章博士）
⑥天皇：近衛天皇
⑦年号を冠する用語等：なし

❖藤原頼長により簡素化された年号定

風水害による災異改元です（『百練抄』『本朝世紀』）。前年の久安六年（一一五〇）に大雨による洪水が起こっているため、それを受けたものと思われます（『台記』『本朝世紀』）。久安七年（一一五一）正月二十六日に行われた改元定には太政大臣の藤原実行も参加しましたが、奥の座で議事を取り仕切ったのは左大臣の藤原頼長でした。彼は、先例は二案ほどに絞ってから奏上し、さらにその答えを受けて再検討を行うことになっていたのに対して、「天皇は幼く、法皇がいる白河までは遠い。往復して答えを待っていては朝になってしまうから、最終段階の検討までしてしまおう」として、「仁平」のみに絞ってから鳥羽法皇と関白藤原忠通に報告しています（『台記』）。「悪左府《あくさふ》」とあだ名された現実主義の頼長らしいやり方でした。仁平三年（一一五三）、平忠盛が没しています。

【久寿】

きゅうじゅ

①**改元理由**：災異改元
②**改元年月日**：仁平《にんぴょう》四年十月二十八日／西暦一一五四年十二月四日
③**使用期間**：一年五か月
④**出典**：『抱朴子』『隋書』
⑤**勘申者**：藤原永範（式部大輔）
⑥**天皇**：近衛天皇
⑦**年号を冠する用語等**：なし

❖藤原頼長の独り舞台となった年号定

「厄運」あるいは火災による災異改元です（『百練抄』『一代要記』）。仁平四年（一一五四）十月に行われた改元定では、上卿として議事をまとめるべき左大臣の藤原頼長が、「天寿」は隋末の年号、「承宝」は「宝位」（皇位）が「承」（止まる）と読める、「天保」は「一大人只十」、すなわち君主に十人しか従わないと読める、などと難じ、最終的に以前出された年号案から「久寿」が選ばれました。

久寿二年（一一五五）、近衛天皇が崩じ、弟の雅仁《まさひと》親王が即位します（後白河天皇）。自らの皇子である重仁《しげひと》親王の即位を望んでいた崇徳上皇は、急激な粛正路線のため朝廷で孤立していた頼長と接近し、後白河天皇や関白の藤原忠通、美福門院得子《びふくもんいんとくし》らと対立を深めていきます。

093▼

【保元】ほうげん

①**改元理由**：代始改元
②**改元年月日**：久寿《きゅうじゅ》三年四月二十七日／西暦一一五六年五月十八日
③**使用期間**：三年
④**出典**：『顔氏家訓』
⑤**勘申者**：藤原永範（式部大輔）
⑥**天皇**：後白河天皇
⑦**年号を冠する用語等**：保元の乱、保元新政

❖「保元の乱」により「武者の世」が到来

この改元は後白河天皇の即位による代始改元でした（『百練抄』）。久寿三年（一一五六）四月に改元定がはじまった段階で「久承」か「保元」かに絞られており、「久寿」と「久」が重なるため、「保元」となりました。

保元元年（一一五六）七月二日、鳥羽法皇が崩じると、皇室と摂関家の内部対立が武士を巻き込んだ武力抗争に至ります（保元の乱）。崇徳上皇・藤原頼長のもとには源為義・為朝と平忠正、後白河天皇と藤原忠通のもとには知恵者の藤原信西《しんぜい》と源義朝・平清盛が参じました。七月十日の夜からはじまった戦闘は短期間で崇徳上皇側が壊滅し、決着しました。勝利した後白河天皇は、藤原信西の指導のもと「保元新制」と総称される、「保元の荘園整理令」や寺社勢力の規制を含む公家新制を行います。保元三年（一一五八）、後白河天皇は譲位し、守仁《もりひと》親王が即位します（二条天皇）。

0 9 4 ▼

【平治】へいじ

①**改元理由**：代始改元
②**改元年月日**：保元《ほうげん》四年四月二十日／西暦一一五九年五月九日
③**使用期間**：九か月
④**出典**：『史記』
⑤**勘申者**：藤原俊経（文章博士）
⑥**天皇**：二条天皇
⑦**年号を冠する用語等**：平治の乱

❖平清盛が勝利した「平治の乱」

二条天皇の即位による代始改元です（『百練抄』）。保元四年（一一五九）四月二十日に改元定が行われました。最終的に「平治」と「淳仁」のいずれかということになり、二条天皇即位とともに関白に任じられた藤原基実《もとざね》（忠通の子）が、後白河上皇より裁定を委任されました。基実は「大殿」（忠通）の意向も踏まえ、「平治」を推し、その意見が通りました。その際、「承平」「康平」と兵乱が多い先例が指摘されていたことは、後から思えば皮肉なことでした。

改元から七か月後、上皇の近臣である藤原信頼《のぶより》が、同じく近臣の藤原信西を除こうと、源義朝と挙兵します。上皇・天皇を幽閉し、信西を自害させることに成功しますが、熊野から帰還した平清盛が上皇・天皇を奪還し、戦闘でも勝利すると、信頼は刑死し義朝は暗殺されます（平治の乱）。

095▼

【永暦】えいりゃく

①改元理由：災異（兵乱）改元
②改元年月日：平治《へいじ》二年一月十日／西暦一一六〇年二月十八日
③使用期間：一年七か月
④出典：『後漢書』『続漢書』
⑤勘申者：藤原永範（式部大輔）
⑥天皇：二条天皇
⑦年号を冠する用語等：なし

❖平治の乱の余燼残る中での改元

前年の「平治の乱」を受けて、兵乱を理由とした災異改元です。乱が終結してまもなくの平治二年（一一六〇）正月十日に改元定が行われ、世間が鎮めるためにも早く決めるべきだという声もあがる中、「永暦」と決しました。この際、左大臣の藤原伊通《これみち》が「山無く川無きを平治と為すか」と述べ、万座の顰蹙を買ったと『顕時卿改元定記』は記します。このエピソードは『平治物語』では、「平治」改元の際に「伊通公は、この年号甘心せられず。平治とは……平地や。高卑なからんかと笑い給いし」が、その後、乱が起こると皇居に武士が住み、天皇が追い出されて「高卑」、すなわち社会秩序が崩壊したという年号にまつわる予言譚として扱われています。同年二月には二条天皇の側近であった藤原経宗《つねむね》らが後白河法皇により流罪とされています。新しい対立の芽はすでに生まれていました。

096▼

【応保】おうほう

①改元理由：災異改元
②改元年月日：永暦《えいりやく》二年九月四日／西暦一一六一年九月二十四日
③使用期間：一年八か月
④出典：『尚書』
⑤勘申者：藤原資長（参議・左大弁）
⑥天皇：二条天皇
⑦年号を冠する用語等：なし

❖疱瘡が流行する中での改元

疱瘡の流行による災異改元です（『百練抄』）。二条天皇も感染し、治療中の改元定となりました。永暦二年（一一六一）九月四日の改元定では、参議の藤原顕長《あきなが》が「応保」案について「天応」「応徳」はいずれも天皇が崩御した年号であり、「久承」案も「久寿」「嘉承」が天皇の崩御した年号であるから用いるべきではないとしています。その後、なぜか議論の途中で上卿（左大臣藤原伊通か）が頭弁に「応保」への賛成が多いと告げ、その報告により（おそらく二条天皇が）「応保」と決定してしまいました。顕長は「物忘れが激しいのか、あらためて年号定を行うべきであろうか。それにしても粗忽者の本性が出たというところか」と批判しています（『顕時卿改元定記』）。

097▼

【長寛】

ちょうかん

①改元理由：災異改元
②改元年月日：応保《おうほう》三年三月二十九日／西暦一一六三年五月四日
③使用期間：二年二か月
④出典：『維城典訓』
⑤勘申者：藤原範兼（刑部卿）
⑥天皇：二条天皇
⑦年号を冠する用語等：『長寛勘文』

❖熊野と伊勢が同体か議論された『長寛勘文』

疱瘡、あるいは赤斑瘡《あかもがさ》の流行による災異改元とされますが（『元秘別録』『皇年代略記』）、天変によるという説もあります（『一代要記』）。応保三年（一一六三）四月一日に改元定が行われました。

長寛元年（一一六三）、甲斐守藤原忠重が熊野大社の社領を押領し、提訴されます。その際、熊野大社は伊勢神宮と同体であり、単なる社領の押領より罪が重いとの主張があり、朝廷は儒者にその是非を検討させました。その際に提出された勘文（報告書）が『長寛勘文』です。また、長寛二年（一一六四）二月に藤原忠通が没し、八月に讃岐国（現・香川県）で崇徳法皇が崩御されました。同年九月には平家一門が法華経を書写し、豪華な装飾を加え厳島社に奉納しています（平家納経）。その翌年、二条天皇の親政を支えていた太政大臣藤原伊通が死去、二条天皇も病に倒れます。

098▼

【永万】えいまん

①**改元理由**：災異改元
②**改元年月日**：長寛《ちょうかん》三年六月五日／西暦一一六五年七月十四日
③**使用期間**：一年二か月
④**出典**：『漢書』
⑤**勘申者**：藤原俊経（文章博士）
⑥**天皇**：二条天皇
⑦**年号を冠する用語等**：なし

❖二条天皇の早世により動く政局

二条天皇の病による災異改元です（『元秘別録』など）。この改元に先立つ長寛三年（一一六五）五月二十九日には天皇の病により、参議の平重盛（清盛の子）が伊勢神宮に派遣されています（『顕広王記』）。同年六月五日に改元定が行われ、「永万」と決しました。永万元年（一一六五）六月に二条天皇は譲位し（一か月後に崩御）、皇太子の順仁《のぶひと》親王が即位します（六条天皇）。生後七か月の歴代最年少の即位でした。永万二年（一一六六）七月には摂政の藤原基実が死去しています。上皇として新天皇の後見役になるはずだった父帝が二十四歳で、補佐役となるべき基実が二十五歳の若さで次々と没し、新天皇の未来に暗雲が立ちこめはじめます。

099▼

【仁安】にんあん

①**改元理由**：代始改元
②**改元年月日**：永万《えいまん》二年八月二十七日／西暦一一六六年九月二十三日
③**使用期間**：二年八か月
④**出典**：『詩経』
⑤**勘申者**：藤原成光（文章博士）
⑥**天皇**：六条天皇
⑦**年号を冠する用語等**：なし

❖内乱の記憶に揺れる改元定

前年の六条天皇の即位に伴う代始改元です（『百練抄』）。永万二年（一一六六）八月に改元定が行われ、その際、年号案の「弘治」について、大納言の源雅通《まさみち》が「弘治」は「弓」の字を含み、「弘仁」年間には兵乱（薬子《くすこ》の変）が起こっているとし、ほかの貴族たちも追従しました。摂政の藤原基房《もとふさ》は「弘」の下に「治」があるからいいではないかと言ったようですが、結局「仁安」となりました。貴族たちの内乱の記憶は薄れていなかったようです。しかし、後日「大夫殿《たゆうどの》」という人物は「仁安は偽位の年号（渤海の年号）なり」と批判し、藤原資長《すけなが》も「恥辱」と語りました（『長方卿記』逸文）。仁安二年（一一六七）、平清盛は太政大臣となりましたが、まもなく辞職、翌年出家しました。その翌年、六条天皇は譲位し、叔父にあたる憲仁《のりひと》親王が即位します（高倉天皇）。

100▼

【嘉応】

かおう

①**改元理由**：代始改元
②**改元年月日**：仁安《にんあん》四年四月八日／西暦一一六九年五月六日
③**使用期間**：二年
④**出典**：『漢書』
⑤**勘申者**：藤原資長（権中納言）
⑥**天皇**：高倉天皇
⑦**年号を冠する用語等**：嘉応の強訴

❖院政の復活で後白河法皇が改元にも関与

高倉天皇の即位による代始改元です（『百練抄』）。改元定は仁安四年（一一六九）四月八日に行われ、提出された八つの年号案の中から公卿たちが四案を選び、高倉天皇に報告を行いました。その際、摂政藤原基房からもう少し絞るよう命じられ、再検討の結果「嘉応」となり、天皇に奏すると、後白河上皇に報告せよとの命があり、その後にあらためて天皇に報告し、改元となりました。二条天皇の治世では後白河上皇の院政は停止されていましたが、高倉天皇の即位に伴い復活していました。改元から二か月後、後白河上皇は出家します。また同年十二月、美濃国（現・岐阜県）の同国延暦寺領の神人《じにん》と尾張守の部下の紛争により、尾張国（現・愛知県）の知行国主で法皇側近であった藤原成親《なりちか》の流罪を求め、延暦寺が強訴します（嘉応の強訴）。平家が延暦寺との衝突を回避したため、調停が長引きました。

101▼

【承安】じょうあん

①**改元理由**：災異改元
②**改元年月日**：嘉応《かおう》三年四月二十一日／西暦一一七一年五月二十七日
③**使用期間**：四年三か月
④**出典**：『尚書』『論衡』
⑤**勘申者**：藤原資長（権中納言）
⑥**天皇**：高倉天皇
⑦**年号を冠する用語等**：なし

❖平家全盛でも改元定に出席せず

「災変厄会」と「天一御命期の御慎」とされる厄運による災異改元です（『百練抄』『帝王編年記』）。嘉応三年（一一七一）四月二十一日に行われた改元定では、さまざまに議論が尽くされましたが、最終的に「承安」となりました（『実定卿記』逸文）。藤原兼実《かねざね》は「各少難有りと雖《いえど》も、難軽きに付き用いられ了《おわ》んぬ」と記しています（『玉葉』）。承安元年（一一七一）には高倉天皇が元服し、平清盛の娘・徳子《とくし》（のちの建礼門院）が入内、翌年中宮となりました。その中宮　権大夫《ごんのだいぶ》の平時忠（清盛の義弟）は「一門にあらざらん者はみな人非人なるべし（平家にあらずんば人にあらず）」と豪語したとされます（『平家物語』）。平家の絶頂期で、権大納言の平重盛をはじめ、以後平家が続々と公卿となりますが、いずれも改元定には参加していません。

102

【安元】

あんげん

①**改元理由**：災異改元
②**改元年月日**：承安《じょうあん》五年七月二十八日／西暦一一七五年八月十六日
③**使用期間**：二年
④**出典**：『漢書』
⑤**勘申者**：藤原俊経（右大弁）
⑥**天皇**：高倉天皇
⑦**年号を冠する用語等**：安元の大火、安元の強訴

❖相つぐ事件と「安元の大火」

疱瘡の流行による災異改元です（『百練抄』）。承安五年（一一七五）七月二十八日の改元定では、「安元」だと「安元元年」になり、「安元二年」以降違和感がある、と参議の藤原実綱《さねつな》が述べ、その後も議論がありましたが、右大臣の藤原兼実や権大納言藤原隆季《たかすえ》の主張により「安元」と決定しました。安元二年（一一七六）に六条上皇が崩御しています。安元三年（一一七七）には比叡山の末寺である白山と抗争となった加賀国司らの流罪を主張して延暦寺が強訴を行いました（安元の強訴）。事態が紛糾する中、同年四月二十八日、大極殿を含めた京の三分の一を焼き尽くす大火災が発生します（安元の大火、太郎焼亡）。そして同年六月、後白河法皇を中心とした平家打倒の陰謀が発覚したと『平家物語』にあります（鹿ケ谷の陰謀）。

103▼

【治承】じしょう

①**改元理由**：災異改元
②**改元年月日**：安元《あんげん》三年八月四日／西暦一一七七年八月二十九日
③**使用期間**：四年
④**出典**：『河図』『龍魚河図』
⑤**勘申者**：藤原光範（文章博士）
⑥**天皇**：高倉天皇
⑦**年号を冠する用語等**：治承の大火、治承・寿永の内乱、治承三年の政変

❖「治承・寿永の内乱」はじまる

「安元の大火」による災異改元です（『百練抄』『一代要記』）。安元三年（一一七七）八月四日に改元定が行われ、「弘保」「仁治」「治承」が候補にあがりました。まず「弘保」は「弓」を含んでいるのが問題に、「仁治」は「仁」の字が良くないと指摘されました。一方、「治承」は「水」を含んでいるのが問題視されましたが、火災の後はむしろ水を含んでいるほうが良いと選ばれました。しかし治承二年（一一七八）四月、京都に再び大火が起こります（治承の大火、次郎焼亡）。翌年、平清盛は後白河法皇の院政を停止し幽閉します（治承三年の政変）。治承四年（一一八〇）二月、高倉天皇が譲位し（翌年崩御）、皇太子言仁《ときひと》親王が即位します（安徳天皇）。四月に以仁王《もちひとおう》と源頼政が挙兵して「治承・寿永の内乱」がはじまり、八月には伊豆国（現・静岡県）で源頼朝が決起します。

104▼

【養和】ようわ

①**改元理由**：代始改元
②**改元年月日**：治承《じしょう》五年七月十四日／西暦一一八一年八月二十五日
③**使用期間**：十か月
④**出典**：『後漢書』
⑤**勘申者**：藤原敦周（文章博士）
⑥**天皇**：安徳天皇
⑦**年号を冠する用語等**：養和の飢饉

❖源頼朝が使用しなかった安徳天皇の代始の年号

安徳天皇の即位に伴う代始改元です（『百練抄』）。治承五年（一一八一）七月十四日に改元定が行われましたが、その際、上皇には奏さず、摂政の藤原基通《もとみち》にのみ報告が行われたことが確認されています。「大応」「応暦」の賛同者が多かったのですが、前者は「大同」「大治」など先例が良くなく、「応暦」は契丹（遼）に同じものがあるとされ、未採用となりました。摂政は「弘保」はどうかと発言しましたが、「弓」が含まれるため却下され「養和」に決定しました（『山槐記』）。養和元年（一一八一）閏二月に平清盛が病死しますが、この年から翌年にかけて、平安後期最大の飢饉（養和の飢饉）が起こっていたため、戦線は硬直したままでした。また、東国の源頼朝は、安徳天皇の即位を認めない以仁王の令旨を受けて挙兵したため、代始改元による「養和」は用いず、「治承」年号を使い続けたとされます。

105▼

【寿永】じゅえい

①**改元理由**：災異改元
②**改元年月日**：養和《ようわ》二年五月二十七日／西暦一一八二年六月二十九日
③**使用期間**：一年十一か月
④**出典**：『詩経』
⑤**勘申者**：藤原俊経（式部大輔）
⑥**天皇**：安徳天皇
⑦**年号を冠する用語等**：寿永二年十月宣旨、治承・寿永の内乱

❖復権で改元にも関与した後白河法皇

戦乱・飢饉・疫病と「三合」と呼ばれる厄運による災異改元です（『百練抄』）。治承五年（一一八一）十一月から後白河法皇の院政が復活していました。改元についても、安徳天皇の践祚の後、大嘗祭前の二度目の改元は異例とし、右大臣藤原兼実は災厄を祓うのだから何度やってもよいと説得しています（『玉葉』）。改元定は養和二年（一一八二）五月二十七日に行われました。上卿の大納言藤原実定《さねさだ》は、改元に伴う大赦に東国・北陸の謀反人（源頼朝・義仲）を含むか考え、詔書には書かないことにしました（『寿永改元定記』）。寿永二年（一一八三）、平家は安徳天皇を奉じて西走し、八月に尊治《たかはる》親王が京で即位（後鳥羽天皇）します。十月に源頼朝は東国の支配権を朝廷に認められ（寿永二年十月宣旨）、以後、「治承」に代わり「寿永」年号を用いるようになりました。

106▼

【元暦】げんりゃく

①**改元理由**：代始改元
②**改元年月日**：寿永《じゅえい》三年四月十六日／西暦一一八四年五月二十七日
③**使用期間**：一年四か月
④**出典**：『尚書緯考』
⑤**勘申者**：藤原光範（文章博士）
⑥**天皇**：安徳天皇、後鳥羽天皇
⑦**元号を冠する用語等**：元暦の地震

❖神器なく即位した後鳥羽天皇の代始改元

前年、神器がないまま行われた後鳥羽天皇の即位に伴う代始改元です（『百練抄』）。藤原兼実は、昨年より予定はあったが即位式以前のため行われず、今年も戦乱が終息せず、即位礼もできないままなので改元のみ行うことになった、と記しています（『玉葉』）。改元定は寿永三年（一一八四）四月十六日に行われ、参議源通親《みちちか》は「元暦」は契丹（遼）の年号にあることを指摘しましたが、受け入れられませんでした（『元暦改元定記』）。安徳天皇を奉じた平家はこの年号を用いず、滅亡まで「寿永」を使い続けたようです。元暦二年（一一八五）三月、源義経が長門国（現・山口県）の壇ノ浦で平家を破ります。その際、安徳天皇は二位尼《にいのあま》らとともに入水（崩御）しました。七月には山城国（現・京都府）・近江国（現・滋賀県）で大地震が起きています（元暦の地震）。

鎌倉、南北朝、室町時代の年号概説

鎌倉時代の年号の特徴

鎌倉時代の年号の一番の特徴は、一つの年号の使用期間が短いことと、改元が頻繁に行われること、と言えるでしょう。鎌倉時代には、災害や戦乱が頻発したこともあって、災異改元が多く行われました。一つの年号の平均の使用期間は約三年あまりと、他の時代に比べても突出して短く、十年を超える使用期間の年号も、文永・弘安のわずかに二年号にすぎません。また、頻繁に改元が行われたため、使用期間が二年に満たない年号も多く、四年連続で改元が行われた事例もあります。改元の理由としては、半数以上が災異改元で、他に辛酉・甲子年の革年改元も定期的に行われています。また、天皇の代始を理由とする改元も、基本的には即位の翌年に行われています。この災異改元の詳細な理由を見ると、大風や洪水、飢饉、旱魃《かんばつ》、地震、疾病の流行から彗星の出現に至るまでさまざまで、これらが一つではなく複合して改元の要因となることもあります。また、鎌倉で起きた災害も、その改元の背景になることもありました。

ところで、鎌倉幕府は、改元には一定程度の干渉は行うものの、のちの室町時代や江戸時代に比べると関与の度合いは低く、全体としては朝廷が主導的に改元を行っているといえます。ただし、嘉禄改元時には、元仁年号が不快であるとして、幕府から改元を行うよう要請が行われるなど、幕府に不都合がある場合には、朝廷に対して意見が述べられています。また、幕府は、関東の鎌倉に所在していたため、京都から大きく離れています。そのため、改元の実施を伝える改元詔書は、六波羅探題を通して鎌倉まで伝えられ、伝達後には幕府において、改元吉書始《きっしょはじめ》の儀式が行われています。改元が行われてから、その情報が鎌倉に伝わるまでには十日程度、さらにその周辺地域まで伝わるには一か月程度を要したと考えられています。地理的に京都の朝廷と大きく離れていた点も、幕府の改元への関わりが少ない理由の一つであるといえそうです。

南北朝時代の年号の特徴

南北朝時代はその名の通り、国内に二つの政治勢力が併存した日本の歴史上異色の時代で、半世紀以上にわたって続きました。北朝、南朝でそれぞれ天皇が擁立されましたが、同時に年号も別々に制定されたため、同時代に二つの年号が併存することになりました（次頁の表参照）。この時代には、皇位の正統性をめぐって、三種の神器をめぐる争いも発生しますが、同時に北朝、南朝ともにそれぞれの年号を建てたということは、自らの勢力の正統性を主張するために、年号を持つことが重要視されたことを意味するものと考えられます。これは中国で新たな王朝ができると独自の年号

南北朝時代の年号（改元月日と改元理由）

西暦	南朝 年号	南朝 月/日　改元理由	天皇（南朝）	天皇（北朝）	北朝 年号	北朝 月/日　改元理由
1330	元徳 2		後醍醐		元徳 2	
1331	元弘元	8 / 9　災異改元	後醍醐	光厳	〃 3	
1332	〃 2				正慶元	4 /28　代始改元
1333	〃 3				〃 2	
1334	建武元	1 /29　新政の実施による	後醍醐		建武元	1 /29　新政の実施による
1335	〃 2				〃 2	
1336	延元元	2 /29　災異改元 12/21（天皇、吉野潜幸）	後醍醐	光明	〃 3	
1338	〃 3				暦応元	8 /28　代始改元
1339	〃 4		後村上		〃 2	
1340	興国元	4 /28　代始改元			〃 3	
1342	〃 3				康永元	4 /27　災異改元
1345	〃 6				貞和元	10/21　災異改元
1346	正平元	12/ 8〈西暦1347/1/28〉　改元理由不明			〃 2	
1348	〃 3			崇光	〃 4	
1350	〃 5				観応元	2 /27　代始改元
1351	〃 6				〃 2	
1352	〃 7			後光厳	文和元	9 /27　代始改元
1356	〃 11				延文元	3 /28　災異改元
1361	〃 16				康安元	3 /29　災異改元
1362	〃 17				貞治元	9 /23　災異改元
1367	〃 22				〃 6	
1368	〃 23		長慶		応安元	2 /18　災異改元
1370	建徳元	月日不明　代始改元			〃 3	
1371	〃 2			後円融	〃 4	
1372	文中元	月日不明　改元理由不明			〃 5	
1375	天授元	月日不明　災異改元			永和元	2 /27　代始改元
1379	〃 5				康暦元	3 /22　災異改元
1381	弘和元	月日不明　革年(辛酉)改元か			永徳元	2 /24　革年(辛酉)改元
1382	〃 2			後小松	〃 2	
1383	〃 3		後亀山		〃 3	
1384	元中元	月日不明　代始改元			至徳元	2 /27　代始・革年(甲子)改元
1387	〃 4				嘉慶元	8 /23　災異改元
1389	〃 6				康応元	2 / 9　災異改元
1390	〃 7				明徳元	3 /26　災異改元
1392	〃 9	10/ 2（天皇、京都還幸）			〃 3	
1393	明徳 4		後小松		明徳 4	

を建てたことや、日本でも自らが認めない政治勢力が行った改元を容認しない、という考え方にもつながります。また、国内に二つの年号が併存したため、各政治勢力はそれぞれ自身が支持する勢力の年号を用いることになりました。このため、北朝、南朝それぞれの所在地周辺のみならず、たとえば九州で南朝の年号を記した文書が比較的多く残る、といったことが発生しています。つまり、どちらの年号が使われているかを見ることで、当時の勢力圏がわかることになります。

改元の経緯については、北朝では一定の資料が残るものの、南朝では、特に南北朝時代の後半になると、改元の日時も含めその多くは不明です。改元の理由としては、南朝では不明なものがあるものの、おおよそ鎌倉時代と同様で、災害による災異改元、代始改元、革年改元が行われています。ところで、改元の方法としては、後醍醐天皇の時に従来とは異なる改元手法が取られていることも特筆に値するでしょう。たとえば建武改元で、後醍醐天皇は中国の年号から新年号を採用するよう命じています。また、その際には出典も求められませんでした。さらに、建武の「武」の字が戦乱を連想させるなどとして公家らから否定的な意見が出たにもかかわらず、天皇の主導のもと決定されています。その後、南朝が使用した年号の漢字には、「興」「国」「授」といった使用例の少ない漢字も多く見受けられますが、これらは南朝独自の年号観から決定されたものといえるでしょう。

室町時代の年号の特徴

南北朝時代は、明徳三年（一三九二）の南北朝の合一により、その分裂は幕を閉じますが、この時、それに合わせて年号も南朝年号の正中が廃され、明徳に統一されています。そして、その後の室町幕府では、年号に対する幕府の介入が非常に強まります。南北朝時代から幕府の実権を握っていた三代将軍の足利義満は、武家であると同時に公家として、改元の儀式の見学や、年号案への具体的な介入を行っています。時には、特定の漢字を指定して、それを使用するように求めることもあり、たとえば応永改元時には、朝廷に対して、「洪」字の使用を求めています。また、年号案を提出する年号勘者を任命する勘者宣下を、幕府の政庁である室町第で行うこともありました。このような、改元への幕府の積極的な関与は、義満ほどではないものの、その後の将軍でも続いています。また、改元の理由としては、従来と変わらず、災異改元が最も多く、ほかに代始改元、革年改元も行われています。

ところで、室町時代でも特徴的なのは、前近代で最も長期間にわたり使用された「応永」年号です。応永は、義満の時代に行われた改元ですが、その後三十五年にわたって使われました。途中で何度か改元の機運が高まりますが、結局改元に至らず、践祚後十六年が経過した称光天皇の代始改元として応永三十五年に改元が行われるまで使用が続きました。改元がなされなかった積極的な理由は、資料上はっきりしませんが、義満が改元に関わり、その後も継続して使用されたという点が、長期使用の一つの理由になったとも考えられます。

第三章　鎌倉時代の年号

107▼文治～155▼元弘

1185～1334年

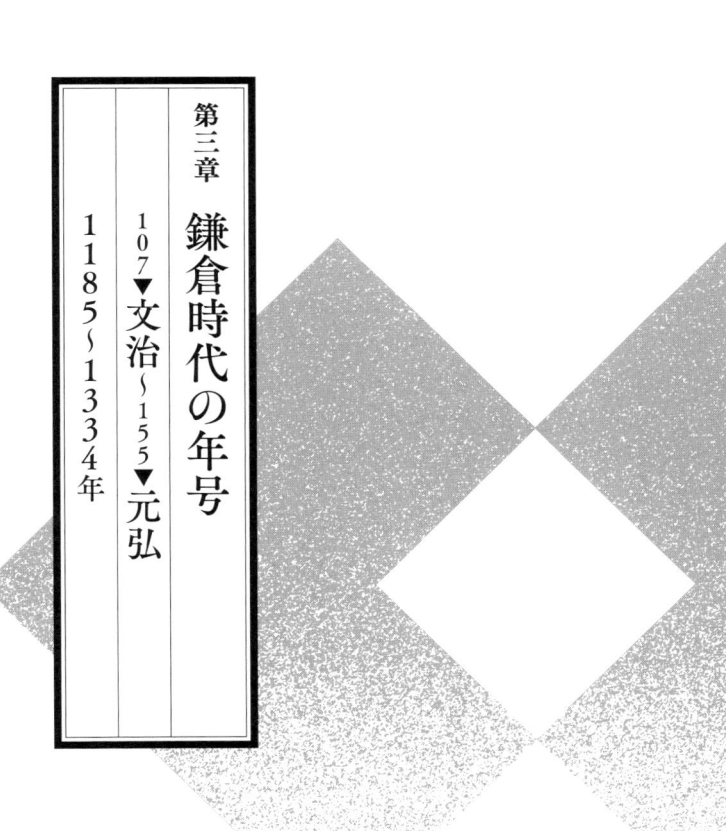

107▼

【文治】ぶんじ

①**改元理由**：災異改元
②**改元年月日**：元暦《げんりゃく》二年八月十四日／西暦一一八五年九月九日
③**使用期間**：四年八か月
④**出典**：『礼記』
⑤**勘申者**：藤原兼光（参議・左大弁）
⑥**天皇**：後鳥羽天皇
⑦**年号を冠する用語等**：文治地震、文治の勅許、奥州文治合戦、治承・文治の内乱

❖「武」から「文」への願いも空しく……

「文治地震」による災異改元です（『百練抄』）。元暦二年（一一八五）七月九日、巨大地震が発生し、京都を中心に山城国（現・京都府）・大和国（現・奈良県）の被害が史料にあります（『玉葉』『平家物語』『方丈記』など）。美濃国（現・岐阜県）・伯耆国（現・鳥取県）でも大きな揺れが確認されたようです（『山槐記』）。八月十四日の改元定では後白河法皇より「近日、武を以て天下を平らかならしむ。文治を以て宜しきに似たり」との仰せを受けて、「文治」と決まりました。文治元年（一一八五）十一月には源頼朝に対し、全国に守護・地頭職を設置することが許可されました（文治の勅許）。これを鎌倉幕府の成立とする見解もあります。文治五年（一一八九）、頼朝は奥州に進軍、奥州藤原氏を滅ぼし（奥州文治合戦）、治承以来の内乱は終結しました（治承・文治の内乱ともいう）。

108▼【建久】けんきゅう

①**改元理由**：災異改元
②**改元年月日**：文治《ぶんじ》六年四月十一日／西暦一一九〇年五月十六日
③**使用期間**：九年
④**出典**：『呉志』『晋書』
⑤**勘申者**：藤原光輔（文章博士）
⑥**天皇**：後鳥羽天皇
⑦**年号を冠する用語等**：建久新制、建久七年の政変

❖源頼朝、征夷大将軍となる

「明年三合」（『百練抄』）あるいは「明年三合太一《たいいつ》の厄」（『玉葉』）とされる厄運による災異改元です。文治六年（一一九〇）四月十一日の改元定は、これに先立ち関白藤原兼実が改元の旨を左大臣に伝えており、また参議・右大弁は改元定以前に勘文を兼実に見せられ、意見を聴取されています。

建久元年（一一九〇）十一月には源頼朝が入京しますがすぐ鎌倉に戻り、以後は藤原兼実と協力関係を結びます。翌年には兼実の主導で「建久新制」が宣下されます。建久三年（一一九二）、後白河法皇が崩御し、頼朝は征夷大将軍に任命されます。しかし建久七年（一一九六）、兼実が失脚し（建久七年の政変）、建久九年（一一九八）に後鳥羽天皇が譲位し、皇太子為仁《ためひと》親王が即位（土御門天皇）すると、朝廷内部も大きく変動します。建久十年（一一九九）、源頼朝が没しました。

109 【正治】しょうじ

①改元理由：代始改元
②改元年月日：建久《けんきゅう》十年四月二十七日／西暦一一九九年五月二十三日
③使用期間：一年十か月
④出典：『荘子』
⑤勘申者：菅原在茂（文章博士・大学頭）
⑥天皇：土御門天皇
⑦年号を冠する用語等：なし

❖東西の天皇・将軍の代替わり

前年の土御門天皇の即位に伴う代始改元です（『百練抄』）。建久十年（一一九九）四月二十七日に改元定が行われましたが、それに先立ち年号案の提出が求められ、しかも案が良くないということで再提出が命じられました（『元秘別録』など）。改元定では天皇に奏すとともに、後鳥羽上皇にも報告が行われています。

朝廷は後鳥羽上皇が「治天《ちてん》」として、以後長く院政を行うことになります。その一方、頼朝没後の鎌倉幕府は息子の源頼家が「鎌倉殿」の地位を継承し、さらに頼家を補佐・抑制するために有力御家人十三人の合議制が行われるようになりました。

110▼

【建仁】けんにん

①**改元理由**：革年改元

②**改元年月日**：正治《しょうじ》三年二月十三日／西暦一二〇一年三月十九日

③**使用期間**：三年

④**出典**：『文選』

⑤**勘申者**：藤原宗業（文章博士）

⑥**天皇**：土御門天皇

⑦**年号を冠する用語等**：建仁寺

❖年号の発音が問題に

辛酉革命による革年改元です。正治二年（一二〇〇）に諸道に辛酉革命のための勘文の提出が命じられています。翌年二月一日には左大臣藤原良経《よしつね》と頭弁の藤原資実《すけざね》が改元を行うかの定を行い、改元定の開催を決定しました。二月十三日の改元定では、藤原良経が「建仁」は高倉天皇の諱《いみな》（憲仁）と似ていることが最後まで問題になりましたが、後鳥羽上皇と摂政の藤原基通への報告の際、摂政が「天皇の諱は唐音、年号は対馬音《つしまおん》である」として問題ないこととなりました。

建仁二年（一二〇二）、源頼家が将軍に任じられ、その後援を受けて栄西が京に建仁寺を建立します。しかし、頼家は翌年、北条氏との抗争に敗れて将軍職を辞し、弟実朝が将軍となります。

111

【元久】げんきゅう

①改元理由：革年改元
②改元年月日：建仁《けんにん》四年二月二十日／西暦一二〇四年三月二十三日
③使用期間：二年三か月
④出典：『詩経』
⑤勘申者：藤原親経（参議）
⑥天皇：土御門天皇
⑦年号を冠する用語等：なし

❖鎌倉幕府の内紛続く

甲子革令の年にあたるための革年改元です（『百練抄』）。建仁四年（一二〇四）二月二十日に行われた年号定では、今年が甲子革令にあたるかどうかが議論され、前もって提出された勘文や公卿たちの意見も革令にはあたらないのではないかという意見が大勢でしたが、おそらく先例であることにより改元が行われました。年号案としてはおおむね「元久」でよいということで一致し、摂政と上皇にも報告の上で決定されました。

元久元年（一二〇四）七月、前将軍源頼家が伊豆の修善寺で暗殺されます。新将軍実朝はまだ幼かったため、祖父の北条時政が勢力を伸ばしますが、翌年、実朝暗殺を計画したとして伊豆国（現・静岡県）に追放され、息子の北条義時が執権の地位に就きます。

112▼

【建永】

けんえい

①**改元理由**：災異改元

②**改元年月日**：元久《げんきゅう》三年四月二十七日／西暦一二〇六年六月五日

③**使用期間**：一年五か月

④**出典**：『文選』

⑤**勘申者**：藤原範光（民部卿）、菅原在高（式部大輔）

⑥**天皇**：土御門天皇

⑦**年号を冠する用語等**：建永の法難

❖専修念仏の流行と「建永の法難」

災異改元で、その理由は赤斑瘡《あかもがさ》の流行によるとされます（『百練抄』『猪熊関白記』『三長記』）。後鳥羽上皇が熊野詣の出発前に改元を行いたいとしたため、元久三年（一二〇六）四月二十七日に改元定が行われました。そこでは一致して「建永」が良いとなり、蔵人が、熊野詣のため潔斎の建物に入っていた後鳥羽上皇に報告に行き、決定しました。

当時の京では、専修《せんじゅ》念仏が流行し、延暦寺・興福寺が指導者の法然の処罰を朝廷に訴えていました。建永元年（一二〇六）十二月に上皇の熊野詣の間、御所の女房が法然の弟子住蓮《じゅうれん》・遵西《じゅんさい》の説法に感動し、出家するという事件が起こり、激怒した上皇は住蓮・遵西を死罪とし、法然・親鸞らは流罪となりました。これを「建永の法難」と称します（あるいは改元した後の「承元の法難」とも）。

113▼

【承元】じょうげん

①改元理由：災異改元
②改元年月日：建永《けんえい》二年十月二十五日／西暦一二〇七年十一月十六日
③使用期間：三年五か月
④出典：『通典』
⑤勘申者：藤原（日野）資実（権中納言）
⑥天皇：土御門天皇
⑦年号を冠する用語等：承元の法難

❖上皇の熊野詣に間に合うように改元

『百練抄』は「三合」すなわち厄運による、『皇代記』は疱瘡による災異改元とします。しかし『猪熊関白記』によれば、建永二年（一二〇七）九月十九日に頭弁が関白の藤原家実《いえざね》を訪れ、「疱瘡の流行と洪水が続いているので改元をするべきだろうか、「建永」が「水」の字を含んでいるのが良くないのではないか」という上皇の仰せを伝えています。二日後、再び頭弁が後鳥羽上皇の熊野詣以後に改元を行うように伝えてきましたが、家実はそれ以前に行うのがよいとし、結局翌月十月の二十五日に改元定が行われました。鎌倉には京生まれの問注所執事《もんちゅうじょ》三善康信《みよしやすのぶ》のもとに改元の詔が伝えられたと『吾妻鏡』は記しており、個人的なネットワークで改元が伝えられていたようです。承元四年（一二一〇）、土御門天皇が譲位し、皇太弟の守成《もりなり》親王が即位しています（順徳天皇）。

114

【建暦】

けんりゃく

①**改元理由**：代始改元

②**改元年月日**：承元《じょうげん》五年三月九日／西暦一二一一年四月二十三日

③**使用期間**：二年九か月

④**出典**：『後漢書』『宋書』『春秋命歴序』

⑤**勘申者**：藤原（日野）資実（権中納言）、菅原（高辻）為長（式部権大輔）、藤原孝範（文章博士）

⑥**天皇**：順徳天皇

⑦**年号を冠する用語等**：建暦新制

❖有力御家人の滅亡が続く

前年の順徳天皇の即位に伴う代始改元です（『百練抄』）。承元五年（一二一一）三月一日に権大納言藤原長兼《ながかね》が上皇のもとに参り、蔵人からすでに改元のために摂政や年号勘文作成者への連絡も済んだと聞いています。三月九日の年号定では、一同が「建暦」で一致する様子でしたが、内大臣の藤原公継《きんつぐ》がその出典が『後漢書』の「律暦志」（暦についての歴史）であることを問題視し、帝王の徳についての文であるべきではないかと主張し、これに右大臣藤原良輔《よしすけ》が、代始改元だから暦に関する出典でもよいのだと反論しています。建暦二年（一二一二）、順徳天皇の代始に応じて、「建暦新制」と呼ばれる二十一か条の新制を朝廷が出しています。翌年、鎌倉では有力御家人の和田義盛が執権の北条氏に反旗を翻しましたが敗れました（和田合戦）。

115▼

【建保】けんほう

①**改元理由**：災異改元
②**改元年月日**：建暦《けんりゃく》三年十二月六日／西暦一二一四年一月十八日
③**使用期間**：五年四か月
④**出典**：『書経』『周礼』
⑤**勘申者**：藤原宗業（式部大輔）
⑥**天皇**：順徳天皇
⑦**年号を冠する用語等**：なし

❖実朝暗殺で源氏将軍家は断絶

災異改元ですが、その理由について、『猪熊関白記』は「天変地震」としています（『皇年代略記』も同じ）。しかし『明月記』は「両平の夭亡《ようぼう》に依る」とし、後鳥羽上皇の寵臣であった藤原輔平・親平が建暦三年（一二一四）十一月二十九日・三十日に連続して死去したことを理由としています。

改元定は建暦三年十二月六日に行われ、「承久」でまとまりそうでしたが、大宰権帥の藤原資実が「承久も良いが、代始の年号の上の文字を次の年号も用いるのが吉例」として「建保」を推し、頭弁が後鳥羽上皇に報告すると、資実が言うことを用いよとの仰せがありました。藤原定家は「献宝か、献金（賄賂）の路を称す」と批判しています（『明月記』）。

建保七年（一二一九）一月、三代将軍源実朝が、甥の公暁《くぎょう》に暗殺され、源氏将軍家は断絶します。

116▼

【承久】じょうきゅう

①**改元理由**：災異改元
②**改元年月日**：建保《けんぽう》七年四月十二日／西暦一二一九年五月二十七日
③**使用期間**：三年
④**出典**：『詩緯』
⑤**勘申者**：菅原（高辻）為長（大蔵卿）
⑥**天皇**：順徳天皇
⑦**年号を冠する用語等**：承久の乱（変）

❖約一か月で終息した「承久の乱（変）」

天変・旱魃《かんばつ》・三合による災異改元です（『百練抄』など）。建保七年（一二一九）四月十二日の改元定では、公卿たちが一致して「承久」を推し、後鳥羽上皇も関白藤原家実も同意したため、改元が行われました。

承久三年（一二二一）四月、順徳天皇は譲位し、皇太子の懐成《かねなり》親王が即位します（仲恭《ちゅうきょう》天皇、九条半帝）。五月、後鳥羽上皇は北条義時以下を追討する院宣を発し、北面・西面の武士を集めました。しかし、鎌倉幕府の御家人たちは故頼朝の妻である北条政子のもとに結束し、北条泰時を総大将として京を目指して進軍、六月には宇治川を突破し、京を制圧しました。七月九日、仲恭天皇が譲位し、茂仁《ゆたひと》親王が即位します（後堀河天皇）。十三日にはすでに出家していた後鳥羽法皇を隠岐に、順徳上皇を佐渡に流すこととなり、土御門上皇も自ら土佐（のち阿波）に移ることになりました。

117▼

【貞応】じょうおう

①**改元理由**：代始改元
②**改元年月日**：承久《じょうきゅう》四年四月十三日／西暦一二二二年五月二十五日
③**使用期間**：二年七か月
④**出典**：『周易』
⑤**勘申者**：菅原（高辻）為長（大蔵卿）
⑥後堀河天皇
⑦**年号を冠する用語等**：なし

❖即位していない「治天の君」後高倉院のもとでの改元

前年の後堀河天皇の践祚に伴う代始改元です（『一代要記』）。なお、「治天の君」の地位には、茂仁親王の父親で、出家していた守貞《もりさだ》親王（行助入道親王、後高倉院、後鳥羽上皇の同母弟）が就き、院政を行いました。

承久四年（一二二二）四月十三日に改元が行われましたが、それに先立ち、年号案の提出者を過去の吉例に従い三人とするべき、という後高倉院の指示がありました。改元定の結果も後高倉院に報告され、決定しています。しかし改元の翌年、後高倉院は崩御します。さらに貞応三年（一二二四）、執権北条義時も死去し、息子の泰時が後を継ぎました。

118▼

【元仁】げんにん

①**改元理由**：災異改元
②**改元年月日**：貞応《じょうおう》三年十一月二十日／西暦一二二四年十二月三十一日
③**使用期間**：五か月
④**出典**：『周易』
⑤**勘申者**：菅原（高辻）為長（式部大輔）
⑥**天皇**：後堀河天皇
⑦**年号を冠する用語等**：なし

❖幕府が許可のない改元に不快感を示す

「天変炎旱《えんかん》」（『百練抄』）あるいは「疾疫《しつえき》」（『公卿補任』）による災異改元です。貞応三年（一二二四）十一月二十日に行われた改元定では、「仁治」「元仁」が有力な候補となりました。その際、大納言源通具《みちとも》が、「元」も「仁」も「二人」と読めるので、合計四人となり、良くないと主張しましたが、ならば「天人」もその理屈なら四人だが吉例だと反論されています。

しかし、事実上鎌倉幕府が擁立したといってよい後堀河天皇の代始の年号が三年ほどで改められ、しかもそれが前もって連絡されなかったため、「元仁不快の由、武家……咎申す」（『明月記』）となったようで、わずか五か月で再びの改元となります。その話を聞いた歌人としても知られる藤原定家は「年号毎年改むと雖《いえど》も、乱政改めざれば何の益あらむ」（『明月記』）と批判しています。

119▼

【嘉禄】かろく

①**改元理由**：災異改元
②**改元年月日**：元仁《げんにん》二年四月二十日／西暦一二二五年五月二十八日
③**使用期間**：二年八か月
④**出典**：『博物志』
⑤**勘申者**：菅原在高（兵部卿）
⑥**天皇**：後堀河天皇
⑦**年号を冠する用語等**：嘉禄の法難

❖「嘉禄」の読み方が論議を呼ぶ

「疱瘡」による災異改元（『一代要記』）とされますが、幕府の圧力があったようです（『明月記』）。元仁二年（一二二五）四月二十日の改元定、では「嘉禄」が「軽く」と読めると指摘されましたが、大納言の源定通が「重い難を軽くする」と反論しました。藤原定家は当時参議を辞めており、年号定に参加しておらず、翌日の日記で「軽く、と読めるのは問題だ。朝廷の権威に関わる。誰がこの案を提出したのか」「文字も書けない子供が年号定に交じっている」と批判しています（『明月記』）。

嘉禄元年（一二二五）に「尼将軍」北条政子が没し、翌年一月に長く空位だった将軍職に藤原頼《より》経《つね》が就きます。嘉禄三年（一二二七）、法然没後の浄土宗との論争から、延暦寺は法然の墓を暴き、著作『選択本願念仏宗』の版木を焼くなどの行動をとります。浄土宗の僧侶たちも流罪となりました（嘉禄の法難）。

120▼

【安貞】あんてい

①**改元理由**：災異改元
②**改元年月日**：嘉禄《かろく》三年十二月十日／西暦一二二八年一月十八日
③**使用期間**：一年二か月
④**出典**：『周易』
⑤**勘申者**：菅原資高（文章博士）
⑥**天皇**：後堀河天皇
⑦**年号を冠する用語等**：なし

❖「承久の乱（変）」の記憶、いまだ消えず

「疱瘡」あるいは「天変大風」か「三合厄」による災異改元です（『百練抄』『一代要記』『頼資卿改元定記』『吾妻鏡』）。嘉禄三年（一二二八）十二月十日の改元定では、年号案の「寛元」について、参議の平範輔《のりすけ》が「元（キミ＝王）を宥《なだ》める」という意味だと述べ、藤原頼資《よりすけ》はそれは承久の乱のことか、その指摘はあたらないが、言われてしまっては採用できないと告げ、他の公卿たちも閉口したようです。結局「安貞」と決定しました（『頼資卿改元定記』）。鎌倉には同年十二月二十五日に「六波羅飛脚」が改元を伝えています。承久の乱の後、朝廷の監視と護衛を兼ねて置かれた六波羅探題が、改元の情報を伝える役割を果たしていたことがわかります。

121▼

【寛喜】かんぎ

①改元理由：災異改元
②改元年月日：安貞《あんてい》三年三月五日／西暦一二二九年三月三十一日
③使用期間：三年一か月
④出典：『後魏書』
⑤勘申者：菅原（高辻）為長（式部大輔）
⑥天皇：後堀河天皇
⑦年号を冠する用語等：寛喜の飢饉、寛喜新制

❖鎌倉時代最大の「寛喜の飢饉」

前年の台風、あるいは飢饉と天変による災異改元です（『百練抄』『一代要記』）。安貞三年（一二二九）三月五日の年号定には史上最多の十四人が参加し、議論が紛糾しました。蔵人の藤原経光《つねみつ》は、「此の間、御座の内、喧嘩か。利を争うこと市塵の如し」と記しています（『経光卿改元定記』）。

しかし、寛喜二年（一二三〇）も長雨と冷夏が続き、夏に東国では雪が降り、八月は暴風雨と大洪水、冬は暖冬、さらに翌年は猛暑と異常気象が続き、飢饉で多くの餓死者が出ました。飢饉は北陸・四国や伊勢国（現・三重県）でも確認されており、京・鎌倉には流民が流入し、社会秩序の混乱をもたらしています（寛喜の飢饉）。これに対して、寛喜三年（一二三一）十一月、全四十二条からなる公家新制（寛喜新制）が朝廷から出されましたが、具体的な対応策を示すものではありませんでした。

122▼

【貞永】じょうえい

①改元理由：災異改元
②改元年月日：寛喜《かんぎ》四年四月二日／西暦一二三二年四月二十三日
③使用期間：一年一か月
④出典：『周易』
⑤勘申者：菅原（高辻）為長（大蔵卿）
⑥天皇：後堀河天皇
⑦年号を冠する用語等：貞永式目

❖「貞永式目」とも呼ばれた『御成敗式目』の制定

前年の大飢饉による災異改元です（『百練抄』）。寛喜四年（一二三二）四月二日に改元定が行われ、「貞永」が選ばれました。「貞永」は唐の順宗の時の年号「永貞」の逆で、その際に順宗が崩御していることなどが問題となりましたが、大蔵卿菅原為長《ためなが》の提出した案であり、関白藤原教実が強く推したため、決定したようです（『民経記』）。菅原為長は関白教実《のりざね》の父、道家《みちいえ》の時代から九条家の家司をつとめており、幕府とも良好な関係を結んでいた人物です。彼はこの時、自らの年号案の採用が六度に及んだことを誇っていますが（『編記』）、長命なこともあり、最終的には歴代最多の八案が採用されました。貞永元年（一二三二）八月、幕府の執権・北条泰時が先例や慣習をもとに全五十一か条からなる『御成敗式目』（貞永式目）を制定します。同年十月、後堀河天皇が譲位し、秀仁《みつひと》親王が即位しました（四条天皇）。

123▼

【天福】てんぷく

①**改元理由**：代始改元
②**改元年月日**：貞永《じょうえい》二年四月十五日／西暦一二三三年五月二十五日
③**使用期間**：一年六か月
④**出典**：『尚書』
⑤**勘申者**：菅原（高辻）為長（大蔵卿・式部大輔）
⑥**天皇**：四条天皇
⑦**年号を冠する用語等**：なし

❖皇室に続く凶事に「浅ましかりける年号なり」との批判

四条天皇の践祚に伴う代始改元です（『百練抄』）。貞永二年（一二三三）四月十五日の改元定では、「天福」が後晋・後漢に例があることや「延嘉」が「煙霞」と似た発音であることなどが問題となりました。改元定の経緯を摂政藤原教実《のりざね》と前関白藤原道家《みちいえ》に報告すると、道家は「天福で良い、中国に同じ年号があっても問題ない」とし、その旨が報告されると一同賛成し、院に報告の後、改元となりました。藤原定家は翌日の日記で、「天福」は唐末の「天復」に似ていると指摘し、「討乱復位の年号なり」と批判を記しています。その後、同年九月には四条天皇の母親である藻壁《そうへき》門院が死去、翌年五月には仲恭上皇、八月には後堀河上皇が崩御し、『五代帝王物語』は「浅ましかりける年号なり」としています。

124▼

【文暦】

ぶんりゃく

①**改元理由**：災異改元
②**改元年月日**：天福《てんぷく》二年十一月五日／西暦一二三四年十一月二十七日
③**使用期間**：一年
④**出典**：『文選』『唐書』『後漢書』
⑤**勘申者**：藤原（日野）家光（権中納言）、菅原淳高（刑部卿）
⑥**天皇**：四条天皇
⑦**年号を冠する用語等**：文暦の大噴火

❖最大規模の「文暦の大噴火」

『元秘別録』『一代要記』は「天変地震」による災異改元としますが、『百練抄』は「天福の字始めより人受けず。諒闇《りょうあん》相続き、其の徴《しるし》を為すの由、口遊《くちずさみ》す」とし、また『頼資卿改元定記』は「去年女院、今年院崩御、世の人の難〔天服と云々〕相叶う」とあり、皇室に続く不幸が、「天皇が服喪する」と読める年号にあると世間が噂していることによると記しています。天福二年（一二三四）十一月五日に行われた改元定では「文暦」で一致し、摂政と前関白にも報告があり、決定しています。『五代帝王物語』は諒闇（天皇の服喪）中の改元は、近年は「養和」しかなく、不吉としています。改元からまもなくの十二月二十八日、霧島が史上最大規模の大噴火を起こし、九州に大地震をもたらしました（文暦の大噴火）。翌年三月には摂政の藤原教実が没しています。

125▼

【嘉禎】かてい

①改元理由：災異改元
②改元年月日：文暦《ぶんりゃく》二年九月十九日／西暦一二三五年十一月一日
③使用期間：三年一か月
④出典：『北斉書』
⑤勘申者：藤原（廣橋）頼資（前権中納言）
⑥天皇：四条天皇
⑦年号を冠する用語等：なし

❖「改元すでに年中行事の如し」との嘆き

『一代要記』は「天変地震」を理由としており、災異改元です。『頼資卿改元定記』では、藤原頼資が、四条天皇即位以来、大嘗祭の前の三度の改元ははじめてだが、摂政の死去や、比叡山、石清水・祇園社の神輿の騒動など「天下大事相続き競い起こる」ために行わざるを得ないとし、まさに「改元すでに年中行事の如し」と嘆いています。年号定は文暦二年（一二三五）九月十九日に行われ、「延嘉」「仁治」が奏上されました。四条天皇は幼少なので、おそらく摂政の藤原道家から「延嘉」は巷間に流行する歌に「煙霞無跡」という句があり、大嘗祭がたびたび延期しているのに「延」が入るのはどうか、「仁治」は「仁安」の例が良くないから選びなおすようにとの仰せがあり、旧勘文が下されました。最終的に問題が少ない「嘉禎」が選ばれています。

126▼

【暦仁】りゃくにん

①改元理由：災異改元

②改元年月日：嘉禎《かてい》四年十一月二十三日／西暦一二三八年十二月三十日

③使用期間：三か月

④出典：『隋書』

⑤勘申者：藤原経範（文章博士）

⑥天皇：四条天皇

⑦年号を冠する用語等：なし

❖「暦仁、世俗云はく、略人なり」という批判を受ける

「天変」による災異改元です（『百練抄』）。嘉禎四年（一二三八）十一月二十三日に改元定が行われ、議論は紛糾しましたが、最終候補の「延仁」が六条天皇の諱《いみな》（順仁）と同じ読みができることが問題となり、それに比べると「日」（暦）が「二つ」（仁）と読める「暦仁」が良いとなり、選ばれました。

しかし、この年号は当初から評判が悪く、『百練抄』は「暦仁、世俗云わく、略人なり。憚り有り。且つ上下多く夭亡《ようぼう》の聞有り」と、「暦仁」は「略人」と読め、多くの人が若死にするかもしれないという噂が立ったことが記されています。

127▼

【延応】えんおう

①改元理由：災異改元
②改元年月日：暦仁《りゃくにん》二年二月七日／西暦一二三九年三月十三日
③使用期間：一年五か月
④出典：『文選』
⑤勘申者：藤原経範（文章博士）
⑥天皇：四条天皇
⑦年号を冠する用語等：なし

❖「狼藉」の末に改元するが、一年あまりでまた改元

『一代要記』は「天変地震」による災異改元としますが、『百練抄』は「暦仁」年号の悪評により改元した（前頁参照）と記した上で、詔では災異を理由としたとしています。暦仁二年（一二三九）二月七日に改元定があり、参議菅原為長が、「延仁」の出典は『維城典訓』だが同じ言葉が『礼記』にあり、それでは「近仁」となっているのでこちらを使うべきと主張しました。論争となり（『編御記』）、「甚だ狼藉」なので左大臣藤原良実《よしざね》が制止するほどでした（『改元部類記』）。この旨が奏されると、「延仁」に難があるなら「延元」か「延応」にせよと仰せがあり、「延応」となりました。しかし、「延応の号、元より甘心せず」（『平戸記』）と当初から批判があり、一年あまりで再びの改元となりました。延応元年（一二三九）二月、後鳥羽法皇が隠岐で崩御しています。

128▼

【仁治】にんじ

①**改元理由**：災異改元
②**改元年月日**：延応《えんおう》二年七月十六日／西暦一二四〇年八月五日
③**使用期間**：二年七か月
④**出典**：『書義』『新唐書』
⑤**勘申者**：藤原経範（文章博士）、菅原（高辻）為長（式部大輔）
⑥**天皇**：四条天皇
⑦**年号を冠する用語等**：仁治の大地震

❖「仁治の大地震」の中、幕府主導の皇位継承

『百練抄』は「炎旱《えんかん》」を理由とし、『一代要記』は「彗星」を理由とする災異改元です。『皇代記』は、「彗星・地震に依る……炎旱の事、不吉により（改元の）詔文には載せず」とします。延応二年（一二四〇）七月十六日に年号定があり、「仁治」が「二人が治める」と読めることで議論となりました。右大臣藤原良実は「当世は文武を以て治む。是れ二人なり」と主張し、前参議菅原為長に否定されています（『平戸記』『編御記』）。仁治二年（一二四一）二月に鎌倉に地震があり、四月には大地震と津波がありました（仁治の大地震）。翌年一月に四条天皇が若くして突然崩御します。兄弟・皇子がいないため前摂政九条道家が幕府と協議し、土御門天皇の皇子・邦仁《くにひと》親王を擁立します（後嵯峨天皇）。仁治四年（一二四三）六月に北条泰時が没し、九月に佐渡で順徳上皇が崩じています。

129▼

【寛元】かんげん

①**改元理由**：代始改元
②**改元年月日**：仁治《にんじ》四年二月二十六日／西暦一二四三年三月十八日
③**使用期間**：四年一か月
④**出典**：『宋書』
⑤**勘申者**：菅原（高辻）為長（前参議・大蔵卿・式部大輔）
⑥**天皇**：後嵯峨天皇
⑦**年号を冠する用語等**：寛元の政変

❖天皇・将軍・執権の交代続く

前年の後嵯峨天皇の践祚に伴う代始改元です（『百練抄』）。仁治四年（一二四三）二月二十六日に改元定があり、「元延」と「寛元」に支持が集まりました。前参議の菅原為長が、「寛元」は唐末にあり、中国の年号を用いた例はあるが、不吉と知っていて使うのは良くないと述べています。この二案に「貞吉」を加えて天皇に奏し、関白藤原良実にも報告の上、「寛元」に決しています（『宗雅卿記』逸文）。寛元二年（一二四四）には藤原頼嗣《よりつぐ》が将軍の地位に就きます。翌々年正月には後嵯峨天皇が譲位し、皇太子久仁《ひさひと》親王を即位させ（後深草天皇）、自らは「治天」として院政を行いました。同年三月、北条泰時の後を継いだ経時《つねとき》が弟時頼に執権の座を譲ります（翌月死去）。閏四月、前将軍藤原頼経を担いだ北条得宗家《とくそうけ》（北条氏嫡流）の打倒計画が発覚しました（宮騒動、寛元の政変）。

130▼

【宝治】《ほうじ》

①**改元理由**：代始改元
②**改元年月日**：寛元《かんげん》五年二月二十八日／西暦一二四七年四月五日
③**使用期間**：二年一か月
④**出典**：『春秋繁露』
⑤**勘申者**：藤原経範（文章博士）
⑥**天皇**：後深草天皇
⑦**年号を冠する用語等**：宝治合戦

❖年号定で源頼朝の評価をめぐる議論

前年の後深草天皇の践祚に伴う代始改元です（『皇代記』）。寛元五年（一二四七）二月二十八日に行われた改元定では、「宝治」が有力案でしたが、その際に「文治」は源頼朝が日本国の地頭に任命され、「世が衰えたる始め」であるから良くない、という意見が出され、それに対して頼朝は朝敵を討ち、勲功にあずかったではないかという反論が出されています（『葉黄記』）。朝廷の中での頼朝の評価を知る興味深いやりとりです。最終的に「宝治」「嘉元」「寛正」の三案が天皇と上皇に奏され、「宝治」とせよとの仰せを受けて改元が行われました。

宝治元年（一二四七）六月五日、鎌倉で執権の北条氏及びその外戚である安達氏により、有力御家人三浦氏が滅ぼされ、北条氏の独裁体制が確立しました（宝治合戦、三浦氏の乱）。

131▼

【建長】けんちょう

①**改元理由**：災異改元
②**改元年月日**：宝治《ほうじ》三年三月十八日／西暦一二四九年五月二日
③**使用期間**：七年五か月
④**出典**：『後漢書』
⑤**勘申者**：藤原（勘解由小路）経光（前権中納言）
⑥**天皇**：後深草天皇
⑦**年号を冠する用語等**：建長寺

❖幼帝・後深草天皇の健やかな成長を祈る年号

「天変火災」あるいは「内裏火事・天変」による災異改元とされます（『一代要記』『皇年代略記』）。宝治三年（一二四九）二月一日の閑院《かんいん》内裏焼亡による改元と考えられます。同年三月十八日に改元定が行われましたが、その前に後嵯峨上皇のもとで摂政藤原兼経《かねつね》、内大臣藤原実基《さねもと》らが「密々に年号の沙汰」をしており、「建長」は「タケチヤウス（健やかに成長する）」と読め、後深草天皇（当時四歳）のような「幼主」の時に良いとの意見が出ています。年号定でも「建長」にせよという仰せがあり、決しました。建長四年（一二五二）、反北条氏の陰謀への関与の疑いにより将軍藤原頼嗣が京に追放され、後嵯峨天皇の皇子宗尊《むねたか》親王が将軍となります。執権北条時頼は建長五年（一二五三）、南宋から来た禅僧・蘭渓道隆《らんけいどうりゅう》のために建長寺を建立しています。

１３２▼

【康元】

こうげん

①改元理由：災異改元

②改元年月日：建長《けんちょう》八年十月五日／西暦一二五六年十月二十四日

③使用期間：五か月

④出典：『唐書』『隋書』

⑤勘申者：藤原経範（文章博士）

⑥天皇：後深草天皇

⑦年号を冠する用語等：なし

❖執権と北条得宗家の乖離進む

「赤斑瘡《あかもがさ》」による災異改元です（『百練抄』『荒涼記』）。建長八年（一二五六）の八月から九月にかけて流行しており、後深草天皇も感染していました（『一代要記』）。康元元年（一二五六）十一月、執権の北条時頼が引退し（翌日出家）、その地位を義兄の北条長時に譲ります。しかし、強い影響力を保持し続けたため、結果的に北条得宗家（北条氏嫡流）と、それ以外の家の人物が就任することもある執権との乖離《かいり》が促進されました。

133▼

【正嘉】しょうか

①**改元理由**：災異改元
②**改元年月日**：康元《こうげん》二年三月十四日／西暦一二五七年三月三十一日
③**使用期間**：二年一か月
④**出典**：『芸文類聚』『漢書』
⑤**勘申者**：菅原在章（文章博士）
⑥**天皇**：後深草天皇
⑦**年号を冠する用語等**：正嘉の大地震、正嘉の飢饉

❖内裏火災による改元も効果なく、大地震も飢饉も相つぐ

康元二年（一二五七）二月、太政官庁の焼亡など火災が続いたための災異改元です（『百練抄』『民経記』など）。同年三月十四日の改元定に先立ち、後嵯峨上皇の御前に頭弁藤原経俊《つねとし》・権中納言藤原顕朝《あきとも》らが集まり、「年号の字」の「内々の御沙汰」を受け「正嘉」が良いとなりました。改元定でも「正嘉」が支持され、関白藤原兼平にその旨が報告されました。しかし、公卿たちの議論で「正嘉」が仁明天皇の諱《いみな》（正良）に通じるのが良くないとの意見が出され、経緯が関白と上皇に報告されましたが、上皇の「苦しからず」との仰せにより「正嘉」と決しました（『吉黄記』）。正嘉元年（一二五七）八月には鎌倉で大地震が発生（正嘉の大地震）、翌年六月には長雨と寒気、八、十月には台風が、翌年には凶作による飢饉、疫病の流行があり多くの死者が出ています（正嘉の飢饉）。

134▼

【正元】しょうげん

①**改元理由**：災異改元
②**改元年月日**：正嘉《しょうか》三年三月二十六日／西暦一二五九年四月二十日
③**使用期間**：一年一か月
④**出典**：『毛詩緯』
⑤**勘申者**：菅原（唐橋）公良（式部権大輔）
⑥**天皇**：後深草天皇
⑦**年号を冠する用語等**：なし

❖飢饉と疫病による改元の中、のちの対立の火種が……

疫病と飢饉による災異改元です（『一代要記』）。『五代帝王物語』には、「正嘉三年の春比より世の中に疫癘《えきれい》おびただしくはやりて……川原などは路もなきほどに死骸みち……飢饉もけしからぬ事にて諸国七道（全国）の民おおく死亡せしかば……改元ありて正元となる」とあります。

改元定は正嘉三年（一二五九）三月二十六日に行われました。同年十一月二十六日、後深草天皇が譲位し、皇太弟の恒仁《つねひと》親王が即位します（亀山天皇）。これは父の後嵯峨上皇の意向が強く働いており、のちの皇統分立と長い対立の原因となります。

135▼

【文応】

ぶんおう

①**改元理由**：代始改元
②**改元年月日**：正元《しょうげん》二年四月十三日／西暦一二六〇年五月二十四日
③**使用期間**：十か月
④**出典**：『晋書』『春秋内事』
⑤**勘申者**：菅原在章（文章博士）
⑥**天皇**：亀山天皇
⑦**年号を冠する用語等**：なし

❖改元定の前日に火災

亀山天皇の即位に伴う代始改元です（『一代要記』）。正元二年（一二六〇）四月十三日に改元定が行われましたが、その前日に火災があり、予定通り行うかどうかが問題になりました。しかし、行うべきであるという後嵯峨上皇の仰せがあり、改元定の結果「文応」と決しました。

文応元年（一二六〇）七月、日蓮が北条時頼に『立正安国論』を献上、相つぐ災害の理由は法華経を尊ばないからであると主張しました。飢饉や疫病はなおも続いていたようです。

136▼

【弘長】

こうちょう

①改元理由：革年改元
②改元年月日：文応《ぶんおう》二年二月二十日／西暦一二六一年三月二十二日
③使用期間：三年
④出典：『貞観政要』
⑤勘申者：不詳
⑥天皇：亀山天皇
⑦年号を冠する用語等：弘長新制

❖素早い議事録の作成を上皇が賞賛

辛酉革命の年にあたるための革年改元です（『一代要記』）。文応二年（一二六一）のはじめから、今年が辛酉革命にあたるのか、諸道に勘文の提出が命じられていました。勘文の多くは、唐の王肇が著した『開元暦紀経』によれば今年は辛酉革命にはあたらないが善宰相（三善清行）の説によればあたるとしており、同年二月十日に改元を行うかどうかの革命定《さだめ》があり、議論の末に改元を行うこととなりました。その際、革命定の定文（議事録）を大弁《だいべん》藤原経俊が素早く仕上げたため、後嵯峨上皇より「叡感」があり、御剣が下されています。改元定はその十日後に行われました。

弘長三年（一二六三）八月、四十一か条からなる「弘長新制」が朝廷から出されています。同年十一月、執権から退いた後も幕府の実験を握っていた北条時頼が死去しました。

137▼

【文永】

ぶんえい

①**改元理由**：革年改元
②**改元年月日**：弘長《こうちょう》四年二月二十八日／西暦一二六四年三月二十七日
③**使用期間**：十一年二か月
④**出典**：『文選』『後漢書』
⑤**勘申者**：菅原在章（式部権大輔）
⑥**天皇**：亀山天皇
⑦**年号を冠する用語等**：文永の役

❖未曽有の国難「文永の役」

甲子革令の年にあたるための革年改元です（『一代要記』）。弘長四年（一二六四）二月二十八日、革令定《さだめ》があり、今年が甲子革令にあたるのか、改元するべきかという議論が行われました。議論では、革令にあたらないという意見が有力でしたが、結局改元を行うことになり、そのまま改元定が行われました。文永三年（一二六六）、将軍宗尊《むねたか》親王に代わり、惟康《これやす》親王が将軍となります。同年三月、北条時宗が執権となりますが、これに先立つ同年閏正月、モンゴル帝国は日本に使者を派遣し、服属を要求します。その後もモンゴル（のち元）の使者は訪れますが、日本側は服属を拒否します。文永九年（一二七二）の後嵯峨法皇崩御、翌年の亀山天皇譲位、世仁《よひと》親王即位（後宇多天皇）をはさみ、文永十一年（一二七四）に元・高麗連合軍は博多に上陸しますが、日本側の奮戦もあり撤兵します（文永の役）。

138▼

【建治】けんじ

①**改元理由**：代始改元
②**改元年月日**：文永《ぶんえい》十二年四月二十五日／西暦一二七五年五月二十二日
③**使用期間**：二年十か月
④**出典**：『周礼』『唐紀』
⑤**勘申者**：菅原在匡（文章博士）
⑥**天皇**：後宇多天皇
⑦**年号を冠する用語等**：なし

❖後宇多天皇の代始改元、元の脅威去らず

後宇多天皇の即位に伴う代始改元です（『皇代記』）。文永十二年（一二七五）四月二十五日に改元定が行われました（『続史愚抄』）。建治元年（一二七五）九月、北条時宗は元の使者を鎌倉で斬首しています。翌年、元は中国南部を支配していた南宋を事実上滅ぼしており、再びの日本侵攻は必至でした。

139▼

【弘安】こうあん

①**改元理由**：災異改元
②**改元年月日**：建治《けんじ》四年二月二十九日／西暦一二七八年三月二十三日
③**使用期間**：十年二か月
④**出典**：『大宗実録』
⑤**勘申者**：藤原茂範（式部大輔）
⑥**天皇**：後宇多天皇
⑦**原稿を冠する用語等**：弘安の役、弘安の徳政、弘安礼節

❖再びの国難「弘安の役」

疫病による災異改元です（『続史愚抄』）。建治四年（一二七八）二月二十九日の改元定に先立ち、治天である亀山上皇のもとで年号案の検討が行われ、「元観」が良いとされましたが、改元定では「弘安」となりました（『吉続記』）。弘安四年（一二八一）に再びの元・高麗軍の侵攻がありました（弘安の役）。六月に博多を襲撃した東路軍（元・高麗軍）は日本軍に撃退され、南路軍（旧南宋軍）と合流し、再侵攻を計画しますが、閏七月一日、暴風雨により撤退します。二度の国難を乗り越えた執権北条時宗は翌年四月に死去すると、後継者の北条貞時を擁し、外戚の安達泰盛《やすもり》が政治改革を行いますが（弘安の徳政）、弘安八年（一二八五）に泰盛が霜月騒動で滅ぼされ、終焉を迎えます。翌々年には後宇多天皇が譲位して熙仁親王が即位し（伏見天皇）、後深草上皇が院政を開始します。

140▼

【正応】しょうおう

①**改元理由**：代始改元

②**改元年月日**：弘安《こうあん》十一年四月二十八日／西暦一二八八年五月二十九日

③**使用期間**：五年四か月

④**出典**：『毛詩注』『周易』

⑤**勘申者**：藤原茂範（式部大輔）、菅原在嗣（大蔵卿）

⑥**天皇**：伏見天皇

⑦**年号を冠する用語等**：なし

❖国難を乗り越えた朝廷・幕府の内部抗争

伏見天皇の践祚に伴う代始改元ですが（『続史愚抄』）、疫病による災異改元とする説もあります（『元秘別録』）。弘安十一年（一二八八）に改元定が行われています。後嵯峨上皇は崩御に際し、今後の治天や皇位の継承については幕府の決定に委ねました。当初は亀山上皇が治天となりましたが、後深草上皇の強い抗議を受け、幕府は将来の伏見天皇の即位と後深草上皇を治天とすることを約束しました。伏見天皇の即位により治天となった後深草上皇は、正応二年（一二八九）に自らの皇子である久明《ひさあき》親王を鎌倉将軍とします。正応六年（一二九三）三月、元の再々侵攻に備え、鎮西探題を九州に設置します。その翌月、幕府を牛耳って御内人《みうちびと》（北条得宗家の家臣）・平頼綱が北条貞時により滅ぼされています（平頼綱の乱）。

141▼

【永仁】えいにん

①改元理由：災異改元
②改元年月日：正応《しょうおう》六年八月五日／西暦一二九三年九月六日
③使用期間：五年八か月
④出典：『晋書』
⑤勘申者：菅原在嗣（大蔵卿）
⑥天皇：伏見天皇
⑦年号を冠する用語等：永仁の地震、永仁の徳政令

❖いまだ元寇の記憶が薄れない改元定

天変・地震・炎旱《えんかん》（『続史愚抄』）、特に正応六年（一二九三）四月の鎌倉の大地震（永仁の大地震、『一代要記』）を理由とする災異改元です。同年八月五日に行われた改元定では、「永仁」の「永」は「遠」に通じ、「遠人の難」（外国の侵略）を招く、また「寛仁」の時は刀伊《とい》の入寇《にゅうこう》、「文永」の時は元寇があったので、それを合わせた年号は良くないと権中納言藤原兼仲《かねなか》が主張し、「遠人《えんじん》」は蒙古に限らず君徳が遠くに及ぶという意味もあると反論されます。また内大臣藤原師教《もろのり》は、「文安」の文の字は「身をもとろかす、蕃夷《ばんい》の心しかるべきか」と発言し、元寇の記憶が薄れていないことを示しています（『勘仲記』）。永仁五年（一二九七）、鎌倉幕府が最初の徳政令を出しています（永仁の徳政令）。永仁六年（一二九八）、伏見天皇が譲位し、皇太子胤仁《たねひと》親王が即位します（後伏見天皇）。

142▼

【正安】

しょうあん

①**改元理由**：代始改元
②**改元年月日**：永仁《えいにん》七年四月二十五日／西暦一二九九年五月二十五日
③**使用期間**：三年七か月
④**出典**：『孔子家語』『周書』『晋書』
⑤**勘申者**：菅原在嗣（前参議）
⑥**天皇**：後伏見天皇
⑦**年号を冠する用語等**：なし

❖大覚寺統と持明院統の対立激化

後伏見天皇の践祚に伴う代始改元です（『帝王編年記』『一代要記』）。永仁七年（一二九九）四月二十五日に改元定が行われています。大覚寺統（亀山天皇の子孫）の伏見天皇から、その皇子である後伏見天皇への譲位に、持明院統（後深草天皇の子孫）は反発し、鎌倉幕府への運動の結果、皇太子を後宇多天皇の皇子・邦治《くにはる》親王とし、さらに正安三年（一三〇一）には後伏見天皇の譲位により邦治親王を即位させることに成功します（後二条天皇）。以後、治天・天皇の地位を二つの皇統から交互に出す「両統迭立」が定着していきます。同年八月、北条貞時が出家し、執権の地位を北条師時に譲りますが、その後も得宗として、幕府の実権を掌握し続けました。

143▼

【乾元】

けんげん

①**改元理由**：代始改元
②**改元年月日**：正安《しょうあん》四年十一月二十一日／西暦一三〇二年十二月十日
③**使用期間**：九か月
④**出典**：『周易』
⑤**勘申者**：不詳（菅原長成か）
⑥**天皇**：後二条天皇
⑦**年号を冠する用語等**：なし

❖提出されない年号勘文

この改元は後二条天皇の践祚による代始改元です。改元定は正安四年（一三〇二）十一月二十一日に行われました。後二条天皇の即位は正安三年（一三〇一）一月二十一日ですから、二年近く改元されなかったことになり、踰年改元を考慮しても異例のことです。当初、四月に改元が行われる予定でしたが延期となり、その間に、年号案を提出していた式部大輔の菅原資宗《すけむね》が死去してしまいました。そのため、あらためて藤原広範を式部大輔に任じ、年号案の提出を命じたのですが、広範は関東に住んでおり、提出しませんでした。そこで勘解由《かげゆ》長官で、本来年号案を提出する立場ではない菅原在兼に提出を命じ、ようやく年号定を行うことができたという経緯がありました。

【嘉元】かげん

①**改元理由**：災異改元
②**改元年月日**：乾元《けんげん》二年八月五日／西暦一三〇三年九月十六日
③**使用期間**：三年四か月
④**出典**：『芸文類聚』『修文殿御覧』『貞観政要』
⑤**勘申者**：菅原在嗣（前参議）、藤原淳範（文章博士）
⑥**天皇**：後二条天皇
⑦**元号を冠する用語等**：嘉元の乱

❖北条氏内部の抗争を背景に起こった「嘉元の乱」

炎旱《えんかん》・彗星による災異改元です（『皇年代略記』『続史愚抄』）。乾元二年（一三〇三）八月五日に改元定が行われ、議論の経過を後二条天皇と、治天の地位にあった後宇多上皇に報告し、「嘉元」と決定しています。嘉元二年（一三〇四）七月に後深草法皇、翌年九月三日には亀山法皇が相ついで崩御しました。

また鎌倉では嘉元二年四月に大地震がありました。そして翌年四月、得宗の北条貞時の命によるとして、連署（執権の補佐役）の北条時村が殺害され、その後、得宗家の執事（内管領）の北条宗方も、貞時の命により殺害されます（嘉元の乱）。執権職を望む北条宗方の陰謀が失敗した事件ともいわれますが、より複雑な北条氏内部の抗争がその背景にあるとされ、真相は不明です。

145▼

【徳治】とくじ

①改元理由：災異改元
②改元年月日：嘉元《かげん》四年十二月十四日／西暦一三〇七年一月十八日
③使用期間：一年十か月
④出典：『尚書』『春秋左氏伝』『後魏書』
⑤勘申者：菅原在嗣（前参議）
⑥天皇：後二条天皇
⑦年号を冠する用語等：なし

❖年号に「徳」の字を用いてよいか議論に

天変による災異改元です（『一代要記』『続史愚抄』）。嘉元四年十二月十四日に行われた改元定では、「徳治」と「正和」が有力案とされました。左大臣の藤原冬平は上卿として、「徳」の字の使用について、注意することは白河上皇・鳥羽上皇が注意している「法言」なので用いてよいか検討せよとし、議論の末に用いてもかまわないことになりました（『冬平公記』）。藤原実躬《さねみ》は「徳」の字が上にくる年号がはじめてであることを指摘しています（『実躬卿記』）。

徳治三年（一三〇八）八月、将軍久明《ひさあき》親王が京都に送還され、その子の守邦《もりくに》親王が八歳で将軍となります。結果的に最後の鎌倉幕府の将軍となりました。同じ月に後二条天皇が崩御し、伏見上皇の皇子である富仁《とみひと》親王が即位しました（花園天皇）。

146▼

【延慶】《えんきょう》

①**改元理由**：代始改元

②**改元年月日**：徳治《とくじ》三年十月九日／西暦一三〇八年十一月二十二日

③**使用期間**：二年六か月

④**出典**：『後漢書』

⑤**勘申者**：藤原俊光（前権中納言）

⑥**天皇**：花園天皇

⑦**年号を冠する用語等**：なし

❖将軍代始を寿ぐ異例の改元か

花園天皇の践祚に伴う代始改元とされますが（『一代要記』『続史愚抄』）、践祚の二か月後で、踰年改元の慣例を破るものでした。これについて左大臣藤原冬平や後伏見上皇がそれぞれ「関東」（鎌倉幕府）からの申し入れによるとし、冬平は普通は来年改元すべきで、先例とは異なると嘆き、上皇は「左右に及ばず」（どうしようもない）と記しています（『冬平卿記』『改元宸記』）。

この改元は鎌倉幕府からの申し入れによるもので、八月の守邦親王の征夷大将軍就任を寿《ことほ》ぐ意味があった可能性が指摘されています。鎌倉幕府は最末期になり、「将軍代始」というべき改元を要求しはじめたのです。徳治三年（一三〇八）十月九日、まず伏見上皇のもとで摂政藤原師教も参加して年号案の検討があり、「延慶」が良いとなり、改元定もその通りの結果になりました。

147▼

【応長】おうちょう

①改元理由：災異改元
②改元年月日：延慶《えんきょう》四年四月二十八日／西暦一三一一年五月十七日
③使用期間：十一か月
④出典：『旧唐書』
⑤勘申者：藤原在兼（勘解由長官）
⑥天皇：花園天皇
⑦年号を冠する用語等：なし

❖年号への「俗難」は「毎度の事なり」

延慶四年（一三一一）は四月から疫病が流行しており（『園太暦』）、それを受けての災異改元です（『一代要記』『冬平卿記』『続史愚抄』）。四月二十八日の改元定は、当初大納言・左近衛《さこんえ》大将の藤原実泰《さねやす》が上卿を行う予定でしたが、改元定は大将が上卿をするべきではない、という指摘があり、伏見上皇と関白藤原冬平が協議し、権大納言藤原師信《もろのぶ》が行いました。その後「応長」が採用され、改元となりましたが、冬平は「年号の出典とされる文章がない」「応の字を用いた先例が良くない」「延慶のあとの応長、というのは延喜のあとの延長と文字が重なるが、これは良いことなのだろうか」などといった評価があったことを記し、このような「俗難」は「毎度の事なり」と記しています（『冬平卿記』）。

応長元年には執権北条師時と得宗の北条貞時が相ついで没しています。

148

【正和】しょうわ

①改元理由：災異改元
②改元年月日：応長《おうちょう》二年三月二十日／西暦一三一二年四月二十七日
③使用期間：四年十一か月
④出典：『唐紀』『旧唐書』『帝王略論』
⑤勘申者：不詳（菅原在兼〈勘解由長官〉か）
⑥天皇：花園天皇
⑦年号を冠する用語等：なし

❖相つぐ鎌倉幕府の執権交代

天変・地震による災異改元です（『一代要記』『続史愚抄』など）。応長二年（一三一二）三月二十日に改元定が行われ、伏見上皇への報告ののち、「正和」と決定しました（『花園天皇宸記』）。

正和元年（一三一二）六月に執権北条宗宣《むねのぶ》が没し、ついでその地位に就いた北条熙時《ひろとき》も正和四年（一三一五）に辞任し、まもなく没します。続く北条基時も翌年辞任し、北条貞時の没後、得宗の地位にあった北条高時が執権の地位に就きます。北条貞時は死の直前、有力御家人の安達時顕《ときあき》と内管領の長崎円喜《えんき》に息子の高時の後見役を依頼しており、幕府は円喜の主導のもと、一種の合議制で運営されていました。将軍はもちろん、執権・得宗すら名目上の存在となり果てていたのです。

149▼

【文保】ぶんぽう

①**改元理由**：災異改元
②**改元年月日**：正和《しょうわ》六年二月三日／西暦一三一七年三月十六日
③**使用期間**：二年三か月
④**出典**：『梁書』
⑤**勘申者**：不詳（菅原在輔〈式部大輔〉か）
⑥**天皇**：花園天皇
⑦**年号を冠する用語等**：文保の和談

❖「文保の和談」で両統迭立が確認される

正和六年（一三一七）正月三日の地震による災異改元です（『一代要記』）。二月三日に改元定が行われましたが、それに先立って年号勘文の提出が命じられた五人のうち一人が死去したため、四つの勘文から選ぶことになりました。しかし、この時出された年号案の中に「文保」は見えず、過去の年号案から選ばれたものと思われます。

文保元年（一三一七）四月、幕府の主導のもと、持明院統と大覚寺統の皇統が交互に即位すること（両統迭立）が再確認されました（文保の和談）。しかし、九月に伏見上皇が崩ずると、翌年二月、持明院統の花園天皇が譲位し、大覚寺統の尊治《たかはる》親王が即位します（後醍醐天皇）。皇太子には同じ大覚寺統の邦良《くによし》親王（後二条天皇の皇子、後醍醐天皇の甥）が就き、後宇多法皇が院政を行うことになります。

150▼

【元応】げんおう

①**改元理由**：代始改元
②**改元年月日**：文保《ぶんぽう》三年四月二十八日／西暦一三一九年五月十八日
③**使用期間**：一年十か月
④**出典**：『唐書』
⑤**勘申者**：藤原（日野）俊光（前大納言）、菅原在輔（式部大輔）
⑥**天皇**：後醍醐天皇
⑦**年号を冠する用語等**：なし

❖混乱の中で後醍醐天皇の代始改元

前年の後醍醐天皇の践祚に伴う代始改元です（『元秘別録』）。文保三年（一三一九）は正月に東大寺の僧の強訴により八幡社の神輿が入京し、四月には延暦寺の僧が園城寺の戒壇設置に反対して蜂起しており、なかなか改元が行えませんでした。四月二十五日に改元定が予定されていましたが、その日に延暦寺が園城寺を焼き討ちしたため、三日後に延期されています。改元定では「元応」が良いとなったのですが、出典となる『唐書』（旧唐書）を所持している者が少なく、皇室の重代の宝物を収めた蓮華王院から召し出しましたが、その本には載っておらず、類書の『太平御覧』にある引用文により確認しています（『改元部類記』）。

151▼

【元亨】げんこう

①**改元理由**：革年改元
②**改元年月日**：元応《げんおう》三年二月二十三日／西暦一三二一年三月二十二日
③**使用期間**：三年九か月
④**出典**：『周易』
⑤**勘申者**：藤原（日野）資朝（文章博士）
⑥**天皇**：後醍醐天皇
⑦**年号を冠する用語等**：『元亨釈書』

❖朱子学の影響か、辛酉革命説を否定

辛酉革命による革年改元です（『公卿補任』『一代要記』）。これに先立ち提出された勘文のうち、明経道の助教中原師緒《もろお》は「緯説（革命説）不可用の事」を主張しました。結局、元応三年（一三二一）二月二十三日の革命定では「謹慎」を理由とすることとなり、改元定が行われました（『改元部類』）。改元の詔書にも革命説を「典籍の旧章に非ず、術士の家の著作」としています。ここに後醍醐天皇の意思や朱子学の影響を指摘する説もあります。「元亨」案を提出した文章博士の日野（藤原）資朝《すけとも》は、改元定の蔵人もつとめており、後醍醐天皇の信任が厚い人物で、この年四月には参議となります（のちに正中の変で幕府に佐渡に流され、元弘の変で処刑）。同年十二月、後宇多法皇が院政を停止（元亨四年〈一三二四〉崩御）し、後醍醐天皇の親政が開始されます。元亨二年（一三二二）、虎関師錬《こかんしれん》による仏教歴史書『元亨釈書』が完成しました。

152

【正中】しょうちゅう

①**改元理由**：災異改元・革年改元
②**改元年月日**：元亨《げんこう》四年十二月九日／西暦一三二四年十二月二十五日
③**使用期間**：一年五か月
④**出典**：『易経』
⑤**勘申者**：藤原有正（文章博士）
⑥**天皇**：後醍醐天皇
⑦**年号を冠する用語等**：正中の変

❖「正中の変」発覚で追いつめられる後醍醐天皇

甲子革令の年にあたりますが、元亨四年（一三二四）八月二十六日の暴風雨を理由とした災異改元です（『続史愚抄』）。花園上皇は、「緯候《いこう》の文言、聖人用いざる所なり」と、対立する立場にありながら賞賛しています（『花園天皇宸記』）。後醍醐天皇は辛酉革命・甲子革令説を否定しつつも、その年の改元は行っており、醍醐天皇の時の「延喜」改元の先例は尊重していたようです。

改元に先立つ同年九月には後醍醐天皇の倒幕計画が発覚しています。六波羅探題により天皇に与した多治見国長らの武将が討たれ、翌年八月には天皇側近の日野資朝が佐渡に流罪となりますが、天皇は幕府に釈明し、事なきを得ました（正中の変）。しかし、正中二年（一三二五）には持明院統の後伏見・花園上皇や大覚寺統の邦良親王が、幕府に天皇の早期の譲位を要求しています。

153▼

【嘉暦】かりやく

①**改元理由**：災異改元
②**改元年月日**：正中《しょうちゅう》三年四月二十六日／西暦一三二六年五月二十八日
③**使用期間**：三年四か月
④**出典**：『旧唐書』
⑤**勘申者**：藤原藤範（式部大輔）
⑥**天皇**：後醍醐天皇
⑦**年号を冠する用語等**：嘉暦の騒動

❖改元定の様子を聞いた後醍醐天皇

正中二年（一三二五）六月の豪雨・洪水と十月の大地震、翌年四月の疫病の流行による災異改元です（『皇年代略記』）。正中三年（一三二六）四月二十六日の改元定の際、後醍醐天皇は関白藤原冬平と、密かに台盤所の椅子において、議論の様子を聞いたといいます（『続史愚抄』）。

改元の一か月前の同年三月、皇太子の邦良親王が薨去《こうきょ》しました。同月、鎌倉では執権北条高時が出家し、得宗の後継者はその子邦時となり、執権には北条貞顕《さだあき》が就任しました。しかし、貞顕は十日あまりで辞任、北条守時が執権となりました。最後の執権です（嘉暦の騒動）。その背後には有力御家人の安達氏と御内人（北条得宗家の家臣）の長崎氏との対立がありました。改元後の七月、持明院統の量仁《かずひと》親王（のちの光厳天皇）が皇太子となっています。

154▼

【元徳】げんとく

①改元理由：災異改元
②改元年月日：嘉暦《かりゃく》四年八月二十九日／西暦一三二九年九月二十二日
③使用期間：［南朝］二年／［北朝］二年八か月
④出典：『周易』
⑤勘申者：藤原行氏（文章博士）
⑥天皇：後醍醐天皇
⑦年号を冠する用語等：なし

❖皇室の危機を説く「太子を誡《いまし》むる書」

疫病の流行による災異改元です。嘉暦四年（一三二九）八月二十九日の改元定では、「元徳」案に関係して、「寛徳」の時は後朱雀上皇が、「応徳」の時は白河天皇の中宮・藤原賢子《けんし》が崩御しており、その後、白河上皇から「徳」の字は避けるようにとの「勅語」があったのに、「徳治」で用いたがどうなのか、との議論がありました。三条実任は「徳治」年間も遊義《ゆうぎ》門院の崩御があったと指摘しています（『実定卿改元定記』）。最終的に「元弘」「元徳」の二案が残り、後醍醐天皇により「元徳」と決しています。元徳二年（一三三〇）、花園上皇が皇太子量仁親王に『誡太子書』を送っています。なお、のちの光厳天皇は後醍醐天皇による「元弘」改元を認めず、自ら「正慶」と改元するまでこの年号を用いています。

155▼

【元弘】げんこう

①改元理由：災異改元
②改元年月日：元徳《げんとく》三年八月九日／西暦一三三一年九月十一日
③使用期間：［南朝］二年五か月
④出典：『芸文類聚』
⑤勘申者：菅原在登（式部大輔）
⑥天皇：後醍醐天皇
⑦年号を冠する用語等：元弘の変

❖再び後醍醐天皇の倒幕計画が発覚した「元弘の変」

疫病による災異改元です。元徳三年（一三三一）五月、再び倒幕計画が発覚し、僧文寛や日野俊《とし》基《もと》が捕えられ、佐渡では日野資朝が処刑されました（元弘の変）。同年八月九日に改元があり、同月二十四日に後醍醐天皇は神器を奉じて大和国（現・奈良県）に行幸、笠置寺に入りました。幕府はこの年号を用いず（『改元部類記』など）、九月に後伏見上皇の詔により皇太子量仁親王が践祚しています（光厳天皇）。後醍醐天皇は翌年三月に捕えられ、廃位とされて隠岐に流されます。そして年号も四月に「正慶」となります。しかし後醍醐天皇は「元弘」年号を用い続けます。元弘三年（一三三三）五月、後醍醐天皇が隠岐から脱出、足利高氏（のちの尊氏）が六波羅探題を襲撃し、光厳天皇らが捕えられると、後醍醐天皇は光厳天皇の即位を否定し、「正慶」年号も廃し、自らの復位とともに「元弘」年号を復しました。

第四章　南北朝時代の年号

156▼建武～181▼［北朝］明徳

1334～1394年

156▼

【建武】けんむ

①**改元理由**：新政の実施による
②**改元年月日**：元弘《げんこう》四年一月二十九日／西暦一三三四年三月五日（これ以前、正慶二年五月二十三日に北朝年号の正慶を廃して元弘三年とする）
③**使用期間**：［南朝］二年一か月／［北朝］四年七か月
④**出典**：不詳
⑤**勘申者**：菅原在惇（文章博士）、菅原在成（文章博士）の連署
⑥**天皇**：後醍醐天皇
⑦**年号を冠する用語等**：建武新政（建武中興）、『建武年中行事』『建武記』『建武式目』『建武以来追加』

❖新時代の到来を宣言

建武改元は、後醍醐天皇の強い意向によって、新しい時代の到来を宣言するために行われた改元です。「建武の新政」は、後醍醐天皇による、「延喜・天暦の治」を理想とした政治を表す言葉としても有名です。

さて、改元が行われる前の年の元弘三年・正慶二年（一三三三）には、後醍醐天皇が隠岐を脱出し、足利高氏（のちの尊氏）が京都の六波羅探題を、新田義貞が鎌倉を、相ついで攻め滅ぼし、ここに鎌倉幕府は滅亡しました。これを受けて、後醍醐天皇は、幕府によって擁立された光厳天皇の

即位による、代始改元として行われた正慶の年号を使うことを停止し、自らが改元した元弘の年号に戻しています。そして、その翌年の一月に、新たに元弘の年号から、建武へと改元を行いました。

❖異例づくめの改元

この改元は、後醍醐天皇の主導のもとで、これまでにないかたちで準備が進められています。まず、天皇は、中国ですでに使われている年号や、乱れた世の中を良い世の中に戻すことができるような意味を持つ、良い字を選ぶように指示をしています。これを受けて、儒者らに年号の案を挙げさせたところ、建武・大武・武功の三案が提出されました。このうち、のちに選ばれることになる建武は、後漢の光武帝が、漢王朝を再興した際の年号ですが、天皇は隠岐から戻り、再び政治を行うこととなった自らの境遇を、この光武帝の漢王朝の再興と重ね合わせていたのかもしれません。天皇はこの三案を、出典を記さずに勘申させています。その後、改元定を経て、最終的にこの中から建武が選ばれ、建武と改元されています。

なお、三案ともに用いられている「武」字は、日本年号では、わずかにこの一度しか使用されず、当時の公家の間でも「武家」や「武士」の武であるから望ましくないという意見もあったようです。

ところで、この「建武」年号は、その後も時代に翻弄されます。建武三年（一三三六）二月には、延元へと改元が行われますが、その直後に後醍醐天皇は京都から追放され、足利尊氏は、光明天皇を即位させます。これが、その後六十年以上にわたって続く、南北朝時代の幕開けとなりました。なお、この時、北朝では、後醍醐天皇によって改元された延元を使わず、そのまま建武年号を使い続けています。

157▼

【〔南朝〕延元】えんげん

①改元理由：災異改元
②改元年月日：建武《けんむ》三年二月二十九日／西暦一三三六年四月十一日
③使用期間：四年二か月
④出典：『梁書』
⑤勘申者：菅原長員（式部大輔）
⑥天皇：後醍醐天皇
⑦年号を冠する用語等：なし

❖突然の改元で戸惑い

延元改元は、うち続く戦乱などを理由とした災異改元として行われました。建武三年（一三三六）には、足利尊氏らの勢力と、後醍醐天皇方の勢力が正面から各地で衝突しており、後醍醐天皇自身も近江の坂本へ移らざるを得ない状態に追いこまれていました。その後、尊氏側が新田義貞に敗れて京都を脱出したのを機に、後醍醐天皇は京都へ戻り、それに合わせて改元が行われました。

この突然の改元には、公家の中でも反発や戸惑いがあったようで、京都での戦乱を理由とするならば、「建武」年号には「武」という文字が使用されており、あえて改元をする必要はない、などの意見が出されています。しかし、後醍醐天皇は改元を行う方針を強く示し、改元定を経て延元と改元が行われました。なお、のちに京都へ戻った足利尊氏は、この延元年号を用いず、建武年号を引き続き使用しています。

158▼

【［南朝］興国】こうこく

①**改元理由**：代始改元
②**改元年月日**：延元《えんげん》五年四月二十八日／西暦一三四〇年五月二十五日
③**使用期間**：六年八か月
④**出典**：不詳
⑤**勘申者**：不明
⑥**天皇**：後村上天皇
⑦**年号を冠する用語等**：なし

❖「興国」年号にこめられた意味

興国改元は、改元前年の延元四年・暦応二年（一三三九）八月に即位した後村上天皇の代始による改元です。ここで使われている「興国」という文字は、いずれも、日本の年号での使用はこの一例にとどまります。また、「国を興す」という意味に容易に読み取ることができますから、一種の理想をこめた年号であったのかもしれません。なお、この「興国」は、後醍醐天皇による建武改元の際に、すでに案として提出されており、後醍醐天皇の理想を引き継ぐという意味がこめられていたとも考えられます。

159▼【〔南朝〕正平《しょうへい》】

①**改元理由**：不明
②**改元年月日**：興国《こうこく》七年十二月八日／西暦一三四七年一月二十日
③**使用期間**：二十三年
④**出典**：不詳
⑤**勘申者**：不明
⑥**天皇**：後村上天皇
⑦**年号を冠する用語等**：正平の一統

❖一時的に南北朝が「正平の一統」

正平改元は、改元に関する記録が乏しく、出典や改元理由などははっきりとしませんが、その後二十三年あまりにわたり継続して使用された、南朝を象徴する年号です。南朝が天下を治めるということを強く意識して、文字が選ばれたのではないか、という指摘もあります。

この正平年間には、南北朝の内乱が激化し、一時的には「正平の一統」により、北朝方の足利尊氏や義詮らが、観応年号の使用をやめ、正平年号を用いることもありましたが、その期間は実質数か月にとどまりました。

160▼

【［南朝］建徳】けんとく

①改元理由：不明（代始改元か）
②改元年月日：正平《しょうへい》二十五年（一三七〇）月日
　不明（二月五日以前）
③使用期間：一年八か月
④出典：不詳
⑤勘申者：不明
⑥天皇：長慶天皇
⑦年号を冠する用語等：なし

❖長慶天皇の即位による改元か

建徳改元は、改元に至る経緯や時期などの詳細は、よくわかっていません。南朝の長慶天皇は、正平二十三年・応安元年（一三六八）に践祚したと伝わっており、それを受けた改元であるとも考えられています。

ところで、この建徳以降の南朝の年号については、経緯などを記した文書が極端に少なく、年号が使用された文書もほとんどありません。これは、南朝勢力の影響力が低下しつつあることを表していますが、改元があったことは確認できるものの、たとえば具体的にどのような儀式が行われたのかや、勘者の人名、出典なども、わからないことが多くなっていきます。

161▼

【［南朝］文中】ぶんちゅう

①**改元理由**：不明
②**改元年月日**：建徳《けんとく》三年（一三七二）四月六日以降、四月二十八日以前
③**使用期間**：三年一か月
④**出典**：不詳
⑤**勘申者**：不明
⑥**天皇**：長慶天皇
⑦**年号を冠する用語等**：なし

❖南朝勢力の攻防

文中改元も、関係する資料に乏しく、改元の時期や理由についても、詳細はよくわかっていません。文中の年号が使用された文書の時期などから、建徳三年・応安五年（一三七二）の四月には改元が行われたと考えられています。

この文中年間には、同二年に北朝方の楠木正儀らによる河内・天野行宮襲撃により、南朝方の長慶天皇は、吉野へと移っています。移った先の吉野行宮も、この時期に焼亡したとも伝えられており、この頃、南朝方の勢力が一時に比べて衰退しつつあることがわかります。

162▼

【［南朝］天授】てんじゅ

①**改元理由**：不明（災異改元か）
②**改元年月日**：文中《ぶんちゅう》四年（一三七五）六月二日以前
③**使用期間**：五〜六年
④**出典**：不詳
⑤**勘申者**：藤原（花山院）長親（権大納言右近大将）
⑥**天皇**：長慶天皇
⑦**年号を冠する用語等**：なし

❖山崩れなどの災害による改元か

天授改元も、関係する資料が乏しいため、改元理由や改元日などの詳細は不明です。『南朝編年記略』という資料には、大和や紀伊、河内などで大規模な山崩れがあったため、改元したと伝わります。高野山には、天授元年六月二日と記された古文書があることから、それ以前には改元されていたと考えられています。

なお、南朝年号で使われる漢字には、他には見られない文字が使用されることも多いのですが、この天授号の「授」という漢字も、日本ではこの一例、中国でも一例使用が確認できるのみとなっています。

163▼

【［南朝］弘和】こうわ

①**改元理由**：不明（革年改元か）
②**改元年月日**：天授《てんじゅ》六年（一三八〇）六月以降、同七年（一三八一）六月以前、月日不明
③**使用期間**：三〜四年
④**出典**：不詳
⑤**勘申者**：不明
⑥**天皇**：長慶天皇
⑦**年号を冠する用語等**：なし

❖改元の時期や契機なども不明

弘和改元は、改元の時期もその理由もほとんどわかっていません。古文書の残り方などから、天授六年から天授七年にかけて改元が行われたと考えられています。改元が行われたのが、天授七年・康暦三年（一三八一）であれば、辛酉年にあたることから、辛酉革命を理由とする改元である可能性もあります。

弘和年号の使用が確認できる文書も非常に少なく、どの程度利用されていたのかについても、よくわかっていません。

164▼

【［南朝］元中】げんちゅう

①**改元理由**：代始改元
②**改元年月日**：弘和《こうわ》四年（一三八四）月日不明（十一月五日以前）
③**使用期間**：八年
④**出典**：不詳
⑤**勘申者**：不明
⑥**天皇**：後亀山天皇
⑦**年号を冠する用語等**：なし

❖南朝最後の年号

元中改元は、南朝では最後の天皇となる後亀山天皇が即位したことによる代始改元と考えられています。元中年号については、資料が乏しく、改元の理由や時期、経緯等もそのほとんどが不明です。改元が弘和四年であれば、甲子年ですから、甲子革令が意識されていた可能性もあります。

元中九年・明徳三年（一三九二）閏十月に、後亀山天皇は京都へ移り、神器を北朝の後小松天皇に渡すことで、南北朝が合一しますが、それに合わせて元中の年号も廃され、明徳に統一されました。これにより、約半世紀に及んだ年号が二つ存在するという状況も、終わりを迎えることになります。

ところで、南朝側で南北朝の合一を認めない一部の勢力は、その後もこの元中年号を使い続けたため、元中九年や元中十一年といった年号の古文書が残っています。

165▼

【［北朝］正慶】しょうきょう

①**改元理由**：代始改元
②**改元年月日**：元徳《げんとく》四年四月二十八日／西暦一三三二年五月二十三日
③**使用期間**：一年九か月
④**出典**：『周易』
⑤**勘申者**：菅原長員（式部大輔）
⑥**天皇**：光厳天皇
⑦**年号を冠する用語等**：なし

❖光厳天皇の践祚による代始改元

正慶改元は、北朝の光厳天皇が、元徳三年・元弘元年（一三三一）に即位したことによる代始改元です。改元に至る経緯は不明な点が残りますが、年号案について、後伏見天皇は、「正長」が良いとの意見を述べましたが、花園上皇は、それに対して「長」という字は、鎌倉幕府においては問題となる可能性があるとして、慎重に対処するよう意見を述べています。

さて、後醍醐天皇が隠岐から京都へ帰還した後、光厳天皇の廃位と同時に、正慶年号の使用も停止され、自らが以前改元を行った元弘の年号に戻しました。この正慶年号のように、天皇の廃位とともに年号の使用も停止されていることから、当時、年号が皇位とともにその正当性を表すものとして考えてられていたことを物語ります。

166▼

【［北朝］暦応】りゃくおう

①**改元理由**：代始改元
②**改元年月日**：建武《けんむ》五年八月二十八日／西暦一三三八年十月十一日
③**使用期間**：三年八か月
④**出典**：『帝王代記』
⑤**勘申者**：菅原公時（勘解由長官）
⑥**天皇**：光明天皇
⑦**年号を冠する用語等**：暦応寺、暦応雑訴法

❖寺号に元号（年号）が使われた

暦応改元は、光明天皇の即位による代始改元です。後醍醐天皇は、建武三年十二月、吉野に移り、自ら改元した延元の年号をそのまま使い続けました。その後も、北朝側では建武年号を使い続けましたが、建武五年に至って、建武三年に即位した光明天皇の即位による代始改元を行い、暦応と改元しました。この時、南朝では後醍醐天皇によって改元された延元を用いていましたから、ここに南朝は延元、北朝は暦応と、それぞれの年号が並び立つことになりました。この時、足利直義は、「文」字を用いるよう求めたとも伝えられますが、結果としては「文」字は採用されませんでした。

なお、この時代の大事業として、「暦応寺」の造営が挙げられます。暦応寺は、現在の「天龍寺」で、もともとは年号を冠した寺号の寺でした。造営の開始は、暦応三年・興国元年（一三四〇）四月のことです。寺号に年号を使う例は、過去にも延暦寺や建仁寺など複数の事例があります。

167▼

【〔北朝〕康永】こうえい

①**改元理由**：災異改元
②**改元年月日**：暦応《りゃくおう》五年四月二十七日／西暦一三四二年六月一日
③**使用期間**：三年六か月
④**出典**：『漢書』
⑤**勘申者**：紀行親（文章博士）
⑥**天皇**：光明天皇
⑦**年号を冠する用語等**：なし

❖改元の詔書が二通作成される

康永改元は、疾病の流行などを理由とする災異改元です。改元前年の暦応四年から、疫病が流行していたほか、改元のあった暦応五年三月には、法勝寺の大部分が火災で焼失したことも、その理由とする記録もあります（『太平記』）。

この時、改元詔書が二通作成され、将軍の足利尊氏に加え、弟であった足利直義にも伝えられました。詔書が別々の人物にそれぞれ伝えられるのは異例のことですが、当時尊氏と直義は、二頭政治と呼ばれるように政務を分担していたため、このようなかたちで伝えられることになったと考えられます。

168

【［北朝］貞和】じょうわ

①改元理由：災異改元
②改元年月日：康永《こうえい》四年十月二十一日／西暦一三四五年十一月十五日
③使用期間：四年四か月
④出典：『芸文類聚』
⑤勘申者：菅原在成（勘解由長官）
⑥天皇：光明天皇
⑦年号を冠する用語等：「貞和御鎊記」

❖彗星の出現による改元

貞和改元は、康永四年に出現した彗星や、水害等を理由とする災異改元です。彗星の出現は、悪いことが起こる兆しであると考えられたため、過去にもしばしばそれを理由とした改元が行われています。この頃には、南北朝の動乱が激しくなり、各地で戦乱が多発していました。

そのような中、この改元も全国に伝えられましたが、足利尊氏と対立していた足利直義の養子であった足利直冬は、滞在先の九州で勢力を拡大しつつありましたが、尊氏らの主導で進められた観応改元を認めずに、観応年間に入っても、貞和年号を引き続き使っています。このような、改元を認めないという事例は珍しいことですが、源平の合戦や幕末の動乱の時にも、例があります。

169▼【〔北朝〕観応】かんおう

①**改元理由**：代始改元
②**改元年月日**：貞和《じょうわ》六年二月二十七日／西暦一三五〇年四月四日
③**使用期間**：二年七か月
④**出典**：『荘子』
⑤**勘申者**：藤原行光（文章博士兼越中介）
⑥**天皇**：崇光天皇
⑦**年号を冠する用語等**：観応の擾乱、「観応二年日次記」

❖南北朝の争いに翻弄される年号

観応改元は、貞和四年・正平三年（一三四八）に即位した崇光天皇の代始改元です。ところで、この観応年間には、いわゆる観応の擾乱が発生するなど、政治的混乱が続きますが、その中で、観応二年十月には、足利尊氏が突如南朝に帰順する「正平の一統」という事件が起こります。この時の南朝との間の取り決めで、年号も一時的に南朝が使っていた正平を用いることになりました。南朝の年号を使うことは、南朝勢力に服従していることを示す意味がありますが、この「正平の一統」もまもなく破綻し、足利義詮は観応三年閏二月には、滞在先の近江朽木で、観応の年号を復活させ、その後は観応の年号を使いました。政治的な理由で、一時的に使用が停止された年号が、再度使われるのは、異例のことです。

170▼

【［北朝］文和】

ぶんわ

①**改元理由**：代始改元
②**改元年月日**：観応《かんおう》三年九月二十七日／西暦一三五二年十一月四日
③**使用期間**：三年六か月
④**出典**：在淳『唐紀』、在成『呉志』
⑤**勘申者**：菅原在淳（式部権大輔）、菅原在成（従三位）
⑥**天皇**：後光厳天皇
⑦**年号を冠する用語等**：なし

❖即位一か月前に行われた異例な改元

文和改元は、後光厳天皇の即位による代始改元として行われました。後光厳天皇の践祚は観応三年八月十七日ですが、改元はそのわずか一か月後の九月二十七日に行われました。まだ即位式が済む前のことです。通常、改元は天皇の践祚翌年以降に行われますが、この時には改元を急ぐ事情がありました。当時、北朝では、「正平の一統」の崩壊により、南朝の後村上天皇が、北朝の光厳・光明・崇光の三上皇と、皇太子直仁親王を大和国賀名生《あのう》へ連れ去っていました。このため北朝では天皇を急ぎ践祚させる必要があり、崇光上皇の弟であった弥仁親王（のちの後光厳天皇）を即位させるという異例の手段を取らざるを得ませんでした。このような方法では即位の正統性が疑われかねない状況であり、践祚翌年を待たずに、わずか一か月後に改元を実施することになりました。

171▼【〔北朝〕延文《えんぶん》】

①**改元理由**：災異改元
②**改元年月日**：文和《ぶんわ》五年三月二十八日／西暦一三五六年四月二十九日
③**使用期間**：五年
④**出典**：『漢書』
⑤**勘申者**：藤原忠光（文章博士）
⑥**天皇**：後光厳天皇
⑦**年号を冠する用語等**：「延文百首」「延文元年賀茂臨時祭記」「延文四年結縁灌頂記」「延文四年記」

❖改元詔書が鎌倉にも送られる

延文改元は、北朝と南朝の間でたびたび発生した戦乱による災異改元です。改元の準備は、戦乱の影響もあってか、改元日が何度か延期されています。この時は、改元詔書が二通作成され、一通は足利尊氏に、一通は鎌倉に滞在していた足利義詮に送られています。

この延文年間には、同三年に、初代将軍の足利尊氏が没しています。このため、のちの時代に、尊氏が没した時の年号であるとして、「延」字を使わないように、との意見が出されています。

172

【［北朝］康安】こうあん

①**改元理由**：災異改元
②**改元年月日**：延文《えんぶん》六年三月二十九日／西暦一三六一年五月四日
③**使用期間**：一年五か月
④**出典**：長綱『史記正義』、高嗣『唐紀』
⑤**勘申者**：菅原長綱（刑部卿）、菅原高嗣（勘解由長官）
⑥**天皇**：後光厳天皇
⑦**年号を冠する用語等**：なし

❖改元の夜に火災が発生

康安改元は、疾病の流行や戦乱を理由とした改元です。改元前年頃から、すでに改元の実施に向けた準備が進められていたようですが、改元に至る経緯などの詳細はよくわかりません。『太平記』によれば、この康安改元の当日夜に、京都で大火が発生しました。改元の日の災害であったため、不吉であるということで、改元をそのまま行ってよいのか、という意見もあったようですが、結果としてはそのまま改元となりました。

173▼

【〔北朝〕貞治】じょうじ

①**改元理由**：災異改元
②**改元年月日**：康安《こうあん》二年九月二十三日／西暦一三六二年十月十一日
③**使用期間**：五年五か月
④**出典**：『周易』
⑤**勘申者**：藤原（柳原）忠光（参議左大弁）
⑥**天皇**：後光厳天皇
⑦**年号を冠する用語等**：「貞治六年中殿御会記」

❖大地震や南朝軍との戦乱による改元

貞治改元は、地震や戦乱が相ついだことによる災異改元です。改元前年の康安元年六月二十一日には、南海トラフを震源とすると考えられる巨大地震が発生し、四天王寺金堂が倒壊したほか、薬師寺などにも被害があったと伝わります。また、現在の大阪周辺では津波が発生するなど、近畿一円に大きな被害がありました。

一方、同年十月には、南朝方の軍勢が京都へ迫り、一時的に将軍足利義詮は、後光厳天皇とともに近江への逃亡を余儀なくされています。このような災害や戦乱が続いたことにより、改元へと至ったものと考えられます。

174▼

【［北朝］応安】おうあん

①改元理由：災異改元
②改元年月日：貞治《じょうじ》七年二月十八日／西暦一三六八年三月七日
③使用期間：七年
④出典：『毛詩正義』
⑤勘申者：菅原時親（治部卿）
⑥天皇：後光厳天皇
⑦年号を冠する用語等：「応安の新式」「応安の半済令」

❖北朝で最長の年号

応安改元は、天変などを理由とした災異改元です。北朝の年号は、数年で改元されるものが多いのですが、この応安は八年まで続き、北朝では最長の年号です。この改元に至るまでには紆余曲折があったようで、貞治六年六月には年号勘者の宣下があったものの、その後たびたび延期され、結局改元が実施されたのは翌年の二月となりました。

なお、のちに改元にたびたび直接的、間接的に介入することになる、三代将軍足利義満は、この応安改元が行われた、応安元年十二月に征夷大将軍に任じられています。

175

【［北朝］永和】

えいわ

①**改元理由**：代始改元
②**改元年月日**：応安《おうあん》八年二月二十七日／西暦一三七五年三月二十九日
③**使用期間**：四年
④**出典**：『尚書』『芸文類聚』
⑤**勘申者**：藤原（柳原）忠光（権中納言）
⑥**天皇**：後円融天皇
⑦**年号を冠する用語等**：「永和大嘗会記」「永和二年結縁灌頂記」

❖後円融天皇の即位による改元

永和改元は、応安四年三月に即位した後円融天皇の代始めによる代始改元です。改元まで四年ほどかかっていますが、即位式自体は、改元前年の応安七年に行われていますから、即位式の翌年に改元を行うことで準備が進められていたものと考えられます。

この時、新年号の良し悪しについて議論する難陳では、「永和」の「永」は、「よう」とも読むことから、源平合戦が激しさを増し、全国的な飢饉が発生した「養和」（一一八一〜一一八二年）の年号に通じるのではないか、などの意見も出ましたが、最終的には永和と改元が行われています。

176▼

【［北朝］康暦】こうりゃく

①**改元理由**：災異改元
②**改元年月日**：永和《えいわ》五年三月二十二日／西暦一三七九年四月九日
③**使用期間**：一年十一か月
④**出典**：『唐書』
⑤**勘申者**：菅原長嗣（式部大輔）
⑥**天皇**：後円融天皇
⑦**年号を冠する用語等**：「康暦元年結縁灌頂記」

❖幕府は「延」「貞」を使わないよう求める

康暦改元は、幕府内での管領細川氏と執事の斯波氏との対立や、関東での関東管領上杉憲春の自刃などの社会不安を理由とする改元と考えられています。

この改元では、幕府が朝廷に対し、新年号では、「延」と「貞」の字を使わないように要望しています。これは、「延」の字が、初代将軍足利尊氏が没した延文三年の延文に、「貞」の字が、二代将軍足利義詮が没した貞治六年の貞治にそれぞれ使われていることが理由となっています。なお、将軍が没した時の年号の文字を嫌う発想は、その後も室町時代にはしばしば見受けられます。

177▼

［北朝］永徳《えいとく》

①**改元理由**：革年改元
②**改元年月日**：康暦《こうりゃく》三年二月二十四日／西暦一三八一年三月二十日
③**使用期間**：三年
④**出典**：『孝経』
⑤**勘申者**：藤原（広橋）仲光（権中納言）『続史愚抄』は藤原（裏松）資康（按察権中納言）とする
⑥**天皇**：後円融天皇
⑦**年号を冠する用語等**：「永徳行幸記」「永徳二年春日焼失記」

❖辛酉革命による革年改元と足利義満の出世

永徳改元は、辛酉年による辛酉革命を理由とした革年改元です。南朝においても、同年に改元が行われたとされますが、当時、辛酉革命を理由とする改元は、朝廷と幕府の間においても実施する方向で、合意していたようです。

一方、改元の儀式を、足利義満が陣座《じんのざ》の東方からしばらく見学しています。武家が朝廷の儀式に参列したり、見学することは珍しいのですが、この時義満はすでに従一位参議であり、公家としても高位でした。その後、義満は永徳元年には内大臣、同二年には左大臣、同三年には源氏長者に加え、准三宮と破竹の勢いで出世し、武家でありながら、公家社会でも頂点を占めつつありました。

178▼

【［北朝］至徳】しとく

①**改元理由**：革年改元、代始改元
②**改元年月日**：永徳《えいとく》四年二月二十七日／西暦一三八四年三月十九日
③**使用期間**：三年七か月
④**出典**：『孝経』
⑤**勘申者**：藤原（裏松）資康（権中納言・左衛門督）
⑥**天皇**：後小松天皇
⑦**年号を冠する用語等**：「至徳二年記」「至徳二年道快僧正拝堂下行物記」

❖足利義満が新年号を揮毫

至徳改元は、甲子年による革年改元と、永徳二年・弘和二年（一三八二）の後小松天皇の即位による代始改元を合わせて行ったものです。三代将軍足利義満は、改元に先立ち、「至徳」年号を勘申するよう、朝廷側に伝えていたともされています。自らが希望する年号の文字を、勘申させるというのは異例であり、義満の改元への積極的な介入を物語る出来事です。

なお、この「至徳」は、唐の粛宗の時代などに用いられています。ところで、改元当日の儀式も、義満は台盤所で見学しており、改元終了後には新年号の「至徳」を揮毫したといいます。

179▼

［北朝］嘉慶《かけい》

①改元理由：災異改元
②改元年月日：至徳《しとく》四年八月二十三日／西暦一三八七年十月五日
③使用期間：一年五か月
④出典：『毛詩正義』
⑤勘申者：菅原（東坊城）秀長（前右大弁三位）
⑥天皇：後小松天皇
⑦年号を冠する用語等：『嘉慶元年春日臨時祭記』

❖改元全体に義満の強い影響

嘉慶改元は、疫病の流行を理由とした災異改元です。改元の準備にあたっては、年号案を提出する勘者を決める勘者宣下が、室町幕府の邸宅である室町第で行われているほか、年号案についても、事前に足利義満に見せられています。

改元の当日にも義満は改元の儀式を、宮中の「御湯殿」から見学しており、そのような中で、義満の内々の意向をくんだ公家によって、義満が希望した「嘉慶」に最終的に決定したと考えられます。

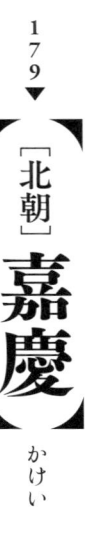

【［北朝］康応《こうおう》】

①**改元理由**：災異改元

②**改元年月日**：嘉慶《かけい》三年二月九日／西暦一三八九年三月七日

③**使用期間**：一年一か月

④**出典**：『文選』

⑤**勘申者**：菅原（東坊城）秀長（前右大弁従三位）

⑥**天皇**：後小松天皇

⑦**年号に冠する用語等**：なし

❖相つぐ有力者の死による改元

康応改元は、朝廷の有力者などが相ついで死亡したことによる災異改元です。天皇や将軍の死を理由とする改元は、改元の理由として表向きにされないものも含めてしばしばありますが、有力者の相つぐ死が改元の理由になるのは珍しいことでした。

具体的には、嘉慶二年二月には関白を以前つとめていた二条良基、ついで翌月には摂政の近衛兼嗣、さらに、六月には三条実継と、朝廷の有力者の死去が続いています。このような不穏な状況の中で、改元が準備され、「康応」と決定されています。

181▼

【〔北朝〕明徳】めいとく

①**改元理由**：災異改元
②**改元年月日**：康応《こうおう》二年三月二十六日／西暦一三九〇年四月十二日
③**使用期間**：四年四か月
④**出典**：『礼記』
⑤**勘申者**：藤原（日野）資康（前権大納言）
⑥**天皇**：後小松天皇
⑦**年号を冠する用語等**：明徳の乱

❖南北朝が合一して年号も一つに

明徳改元は、天変地異や兵革を理由とした災異改元です。新年号の案については、事前に義満の希望した「明徳」年号を、その意向を斟酌した後円融天皇が決定したと伝わります。なお、北朝単独の改元は、これが最後となりました。

ところで、明徳三年（一三九二）の閏十月には、南朝の後亀山天皇が、神器を北朝の後小松天皇に譲ったことにより、南北朝時代が終わりを告げることになりました。半世紀以上にわたって続いた南北朝時代は、北朝と南朝で同じ時代に天皇が二人存在したほか、年号も二つある異常事態でしたが、これ以降、年号も明徳に統一されました。

第五章　室町時代の年号

182▼応永～205▼元亀

1394～1573年

182
【応永】おうえい

①**改元理由**：災異改元
②**改元年月日**：明徳《めいとく》五年七月五日／西暦一三九四年八月二日
③**使用期間**：三十三年十か月
④**出典**：『唐会要』
⑤**勘申者**：日野重光
⑥**天皇**：後小松天皇
⑦**年号を冠する用語等**：応永の乱、応永の外寇

❖足利義満が「洪」の字の使用を求める

応永改元は、明徳四年（一三九三）の後円融天皇の崩御による、災異改元として行われました。改元の準備は当初順調に進みましたが、朝廷で挙げられた年号案七案を足利義満に見せたところ、義満は、その中の「興徳」という年号案について、「興」という字を「洪」に改めてほしいと求めています。朝廷から出された年号案の漢字を、別の字に変えるよう求めたのは、大変珍しいことでした。

義満は、当時、中国で明を起こした洪武帝の年号である「洪武」が、二十年以上継続していたことから、その中の「洪」字を日本でも年号に使えないかと考えたのです。この「洪」字は、これまで日本の年号では使われたことがなく、また「洪水」を連想させることから、公家たちの間では、評判の悪い文字でした。結局、改元の儀式においても、否定的な意見が多く出され、新年号は、「洪

徳」ではなく「応永」と決定しました。なお、この時に足利義満は、改元の儀式を見学しています。

❖前近代では最長の年号

「応永」は、三十五年（実質三十三年十か月）も続き、江戸時代以前では、最も長く使用された年号です。近代の年号を含めても、昭和、明治に次ぐ三番目に長い年号になります。前後の時代と比較しても突出して長く利用されていますが、どうして改元がされなかったのかについては、はっきりとしたことはわかっていません。応永年間にも、改元に向けた動き自体は確認できます。たとえば、足利義満が応永十五年の五月に死去したことをきっかけに、改元が準備されているほか、応永十九年と応永三十年にも改元に向けた動きが確認できます。応永十九年と三十年の動きは、一つの年号が長期間にわたって使用されていることも、改元を求める動きの理由となったと思われますが、幕府に拒まれるなどして実現していません。幕府にとって、この「応永」という年号が、足利義満の存在などと結びついて、積極的に改元を行う必要性を感じていなかったとも考えられます。

なお、応永二十六年（一四一九）には、「応永の外寇」と呼ばれる、当時倭寇の根拠地であった対馬が朝鮮に襲撃される事件が発生していますが、改元には至っていません。

183▼

【正長】

しょうちょう

①**改元理由**：代始改元
②**改元年月日**：応永《おうえい》三十五年四月二十七日／西暦一四二八年六月十日
③**使用期間**：一年四か月
④**出典**：『礼記正義』
⑤**勘申者**：唐橋在直
⑥**天皇**：称光天皇
⑦**年号を冠する用語等**：正長の土一揆

❖称光天皇の代始改元だが……

正長改元は、称光天皇の代始改元として行われましたが、即位からすでに十九年が経過しており、直接的な理由ではありません。実際には、幕府から、応永の年号が三十五年も使われており、一つの年号としては長すぎることと、四代将軍足利義持が応永三十五年の一月に死去したことを理由に、朝廷に対して改元が申し入れられています。朝廷では、義持の死去を表立った理由にはできなかったため、即位後十九年が経過していたものの、代始改元が行われていなかった称光天皇の代始改元として行ったものと考えられます。なお、「正長」の年号は、後小松天皇が、複数の案の中から選び、関白や足利義宣（のちの義教）らにも相談して決定されています。

❖土一揆の時代

正長元年（一四二八）一月、六代将軍として足利義教が将軍に就きました。義教の将軍就任当初に、日本史上最初の一揆「正長の土一揆」が発生しています。この一揆は、近江（現・滋賀県）からはじまったもので、人々は京都、奈良の土倉や酒屋を次々と襲いました。徳政一揆が起こったのは幕府の政策に人々が不満を持ったからでしたが、そのきっかけになったのは将軍の「御代始め」でした。御代始めには、新しい時代の到来でもあったため、徳政を期待する声が人々の間にも高まるようになります。その後、正長に続いて「嘉吉《かきつ》」「文安《ぶんあん》」「享徳《きょうとく》」と連年のように京で一揆が起こっています。

足利義教（義満の五男）は「籤《くじ》引き」で将軍に選ばれたことから、「籤引き将軍」としても有名ですが、そのような将軍就任の経緯から、正統性を疑われているのではという猜疑心が強く、徹底した専制政治を敷いて大名を取り締まりました。義教はその後、暗殺されることになりますが、そのような政治情勢のもと、社会不安も日に日に高まり、徳政を求める一揆が、これ以降京都では頻発することになります。

184

【永享】えいきょう

①改元理由：代始改元
②改元年月日：正長《せいちょう》二年九月五日／西暦一四二九年十月三日
③使用期間：十一年五か月
④出典：『後漢書』
⑤勘申者：唐橋在豊
⑥天皇：後花園天皇
⑦年号を冠する用語等：永享の乱

❖幕府と鎌倉府との攻防

永享改元は、正長元年（一四二八）七月に即位した、後花園天皇の代始改元です。即位の翌年に行われており、また朝廷の希望にも沿ったものでしたが、実際には、改元前年に将軍となった足利義教の将軍襲職による改元であったという説もあります。

改元の準備は順調に進みましたが、年号案を選ぶにあたり、後小松天皇が「宝暦」を希望したものの、足利義政が、「宝暦」は、「謀略」につながるとの意見を述べています。最終的には、摂政二条持基などの意見も参考に、新年号は永享と決定し、改元が行われました。

185▼

【嘉吉】かきつ

①**改元理由**：革年改元
②**改元年月日**：永享《えいきょう》十三年二月十七日／西暦一四四一年三月十日
③**使用期間**：三年
④**出典**：『周易』
⑤**勘申者**：東坊城益長
⑥**天皇**：後花園天皇
⑦**年号を冠する用語等**：嘉吉の乱、嘉吉の土一揆

❖義政時代の幕開けだが……

嘉吉改元は、辛酉年による革年改元として行われました。準備も順調に進みましたが、年号案の絞りこみにあたって、朝廷では当初提出されていた「延嘉」「延徳」の両号について、室町幕府の初代将軍足利尊氏が死去したのが延文三年・正平十八年（一三五八）であったことから、憚るべきではないか、という意見があり、年号案を変更しています。

なお、この時、後花園天皇は、改元の儀式を内々に見学しているほか、将軍足利義教も内々に伺候しています。このことから、この改元は、事実上幕府の強い影響下で行われたものと考えられます。

186

【文安】ぶんあん

①**改元理由**：革年改元
②**改元年月日**：嘉吉《かきつ》四年二月五日／西暦一四四四年二月二十三日
③**使用期間**：五年六か月
④**出典**：『晋書』『尚書』
⑤**勘申者**：日野兼郷、唐橋在直
⑥**天皇**：後花園天皇
⑦**年号を冠する用語等**：なし

❖甲子革令による改元

文安は、甲子革令による革年改元として行われました。改元前年の永享三年の年末には、すでに翌年の改元に向けた準備が本格化しており、これらのことからも、先の永享改元に続いて、革年を理由とした改元が、この頃には定着している様子があらためて確認できます。

その後も、改元の準備は順調に進み、永享四年の二月はじめには、年号案が公卿たちの間で回覧され、年号案の絞りこみ作業がはじまっています。なお、この時、この「文安」が、中国南朝・斉の文恵太子の妃の諡号「文安皇后」と同じであるとの意見が出されていますが、結果的には、この文安が採用されています。

187▼

【宝徳】ほうとく

①**改元理由**：災異改元
②**改元年月日**：文安《ぶんあん》六年七月二十八日／西暦一四四九年八月十六日
③**使用期間**：三年
④**出典**：『旧唐書』
⑤**勘申者**：五条為賢
⑥**天皇**：後花園天皇
⑦**年号を冠する用語等**：なし

❖怪異や疫病などの災異が続発

宝徳改元は、怪異や疫病といった変事が続発したことによる災異改元です。先の文安年間には、文安元年（一四四四）閏六月に彗星が出現、翌文安二年には、洪水が発生、さらに文安四年には疫病が大流行するなど、社会不安が高まっていました。さらに、民衆による一揆もこの時期に発生しています。

そのような中で、改元が準備され、「宝徳」と改元されましたが、改元当日には、祇園社や山王社などが「鳴動」する怪異が発生するなど、社会不安に端を発する噂や変事は止まりませんでした。結局、この時には、怪異を鎮めるために、洛中などで大般若経などを読むようにという命令が出されたと伝わります。

188▼

【享徳】きょうとく

①**改元理由**：災異改元など
②**改元年月日**：宝徳《ほうとく》四年七月二十五日／西暦一四五二年八月十日
③**使用期間**：三年
④**出典**：『尚書』
⑤**勘申者**：五条為賢
⑥**天皇**：後花園天皇
⑦**年号を冠する用語等**：享徳の乱

❖三合を理由とした改元

享徳改元は、陰陽道による「三合」の年にあたることと、疫病の流行を理由とした改元です。「三合」とは、陰陽五行説による厄年で、しばしば改元の理由となりましたが、これ以降は、三合を理由とした改元は行われていません。

なお、この享徳は、四年で康正と改元されますが、幕府と対立していた東国では、その改元を認めず、そのまま享徳の年号が続けて用いられました。南北朝時代に、自らが支持する勢力の年号をそれぞれ使ったのと同様に、自身が服していないと考えている勢力からの改元の知らせを無視して、享徳を使い続けました。このことからは、その年号を用いることが、支配に服していることを認めるものだ、という感覚が、当時の人々にあったことを物語ります。

189▼

【康正】こうしょう

①**改元理由**：災異改元
②**改元年月日**：享徳《きょうとく》四年七月二十五日／西暦一四五五年九月六日
③**使用期間**：二年一か月
④**出典**：『史記』『尚書』
⑤**勘申者**：唐橋在治、東坊城益長
⑥**天皇**：後花園天皇
⑦**年号を冠する用語等**：なし

❖戦乱の多発による改元

康正改元は、戦乱などの兵革を理由とした災異改元です。享徳三年（一四五四）には、鎌倉公方の足利成氏が、関東管領の上杉憲忠を殺害したことをきっかけに、関東地方を中心に、室町幕府と鎌倉公方の間での抗争が、以後約三十年にわたって続きました（享徳の乱）。関東地方では、一足早く、この戦乱から、戦国時代がはじまったとも考えられています。

改元は、幕府の要請によって行われ、年号案の中から、後花園天皇の意向として、「康正」が選ばれています。なお、決定した新年号は紙に記された上で、将軍足利義政のもとへ届けられています。幕府に対する丁寧な対応は、当時の朝廷と幕府の関係を物語るものです。

190▼

【長禄】ちょうろく

①**改元理由**：災異改元
②**改元年月日**：康正《こうしょう》三年九月二十八日／西暦一四五七年十月十六日
③**使用期間**：三年三か月
④**出典**：『韓非子』
⑤**勘申者**：高辻継長
⑥**天皇**：後花園天皇
⑦**年号を冠する用語等**：長禄の変

❖神璽が奪還された「長禄の変」

長禄改元は、旱魃《かんばつ》などを理由とする災異改元です。改元に至る経緯などは、資料が少なく、詳細は不明です。

ところで、この長禄年間には、「長禄の変」という事件が起きています。改元直後の十二月、嘉吉の乱で取り潰された赤松氏の遺臣らが、赤松氏の再興のため、嘉吉三年（一四四三）に発生した「禁闕の変」により、後南朝方に持ち去られた三種の神器のうちの一つである神璽を取り返したものです。三種の神器は、皇位の正当性を表す重要な什器ですので、この奪還の成功により、赤松氏は家の再興が許されました。

191▼

【寛正】かんしょう

①改元理由：災異改元
②改元年月日：長禄《ちょうろく》四年十二月二十一日／西暦一四六一年二月一日
③使用期間：五年二か月
④出典：『孔子家語』
⑤勘申者：日野勝光
⑥天皇：後花園天皇
⑦年号を冠する用語等：寛正の飢饉

❖度重なる災害による改元

寛正改元は、うち続く自然災害などによる災異改元です。この時の改元の理由としては、五穀の不熟や日照り、虫害、飢饉などが挙げられていますが、長禄三年から、改元を経た寛正二年の間には、旱魃や台風に加え、各地で頻発した戦争により、全国的な飢饉が深刻化しました。「長禄・寛正の飢饉」とも呼ばれるこの飢饉は、室町時代では最悪の被害をもたらしました。

京都でも、長禄三年には、大雨により鴨川が氾濫し、多くの死者が出たほか、飢饉がピークとなった寛正二年は、飢餓などにより、京都だけでも八万二千人が餓死したとも伝えられています。なお、この時、将軍の足利義政は十分な対策を取らず、花の御所の改築にあたっていたため、人心が離反したともいわれます。

192▼

【文正】

ぶんしょう

①改元理由：代始改元
②改元年月日：寛正《かんしょう》七年二月二十八日／西暦一四六六年三月十四日
③使用期間：一年
④出典：『荀子』
⑤勘申者：広橋綱光
⑥天皇：後土御門天皇
⑦年号を冠する用語等：文正の政変

❖「文正の政変」が糸口となり大乱へ

文正改元は、寛正五年（一四六四）に即位した、後土御門天皇の代始改元です。この後土御門天皇の即位に合わせて行われた大嘗祭の後、江戸時代、東山天皇の貞享四年（一六八七）まで、大嘗祭は中絶することになります。なお、文正改元に至る経緯や、その詳細などは資料が少なく、よくわかっていません。

寛正七年に発生した「文正の政変」では、将軍足利義政の側近であった政所執事の伊勢貞親が、将軍の後継をめぐって義政の弟の義視を追放しようと企て失敗、諸大名らによって追放されました。これにより、幕政に諸大名が介入することとなり、政治が不安定化し、のちの「応仁・文明の乱」へとつながっていくことになります。

193

【応仁】おうにん

①**改元理由**：災異改元
②**改元年月日**：文正《ぶんしょう》二年三月五日／西暦一四六七年四月九日
③**使用期間**：二年二か月
④**出典**：『維城典訓』
⑤**勘申者**：高辻継長
⑥**天皇**：後土御門天皇
⑦**年号を冠する用語等**：応仁・文明の乱

❖足利義政が上卿として年号勘者宣下を行う

応仁改元は、文正元年（一四六六）に発生した「文正の政変」など、うち続く戦乱を理由とする災異改元です。

なお、この応仁改元では、改元勘者の宣下が、将軍家の邸宅である室町第で、将軍足利義政を儀式の責任者である「上卿」として行われています。現任の将軍が上卿となって、勘者宣下を行うのは前代未聞で、改元にも、幕府の強い関与があったことを示唆します。一方、この応仁改元は、戦乱の影響によるものか、他の改元に比べても資料が突出して少なく、改元詔書の文面も伝わらず、儀式の様子や参加者などは不明です。

194▼

【文明】

ぶんめい

①**改元理由**：災異改元
②**改元年月日**：応仁《おうにん》三年四月二十八日／西暦一四六九年六月八日
③**使用期間**：十八年二か月
④**出典**：『周易』
⑤**勘申者**：東坊城長清
⑥**天皇**：後土御門天皇
⑦**年号を冠する用語等**：応仁・文明の乱

❖「応仁・文明の乱」による改元

文明改元は、応仁の乱の発生を理由とした災異改元です。現在は、戦乱の多くがこの文明年間に起きていることから、単に「応仁の乱」ではなく、「応仁・文明の乱」とも呼ばれています。この戦乱は、応仁元年から約十一年にわたって続き、特に京都ではその被害が甚大で、公家の邸宅や大小の寺院などが軒並み焼失し、記録類もその多くが失われました。

なお、この文明改元では、戦乱により多くの公家が京都に不在であったため、改元の仗儀を行わないで改元が可能かどうかや、御所が戦乱で使用できないため、洛外での儀式が可能か、などが、朝廷内で議論されています。また、改元奉行に任命された町広光が、滞在先の近江・坂本から急きょ戻って準備を進めるなど、応仁・文明の乱による混乱が続く中で、改元が行われました。

195

【長享】ちょうきょう

①改元理由：災異改元
②改元年月日：文明《ぶんめい》十九年七月二十日／西暦一四八七年八月九日
③使用期間：二年一か月
④出典：『文選』
⑤勘申者：唐橋在数
⑥天皇：後土御門天皇
⑦年号を冠する用語等：なし

❖火災や戦争などが頻発して改元

長享改元は、うち続く火災や戦乱などを理由とした災異改元です。文明十八年（一四八六）には、伊勢の内宮と外宮の間の争いに端を発した抗争により、外宮が放火され、焼失しました。また、同年には京都周辺で発生した土一揆により、東寺も伽藍などの多くを焼失しています。これらの火災が頻発したことを契機として、改元が発議されたと考えられます。

その後、改元の準備は順調に進められ、年号案が太閤をはじめとする公家らに示されて、それぞれ意見を述べています。なお、この時、年号勘者となっていた日野量光は、当時多くの公家が戦乱を避けて地方に下向していたのと同じく、因幡国（現・島取県）に滞在していたため、勘文を提出できませんでした。当時、このような公家の不在も、朝廷儀式を行う上で大きな不都合となっています。

196▼

【延徳】えんとく

①改元理由：災異改元
②改元年月日：長享《ちょうきょう》三年八月二十一日／西暦一四八九年九月十六日
③使用期間：二年十一か月
④出典：『孟子』
⑤勘申者：高辻長直
⑥天皇：後土御門天皇
⑦年号を冠する用語等：なし

❖将軍の逝去を契機とした改元

延徳改元は、長享三年三月の九代将軍足利義尚の死去を契機とする改元で、前将軍の足利義政によって改元が申し入れられています。なお、改元理由については、表向きに将軍の死去を出すことについて、朝廷内でも議論がなされており、当時の後土御門天皇の不例や、変異などもその理由として検討されています。

なお、この時、新年号候補の絞りこみに時間がかかっており、改元二日前の八月十九日になって、追加で年号勘文の提出が求められるなどしています。また、幕府は、年号案の絞りこみにあたって、足利尊氏が、延文三年・正平十八年（一三五八）に死去したことから、その時の年号にある「延」は憚りがある、と伝えていますが、後土御門天皇の強い意向で「延」の字が入る「延徳」と改元されました。

197▼

【明応】

めいおう

①**改元理由**：災異改元
②**改元年月日**：延徳《えんとく》四年七月十九日／西暦一四九二年八月十二日
③**使用期間**：八年七か月
④**出典**：『文選』『周易』
⑤**勘申者**：唐橋在数
⑥**天皇**：後土御門天皇
⑦**年号を冠する用語等**：明応の政変、明応の大地震

❖年号に「明」字を利用するよう働きかけ

明応改元は、疾病の流行を理由とする改元です。改元が行われた延徳四年には、近畿周辺で深刻な飢饉が発生しており、朝廷では、悪疫の流行を阻止するため、諸国の寺社などに祈禱を命じるなど、対応に迫られていました。このような中で、幕府も改元に同意し、準備が進められましたが、この時、幕府は、新年号に「明」という字を用いるように朝廷側に求めています。

朝廷から挙げられた年号案から選ぶことは、この前後の時代でもよく行われていますが、使用する文字を指定するかたちで年号の文字選定に介入することは珍しく、足利義満が、「洪」の字の利用を求めた時と、状況は似ています。結局、朝廷では「明」が入る年号案が複数準備され、その中から「明応」に決まっていますから、幕府の意向に従った改元であったといえるでしょう。

198▼

【文亀】ぶんき

①**改元理由**：革年改元
②**改元年月日**：明応《めいおう》十年二月二十九日／西暦一五〇一年三月十八日
③**使用期間**：三年
④**出典**：『爾雅』
⑤**勘申者**：東坊城和長
⑥**天皇**：後柏原天皇
⑦**年号を冠する用語等**：なし

❖辛酉革命による改元

文亀改元は、辛酉革命を理由とする革年改元です。改元前年の早い時点ですでに改元に向けた話し合いがはじまっており、当時、辛酉革命を行う方向性は定まっていたものと考えられます。改元の理由としては、明応九年（一五〇〇）に即位した、後柏原天皇の代始改元とするものもありますが、改元の形式は辛酉革命による革年改元として行われています。

改元直前には、天皇から新年号案についての「勅問」が行われています。ここでは、天皇が、公家の中でも摂関家や大臣など一部の人々に、新年号案について意見を求め、勅問を受けた公家たちは、それぞれどの文字が良いなどといった内容の返答をしています。こうして、改元当日の儀式以前に、ある程度年号が絞りこまれたことがわかります。

199▼

【永正】

えいしょう

①**改元理由**：革年改元
②**改元年月日**：文亀《ぶんき》四年二月三十日／西暦一五〇四年三月十六日
③**使用期間**：十七年六か月
④**出典**：『周易緯』
⑤**勘申者**：高辻長直
⑥**天皇**：後柏原天皇
⑦**年号を冠する用語等**：永正の錯乱

❖即位前の改元で議論

永正改元は、甲子革令を理由とする改元です。当時、甲子年を理由とする革年改元は、定着していたと考えられますが、この改元では、即位以前に二回の改元を行うことが良いのかどうか、議論が交わされています。

後で触れますが、当時の天皇であった後柏原天皇は、明応九年（一五〇〇）に践祚したものの、費用調達の難しさなどから、なかなか即位式を挙げることができませんでした。議論の末、改元自体は行われることになりましたが、費用調達の困難は相変わらずで、費用の工面が難しいため、改元を一度延期してはどうか、という議論が起こるほどでした。

200▼

【大永】だいえい

①**改元理由**：災異改元
②**改元年月日**：永正《えいしょう》十八年八月二十三日／西暦一五二一年九月二十三日
③**使用期間**：六年十一か月
④**出典**：『杜氏通典』
⑤**勘申者**：五条為学
⑥**天皇**：後柏原天皇
⑦**年号を冠する用語等**：なし

❖将軍の代始改元を企図する

大永改元は、戦乱などを理由とする災異改元ですが、当時、京都から逃亡を余儀なくされていた足利義稙に代わって、当時政権に強い影響力を持っていた管領の細川高国が新将軍を擁立するために、改元を朝廷に申し入れたとされています。

この頃には、天皇の代始めと同様に、将軍が交代した際には、改元を行うというような意識が武家に存在していたことをうかがわせます。その後、朝廷内では改元に向けた手続きが順調に進み、後柏原天皇自身も年号勘文を見るなどした上で、大永へと改元されました。

❖即位式まで二十二年もかかる

ところで、当時、朝廷では相つぐ戦乱や、公家の地方への逃亡により、本来行われるべき儀式も行えない状態にありました。後柏原天皇は、明応九年（一五〇〇）に践祚しますが、即位式はすぐには行われず、践祚から二十年以上が経過した大永元年（一五二一）にようやく即位式を挙げることができました。永正年間には、何度か即位式の実施が検討されていますが、管領の細川家内での内紛や、伊勢神宮での災害への対処、天皇自身の病気などによってたびたび延期されています。

当時、朝廷では自前の収入源がほとんどなく、幕府や大名からの援助や献金に頼っていました。このため、本来行われるべき年中行事や恒例行事などの実施にも支障をきたすほどでした。また、戦国大名自身も、うち続く戦乱などにより、朝廷へ献金をする余裕がないものも多く、管領の細川政元ですら、「即位式は儀礼にすぎないから、わざわざ行う必要はない」と述べています。

結局、後柏原天皇の即位式は、朝廷儀式からの費用の節約や、幕府、本願寺の献金などを合わせるかたちで行われています。なお、この状況はその後も変わらず、次代の後奈良天皇も、践祚から即位式を挙げるまで、およそ十年かかっています。

201▼

【享禄】きょうろく

①**改元理由**：災異改元
②**改元年月日**：大永《だいえい》八年八月二十日／西暦一五二八年九月三日
③**使用期間**：三年十一か月
④**出典**：『周易』
⑤**勘申者**：東坊城和長
⑥**天皇**：後奈良天皇
⑦**年号を冠する用語等**：なし

❖改元勘文を将軍足利義晴に見せる

享禄改元は、当時頻発していた戦乱などを理由とした災異改元です。改元自体は、近江の坂本に滞在していた将軍足利義晴によって発議され、準備が進められました。途中で触穢を理由に改元の時期は一時延期されますが、その後も順調に進み、改元に至っています。

なお、改元の勘者が提出した改元勘文が、義晴に見せられており、義晴は、その中から「延禄」と「同徳」年号を除くように指示しています。複数の年号案の中から将軍などが年号を選ぶことは、たとえばのちの江戸時代などにも見られますが、改元の勘文から除くように指示している点は、将軍として改元の儀式も含めて関与するという意識の表れとも考えられます。

202▼

【天文】てんぶん

①**改元理由**：災異改元
②**改元年月日**：享禄《きょうろく》五年七月二十九日／西暦一五三二年八月二十九日
③**使用期間**：二十三年三か月
④**出典**：『尚書』
⑤**勘申者**：高辻長雅
⑥**天皇**：後奈良天皇
⑦**年号を冠する用語等**：天文法華の乱

❖使用期間が二十四年に及ぶ年号

天文改元は、当時流行っていた疫病などを理由とする災異改元とされますが、改元の申し入れを行ったのが近江に滞在していた十二代将軍足利義晴であることなど、断片的なことしかわかりません。

なお、この天文年号は、使用期間が二十四年ととても長いのが特徴です。明治時代以降を除くと、応永の三十五年、延暦の二十五年についで三番目に長い年号で、明治以降も入れると六番目になります。天文七年（一五三八）には、朝廷から水害等を理由とした改元が発議されていますが、幕府ではそれほどの差しさわりはないとして、改元が見送られています。

203▼

【弘治】こうじ

①改元理由：災異改元
②改元年月日：天文《てんぶん》二十四年十月二十三日／西暦一五五五年十一月七日
③使用期間：二年四か月
④出典：『北斉書』
⑤勘申者：高辻長雅
⑥天皇：後奈良天皇
⑦年号を冠する用語等：なし

❖戦国時代で使用期間が最短の年号

弘治改元は、災異を理由とする改元ですが、関連する資料が少なく、その経緯などの詳細は不明です。一つの年号の使用期間が二十年を超えると、改元が発議されることが多いため、天文年号が二十四年に及んでいたことも、改元の背景となった可能性もあります。改元の仗儀では、年号案が七案出され、その中から弘治が選ばれましたが、その議論は明け方まで続く長いものでした。

なお、この時には、改元の費用を朝廷自身で負担しています。当時、財政が窮乏していた朝廷では、さまざまな儀式を行う際に、費用の調達ができず、有力な戦国大名などからの献金に頼っていました。今回は自ら費用を捻出していることから、朝廷の改元への強い意欲を感じることができます。

204▼

【永禄】

えいろく

①改元理由：代始改元
②改元年月日：弘治《こうじ》四年二月二十八日／西暦一五五八年三月十八日
③使用期間：十二年二か月
④出典：『群書治要』
⑤勘申者：高辻長雅
⑥天皇：正親町天皇
⑦年号を冠する用語等：なし

❖遠方にいた将軍にはすぐ改元が伝わらず

永禄改元は、弘治三年（一五五七）に即位した正親町《おおぎまち》天皇の代始改元です。戦国時代の天皇では、たとえば後奈良天皇は、践祚後、即位式をすぐに行えず、十年後にようやく実施するなどしていますが、代始めの改元については、どの天皇も行われており、当時は実施することは既定路線であったと考えられます。

一方、この当時、室町幕府十三代将軍足利義輝は朽木に滞在しており、改元後二か月が経っても新年号が伝わらず、弘治年号を使用し続けていたといいます。また、永禄年間には、平安時代以降恒例となっていた辛酉・甲子年の革年改元が行われませんでした。

205

【元亀】げんき

①**改元理由**：災異改元
②**改元年月日**：永禄《えいろく》十三年四月二十三日／西暦一五七〇年五月二十七日
③**使用期間**：三年三か月
④**出典**：『毛詩』『文選』
⑤**勘申者**：高辻長雅
⑥**天皇**：正親町天皇
⑦**年号を冠する用語等**：なし

❖足利義昭の事実上の「代始改元」

元亀改元は、災異改元とされますが、事実上は、足利義昭の将軍襲職による「代始改元」と考えられます。永禄十一年（一五六八）九月、足利義昭が、織田信長らに奉じられて京都へ入り、その後、朝廷から征夷大将軍に任じられ、室町幕府十五代将軍に正式に就任しました。この年には、すでに朝廷側に改元が申し入れられており、将軍就任を契機とした改元が企図されていたことが推測できます。しかし、朝廷では準備に時間がないことや、改元の儀式を担当する公家が京都にいないことなどを挙げて、改元に消極的な姿勢を崩していません。

その後も改元の役者は決まるものの、具体的な準備は進まず、結局永禄十三年（一五七〇）に再び幕府から改元の申し入れがあり、その際には改元費用も確保されたことから、最終的に改元へと至っています。

戦国、江戸時代の年号概説

戦国時代の年号の特徴

応仁の乱以降の戦国時代には、改元を従来通り行うことが難しくなるようになります。その理由としては、朝廷の経済基盤の弱体化と、公家の京都からの脱出を挙げることができます。相つぐ戦乱により、朝廷では所有する領地からの年貢が滞り、また幕府からの支援が行われないこともたびたびであったため、改元を含む儀式を行うことが難しい状況にありました。さらに、その中で改元の際に新年号案を挙げる勘者は、菅原家など、漢籍に通じた学者が必要でしたが、これらの人々の一部は、戦乱を避けて京都を離れ、地方に下向していました。このような事情により、戦国時代には、改元を行う意欲はあっても、実現しないことも多くありました。それは、たとえば文明、永正、永禄といった十五年を超える使用期間の年号がたて続けに表れていることや、平安時代以降継続して行われてきた、辛酉・甲子年の革年改元が中断したことにも表れています。

一方、年号の選定経過では、応仁の乱以前の幕府の強い介入とは異なるものの、一定程度の関与は続いています。十五代将軍足利義昭は、改元をなかなか行おうとしない朝廷に対して、何度も催促して、費用も工面し、改元を行わせています。

また、室町幕府を滅ぼして登場する、織田信長、豊臣秀吉の二人の天下人も改元には積極的に関わっています。織田信長は、天下人となる以前から、年号に関心を持っており、足利義昭が改元させた元亀年号が不吉であるとたびたび進言し、それが容れられなかったこともあり、義昭の追放後直ちに年号を天正と改元させています。豊臣秀吉も、本能寺の変で織田信長が倒れ、天下人となった直後には改元をしていませんが、自らが建設していた伏見城が大きな被害を受けた慶長伏見地震を受けた改元では、改元定の出席者の人選にも介入し、年号案の決定も内々に行っています。このような天下人の改元への関わり方は、その次の江戸時代に、徳川家康が禁中並公家諸法度を制定し、改元に介入する前提となったものと考えられます。

ところで、戦国時代の年号の特徴の一つに、「私年号」の発生が挙げられます。「私年号」とは、公的に定められた年号以外に、特定の地域や集団などに限定されて使われる年号のことで、戦乱の時代や社会が不安定化した時に、しばしば見られました。戦国時代の東国、特に関東にその例が多く、「福徳」「弥勒」といった、良い世の中が来るように願うような文字の使用も見受けられます。当時、関東地方には幕府による支配が十分に及ばなかったことや、改元の伝達経路の不備など、私年号発生にはさまざまな背景が考えられますが、京都からは同じように遠方の九州や東北などでの使用例が少ないことから、関東地方で特に私年号発生の土壌があったことは指摘できるでしょう。

江戸時代の年号の特徴

❖幕府は「禁中並公家諸法度」で改元を規定

江戸時代の改元の大きな特徴としては、改元を「法度」により法制度として位置付けたことが挙げられるでしょう。これまでは、朝廷での儀式として行われ、しばしば武家の干渉も受けましたが、改元をどのように行うかについて、規定が設けられることはありませんでした。

これに対して、江戸幕府は、大坂夏の陣で豊臣氏を滅亡させた直後に、天皇・朝廷を規制する「禁中並公家諸法度」を定め、その中の第八条で、改元について規定を設けています。その内容は、「改元は、中国年号のうち、吉例により定めること」というもので、但し書きで、「改元の儀礼に熟したならば、もともとの作法で行うこと」とも記しています。

ここでは、年号の選定経過についての具体的な記載はありませんが、年号案について、中国年号から吉例によって選ぶという明確な指針が示されています。これは、当時中国年号による改元を準備していた家康の強い意向が働いていると考えられますが、同時に、法度に年号を規定することで、年号の選定過程に幕府が関与することの根拠にもなりました。この規定のうち、中国年号を用いるという部分は次の寛永改元からは有名無実化し、但し書きによる改元手続きの運用が進みますが、幕府の改元への関与は、その強弱はあるものの、幕末まで維持されました。

幕府が改元に関与することとしたのは、年号の決定は朝廷の儀式によって行われるものの、その影響が国中に行きわたるものである点も考慮されたことでしょう。年号は、当然のことですが暦をはじめとして、日々の手紙や、石碑、過去帳に至るまで、あらゆるところで、それも天皇から将軍、庶民に至るまで、皆が用いるものです。このため、改元が朝廷において独自に行われれば、朝廷の行為が人々の生活に直接影響を与える可能性がありました。もちろん、江戸幕府の支配下においては、そのような行為は容易なものではありませんでしたが、可能性としては存在していたわけで、これを幕府としては懸念したのでしょう。類似の機能をもつものに、暦があり、暦ももともとは朝廷がそれを決定する権限を持っていましたが、改元ほど頻繁に暦の変更は行われていませんし、江戸時代には、幕府の天文方が、朝廷よりも正確に暦の計算を行うようになり、実質的な権限が奪われています。また、大名などへの官職や僧侶などに特別な権限を与えることも、朝廷の役割でしたが、これは武家や僧侶など一部の人々に限られ、庶民に直接影響を与えるものではありません。

❖江戸時代の改元方法と改元理由

江戸時代に行われた改元は、原則として朝廷か幕府が発議して行われましたが、すべての改元において、朝廷単独ではなく、幕府に事前に了解を得て改元の儀式が行われています。その幕府の関与の度合いは時代によって異なり、特に江戸時代中期頃には干渉が強まり、幕末になると、弱まっています。幕府では、基本的に朝廷から出された年号案の中から一つを選び、それを朝廷に返答します。朝廷では、改元定の儀式の中で、年号の良し悪しを公家らによって議論する「難陳」が行われますが、難陳は事前に準備され、完全に儀式化しており、幕府が内々に伝えてきた年号に決定しています。また、幕府は改元日についても、事前に伝達されており、幕府で不都合がある場合は、改元日の変更も行わせています。改元日については、幕府では特に朝鮮通信使の来朝時に神経質になっており、江戸時代に二度、通信使の来朝中であることを理由として、改元が延期されています。ただし、室町幕府が一時期朝廷に対して求めたような、特定の文字を使用する、もしくは使用するな、というようなかたちでの介入は行われなかったものと思われます。出された案の中で良い年号案がなかった場合は、幕府から指定するのではなく、再度朝廷に年号案の勘申をやり直させています。

江戸時代の改元の理由については、従来と異なる点に、江戸での災害による改元が挙げられます。これまで、自然災害や火災、凶事などを理由とした災異改元は、そのほとんどが京都かその周辺で発生したものがその理由となっていましたが、江戸時代では万治改元が、江戸での明暦の大火を直接のきっかけにするなど、江戸での災害も、その改元理由に加えられています。また、将軍の代替わりや将軍の死去をきっかけとする改元と考えられる事例も複数ありますが、その場合は、表向きは別の理由で改元を行うかたちをとっています。一方、天皇の代替わりによる代始改元は、江戸時代前期には定着しませんが、中期以降には、基本的に践祚翌年に行われることで定着します。また、戦国時代に途絶えた辛酉・甲子年の革年改元も、江戸時代前期にいずれも復活し、幕末まで継続しています。

❖改元に影響する流言

ところで、幕府や朝廷は、年号に対する噂にも神経を尖らせていました。江戸時代前期の京都では、しばしば年号に関する噂が立っていたようで、正保は「焼亡」に通じるとか、元年をつければ

「正保元年」となり、「正に保元の年」と読めて不吉だ、などの噂が記録されています。江戸時代前期には、まだ江戸幕府の支配が確立していない時期ですから、政治的な不満が年号への不満となって表れているとして、幕府でもその対応を迫られたとも考えられます。事実、慶安改元や承応改元など、幕府側からの申し入れであったものの、改元理由が明らかでないものには、このような噂が影響した可能性も捨てきれません。一方、江戸時代後期以降になると、江戸でも、年号を詠んだ狂歌などがたびたびつくられ、その中には政治や社会に対する不満を読みこんだものもありました。このような人々の年号に対する率直な思いは、間接的ながら、改元にも影響したものと考えられます。

このように、江戸時代には、年号が法度に規定され、幕府の強い影響のもとで、改元が行われました。その一方で、江戸での災害や人々の噂など、年号を受容する人々の思いも、さまざまなかたちで改元を行う背景となったのです。

第六章　戦国時代の年号

206▼天正～208▼慶長

1573～1615年

206▼

【天正】てんしょう

①改元理由：災異改元
②改元年月日：元亀《げんき》四年七月二十八日／西暦一五七三年八月二十五日
③使用期間：十九年四か月
④出典：『文選』『老子経』
⑤勘申者：高辻長雅
⑥天皇：正親町天皇
⑦年号を冠する用語等：天正遣欧使節、天正地震

❖室町幕府を滅ぼした織田信長の要請による改元

天正改元は、相つぐ戦乱などを理由とした災異改元ですが、改元のあった元亀四年（一五七三）に足利義昭が織田信長によって京都から追放され、室町幕府が滅亡したことが、改元の直接のきっかけです。信長は、義昭を追放する前から、「元亀」という年号は不吉であるのに、義昭が改元を行わないことを強く非難していました。実際に、元亀年間には、朝廷でも改元の準備が進められましたが、義昭が改元費用を出さなかったことにより、中止になっています。

これらへの不満もあり、信長は、義昭を京都から追放し、宇治の槙島城で七月十八日に降伏させるとすぐに、朝廷に対して改元を申し入れています。通常、改元には年号案の選定や儀式の準備などで、数か月かかるものですが、沙汰やみとなった改元で使われていた年号勘文を再利用するなど

して、異例の速さで準備が進められました。これは、信長が改元に強い意欲を示し、早急に改元するよう指示したためと考えられます。

実際、信長の申し入れからわずか一週間ほどの七月二十八日には、早くも天正に改元が行われました。年号の「天正」も、いくつかの候補の中から信長が選んだもので、改元が終了すると、改元を伝える朝廷の使者が、信長のもとを訪れています。なお、この「天正」年号は、すでに前の「元亀」改元の時には、年号案としてすでに登場していました。ですから、信長が選んだものではありますが、信長が自ら考案した年号というわけではありません。

なお、この天正という年号は、当時から織田信長と結び付けて考えられていたようで、天正十年（一五八二）に本能寺の変で信長が倒れた後、豊臣秀吉は、信長を供養する菩提寺として、新たに「天正寺」という寺の建立を計画し、時の正親町天皇が、「天正寺」という寺号を決めています。結果としては、この「天正寺」は建立されませんでしたが、「天正」の年号と信長を結び付ける興味深いエピソードです。

207▼

【文禄】ぶんろく

①**改元理由**：代始改元

②**改元年月日**：天正《てんしょう》二十年十二月八日／西暦一五九三年一月十日

③**使用期間**：三年十一か月

④**出典**：『杜氏通典』

⑤**勘申者**：東坊城盛長

⑥**天皇**：後陽成天皇

⑦**年号を冠する用語等**：文禄・慶長の役

❖豊臣秀次の改元への関与

文禄改元は、後陽成天皇の即位による代始改元ですが、即位してから六年がすぎており、直接のきっかけとは考えられません。改元前年の天正十九年（一五九一）には、豊臣秀吉の甥にあたる豊臣秀次が、秀吉を継いで関白に任じられています。このことから、実際には、秀次が関白となり、新しい政治体制となったことをきっかけとした改元と考えられます。

秀吉が、この改元にどのように関わったのかは不明ですが、一方、関白の秀次は、朝廷の中でも要職に就く摂家の人々と同様に、天皇から新年号案の諮問を受けています。この時には、いくつかの年号案が示されましたが、秀次は「自分はあまり学がないので、公卿たちの議論に任せます」と、具体的な年号を挙げることを辞退しています。

208▼

【慶長】

けいちょう

①**改元理由**：災異改元

②**改元年月日**：文禄《ぶんろく》五年十月二十七日／西暦一五九六年十二月十六日

③**使用期間**：十八年九か月

④**出典**：『毛詩注疏』

⑤**勘申者**：五条為経

⑥**天皇**：後陽成天皇

⑦**年号を冠する用語等**：慶長伏見地震、文禄・慶長の役、慶長金銀、慶長版

❖京都を襲った地震による改元

「慶長」改元は、文禄五年閏七月十三日に発生した「慶長伏見地震」を理由とする災異改元です。この地震は、京都周辺を襲った直下型地震で、秀吉が建設中であった、完成間近の伏見城の天守が崩壊し多数が死傷したほか、御所や東寺、仁和寺をはじめ、京都を中心に関西一円で大きな被害が出ました。地震の後も、余震が相ついだため、急ぎ朝廷では改元の準備をはじめています。

改元の儀式の時には、年号の良し悪しを議論する「難陳」が行われますが、今回はこの「慶長」年号だけは、難陳が行われていません。このことから、秀吉の意向に基づき「慶長」と決定されたと考えられます。なお、この「慶長」は、よく「けいちょう」と読まれますが、当時の女官の日記には「きやうちやう（きょうちょう）」と記されています。

歴代天皇宸筆

（上皇も含む。出典：『宸翰英華』〈図版編・解説編・別篇北朝〉）

建仁（後鳥羽）

徳治（後宇多）

元亨（後伏見）

天平（聖武）

弘仁（嵯峨）

延喜（醍醐）

暦仁（後鳥羽）

延慶（伏見）

元徳（花園）

天平感宝（聖武）

長久（後朱雀）

文永（伏見）

応長（後伏見）

元弘（後醍醐）

天平勝宝（孝謙）

元暦（後白河）

永仁（伏見）

正和（後宇多）

建武（後醍醐）

天平宝字（淳仁）

延元［南朝］（光厳）
暦応［南朝］（崇光）
延文［北朝］（崇光）
永徳［北朝］（崇光）
応永（後亀山）
文亀（後柏原）

興国［南朝］（後村上）
康永［北朝］（光厳）
貞治［北朝］（崇光）
至徳［北朝］（崇光）
永享（後花園）
永正（後柏原）

正平［南朝］（後村上）
貞和［北朝］（光明）
応安［北朝］（崇光）
康応［北朝］（後円融）
宝徳（後花園）
大永（後柏原）

元中［南朝］（長慶）
観応［北朝］（崇光）
永和［北朝］（崇光）
明徳［北朝］（崇光）
明応（後土御門）
天文（後奈良）

永禄（正親町）

寛永（後水尾）

貞享（霊元）

元文（桜町）

天明（光格）

文政（仁孝）

元亀（正親町）

寛文（明正）

元禄（霊元）

延享（桜町）

寛政（光格）

天保（仁孝）

天正（正親町）

延宝（後西）

宝永（東山）

宝暦（桃園）

享和（光格）

弘化（孝明）

慶長（後陽成）

天和（後西）

享保（中御門）

明和（後桜町）

文化（光格）

安政（孝明）

第七章 江戸時代の年号

209▼元和～243▼慶応

1615～1868年

209▼

【元和】げんな

①改元理由：代始改元
②改元年月日：慶長《けいちょう》二十年七月十三日／西暦一六一五年九月五日
③使用期間：八年八か月
④出典：唐憲宗年号
⑤勘申者：五条為経
⑥天皇：後水尾天皇
⑦年号を冠する用語等：元和偃武、元和大殉教

❖江戸時代の本格的な幕開けを告げる改元

元和改元は、後水尾天皇の即位による代始改元として行われました。しかし、即位した慶長十六年（一六一一）からは四年が経過しているため、実際には即位がきっかけではなく、慶長十九年から二十年にかけての大坂冬の陣・夏の陣で、徳川家康が大坂城に立て籠もっていた豊臣秀頼を自害に追いこみ、豊臣氏を滅ぼしたことが、直接の改元のきっかけと考えられます。

改元の申し入れは、大坂夏の陣が終結した直後の慶長二十年五月に、家康から朝廷に対して行われ、急ぎ準備が進められました。家康は、戦乱を終結させ、新しい時代が来たことを象徴的に示すために改元を希望したと考えられますが、似たような例としては、足利義昭を追放した織田信長が改元を申し入れた天正改元が挙げられます。

❖中国の年号から採用した「元和」

元和改元で採用された「元和」という年号には、これまで見られたような出典がありません。年号案を書いた「年号勘文」と呼ばれる書類にも、「元和」と案を記した後に、通常は出典元の書籍の名前と引用文が記されますが、「唐憲宗年号」としか記されていません。一方で、同じく提出された他の年号案には、出典が記されています。

これは、元和改元と前後して出され、江戸時代の朝廷と幕府の間の関係の基本法令となった、「禁中並公家諸法度」の第八条に、「年号は漢朝（中国）の年号の中から選ぶこと」という規定が設けられたことによるものです。中国で使われた年号が、出典が明示されずにそのまま日本でも年号として用いられた例としては、後醍醐天皇の「建武」がありますが、家康は、すでに大坂夏の陣以前から、新年号を中国年号から用いるという方向で、家康のブレーンであった金地《こんち》院崇伝《いんすうでん》らに、その準備をさせています。複数挙げられた案の中で、「元和」のみ出典が記されなかったことは、改元の儀式の前に、おそらくは家康の意向によって、新年号は「元和」にすると事実上内定していたことを示唆します。

豊臣氏を滅ぼし、新しい時代の幕開けを宣言した新年号「元和」には、新しい国をこれからつくっていく、という家康の思いがこめられているのかもしれません。

210▼

【寛永】

かんえい

①**改元理由**：革年改元
②**改元年月日**：元和《げんな》十年二月三十日／西暦一六二四年四月十七日
③**使用期間**：二十年十か月
④**出典**：『毛詩朱氏注』
⑤**勘申者**：東坊城長維
⑥**天皇**：後水尾天皇
⑦**年号を冠する用語等**：寛永寺、寛永通宝

❖革年改元の復活

寛永改元は、百二十年ぶりの、甲子革命による革年改元を理由とした改元でした。平安時代以降、辛酉・甲子年の革年改元は、毎回行われてきましたが、戦国時代の永禄年間にあった辛酉・甲子年には、朝廷の準備不足などにより、改元は行われませんでした。元和七年（一六二一）は、辛酉年でしたが、改元には至っていません。「禁中並公家諸法度」が定められて以降、事実上最初の改元ということもあり、朝廷と幕府、いずれも改元に慎重になっていたのだと思われます。

ところで、この寛永改元は、表向きには甲子年による革年改元とされますが、実際には、改元直前に徳川家光が将軍に就任していることから、それを祝う目的もあったのではないかと考えられています。

❖朝廷と幕府との関係

この「寛永」年号は、元和の時のような中国年号として選ばれたのではなく、また出典も示されています。「禁中並公家諸法度」では、中国年号から選ぶことが定められていましたが、その但し書きとして、「朝廷で十分に準備をすることができたならば、日本で行われてきたやり方で行うこと」とも定められていました。寛永改元は、この但し書きにしたがって、年号の案にもこれまでと同じく出典を明示するなど、日本で行われてきた形式にのっとった改元が行われました。

寛永の改元では、事前に朝廷と幕府の間で十分に相談の上、準備が進められましたが、この頃の朝廷と幕府の関係はあまり良いものでありませんでした。改元後の寛永四年（一六二七）には、高徳の僧侶に対して、天皇が特別に「紫衣《しえ》」という袈裟の着用を許可したものを、幕府が剝奪するという「紫衣事件」が起きています。これは、「禁中並公家諸法度」で、みだりに紫衣を勅許しないように、と定められていたものでしたが、この幕府の対応に後水尾天皇は不満を持ったとされ、その後、幕府とも相談をせずに、急に皇女の興子《おきこ》内親王（明正天皇）に譲位を行うなど、朝幕関係は大いに冷えこみました。なお、女性天皇（女帝）の誕生は、奈良時代の称徳天皇以来、実に八百五十年ぶりのことでした。

211▼

【正保】しょうほう

①改元理由：代始改元
②改元年月日：寛永《かんえい》二十一年十二月十六日／西暦一六四五年一月十三日
③使用期間：三年二か月
④出典：『尚書正義』
⑤勘申者：東坊城知長
⑥天皇：後光明天皇
⑦年号を冠する用語等：正保国絵図

❖一年号が三代にわたるとの意見が

正保改元は、改元前年の寛永二十年（一六四三）に即位した、後光明天皇の即位による代始改元です。しかし、『改元物語』という記録には、「一つの年号が、三天皇の時代にまたがる例がない」という理由で改元になったという、別の話が記されています。

これは、寛永の年号が、後水尾天皇、明正天皇、後光明天皇の三代にわたって続いていることを指摘したものです。先代の明正天皇の時には、即位に伴う改元が行われませんでしたから、この頃、朝廷でも改元への機運が高まっていた、と考えることもできるでしょう。一方、幕府側でも、寛永十九年前後に全国的に猛威をふるった「寛永の飢饉」への対応に苦慮していたことなどから、そのような改元を求める朝廷と幕府の思惑が一致して、改元に至ったものと考えられます。

❖将軍家光も納得の「正保」

ところで、朝廷では、先の寛永改元の例にしたがって、事前に年号案を複数用意し、幕府に示しました。この時、幕府では、将軍の前で朝廷から送られてきた案が読み上げられ、それについて徳川家光は、「年号は、天下の皆が使うものなので、武家が定めることは当たり前である。武家と公家の間の政治は、正しいことに越したことはない。正しいうえに、それを保つことができれば大吉である」（意訳、『改元物語』による）と述べています。その上で家光は、示されたいくつかの候補の中から正保を選び、その連絡を受けた朝廷でも、幕府が選んだ正保を、そのまま採用することになりました。

改元の儀礼は、朝廷で行われ、改元を命じる改元詔書もつくられましたが、実際に全国に改元を伝えるのは幕府の役割でした。また、年号の案は、朝廷で菅原氏の一族によって準備がされるものの、朝廷独自で決めることはせず、幕府に事前にうかがいを立てて、その希望通りの年号で改元を行っています。このため、家光が述べているように、幕府は、儀式は朝廷で行うものの、実際には自分たちが年号を定めていると、考えていたのでしょう。そして、このような事前に朝廷と幕府の間で改元をめぐり方針や意見をすり合わせるやり方は、この正保改元の頃には定着し、基本的には幕末までこの方法で準備が進められることになります。

212▼

【慶安】けいあん

①**改元理由**：不明（御慎）
②**改元年月日**：正保《しょうほう》五年二月十五日／西暦一六四八年四月七日
③**使用期間**：四年七か月
④**出典**：『周易』
⑤**勘申者**：五条為適
⑥**天皇**：後光明天皇
⑦**年号を冠する用語等**：慶安の御触書、慶安事件

❖「正保」をめぐる悪い噂

この慶安改元の理由ははっきりとせず、記録には「御慎」とあります。誰の何に対しての「御慎」なのか、朝廷と幕府、どちらから改元を申し入れたのかも現時点ではわかっていません。ただし、この「慶安」の前の「正保」という年号について、京都では悪い噂が立っていたようで、正保は火災を連想する「焼亡」と音の響きが似ているとか、「保」という漢字を分解すると「人」「口」「木」となって、人が木を口にする、つまり飢饉が起こるのではないか、などとの噂で満ちあふれていたと伝わります（『改元物語』）。

京都でのこれらの噂の背景には、江戸幕府に対する公家社会や京都の人々の不満があったと考えられますが、このような噂も一因となって、改元へとつながったのかもしれません。

213▼

【承応】じょうおう

①**改元理由**：不明（御慎）
②**改元年月日**：慶安《けいあん》五年九月十八日／西暦一六五二年十月二十日
③**使用期間**：二年七か月
④**出典**：『晋書』
⑤**勘申者**：東坊城知長
⑥**天皇**：後光明天皇
⑦**年号を冠する用語等**：承応事件

❖将軍の代替わりによる改元か

承応改元も、改元の理由がはっきりとしない改元です。幕府が改元を申し入れたものの、朝廷にその理由を明らかにしなかったようで、困惑した朝廷も、改元の理由を前回と同じく「御慎」として、改元の準備に取りかかっています。

実のところ、改元の前年には、三代将軍徳川家光が没し、家綱が将軍を継いだことから、幕府は表向きにはしなかったものの、将軍の代替わりを理由に改元を求めたのではないか、考えられています。天皇の代替わりによる改元は、これまでもたびたび行われましたが、寛永改元も家光の将軍襲職と関係があるともされることから、この時期の幕府には、将軍が代替わりした時にも、改元を行うという考えがあったのではないかと考えられています。

214▼

【明暦】めいれき

①改元理由：代始改元
②改元年月日：承応《じょうおう》四年四月十三日／西暦一六五五年五月十八日
③使用期間：三年三か月
④出典：『漢書』『後漢書』
⑤勘申者：五条為庸
⑥天皇：後西天皇
⑦年号を冠する用語等：明暦の大火

❖「中継ぎ」後西天皇の代始改元

明暦改元は、後西天皇の即位による代始改元です。後光明天皇は、数え年二十二歳の若さで突然崩御したため、天皇の養子になっていた弟の識仁親王（のちの霊元天皇）が成長するまでの「中継ぎ」として、急きょ天皇の弟である良仁親王（後西天皇）が即位しました。

後西天皇は、代始めに行われた「明暦」改元から、この「明暦」が自分自身の年号であるという意識を強く持っていたようで、自身の蔵書印にこの「明暦」という文字を使っています。天皇が、自らの蔵書印に年号を使う例は、他にのちの東山天皇の「元禄」、桜町天皇の「延享」がありますが、江戸時代で年号を自らの蔵書印に使ったのは、この後西天皇がはじめてです。

215▼

【万治】まんじ

①**改元理由**：災異改元
②**改元年月日**：明暦《めいれき》四年七月二十三日／西暦一六五八年八月二十一日
③**使用期間**：二年九か月
④**出典**：『史記』
⑤**勘申者**：高辻豊長
⑥**天皇**：後西天皇
⑦**年号を冠する用語等**：なし

❖「明暦の大火」による改元

万治改元は、明暦三年（一六五七）一月十八日に江戸で発生した明暦の大火を理由とする災異改元です。江戸を焼き尽くした大火の被害が甚大であったため、幕府から改元が申し入れられましたが、京都以外の地に起きた災害を理由とした改元は、江戸時代ではこれがはじめてでした。これ以降は、しばしば江戸での災害も改元の理由に加えられています。

なお、この「明暦」という年号については、大火が発生したことも受けて、「明暦」の文字の中に、「日」や「月」が合わせて三つもあり、輝きすぎたから火事が起こったのだ、などという噂も立っています（『改元物語』）。

❖江戸の町を一変させた大火

万治改元の理由となった明暦の大火とは、どのような大火だったのでしょうか。本郷の本妙寺から出火し、一気に燃え広がった火事は、発生の状況から、別名「振袖火事」とも呼ばれ、二日間にわたって猛威をふるい、十万人が死亡したともいわれています。翌日には小石川や麴町からも新たに出火し、被害が拡大したことから、一部は放火であったとする説もあります。

この火災によって、江戸城は天守や本丸以下大部分が焼失し、大名屋敷もその多くが焼失しました。幕府の儒者であった林家の大量の蔵書も焼失し、その失意の中、林羅山は四日後に亡くなっています。町人地や寺社への被害も甚大で、家康による江戸開府以来の町並みも、そのほとんどが大火により失われました。

この火災を受け、幕府では江戸城下の大改造に取りかかります。それまで江戸城内にあった、御三家の屋敷を城外へ移したほか、大名屋敷の移転や新たな橋の建設、また広小路の設置など、大火が起きても被害を抑えることができる町並みへと、江戸はその姿を大きく変貌させることになりました。なお、この時焼失した江戸城の天守は、それ以降は再建されませんでした。

216▼

【寛文】かんぶん

①**改元理由**：災異改元
②**改元年月日**：万治《まんじ》四年四月二十五日／西暦一六六一年五月二十三日
③**使用期間**：十二年五か月
④**出典**：『荀子』
⑤**勘申者**：五条為庸
⑥**天皇**：後西天皇
⑦**年号を冠する用語等**：寛文印知

❖京都御所の焼失による災異改元

寛文改元は、万治四年（一六六一）一月十五日に京都で発生した大火を理由とする災異改元です。江戸時代に入って以降、京都での災害を直接の理由とした改元ははじめてでしたが、この大火では、特に朝廷の被害が大きく、京都御所（内裏）や法皇御所（後水尾院）、女院御所（東福門院）、新院御所（明正院）に加え、百を超える公家屋敷が被災しました。

改元は、朝廷から幕府に対して提起され、幕府でも「先の万治の改元は、江戸の火事によって改元を行ったが、今回は京都御所（内裏）の炎上によって改元を行いたいという天皇の意向であれば、幕府からとやかく申し上げることではない」（『改元物語』）として、速やかに改元に至りました。

217▼

【延宝】えんぽう

①**改元理由**：災異改元
②**改元年月日**：寛文《かんぶん》十三年九月二十一日／西暦一六七三年十月三十日
③**使用期間**：八年
④**出典**：『隋書』
⑤**勘申者**：五条為庸
⑥**天皇**：霊元天皇
⑦**年号を冠する用語等**：延宝房総沖地震

❖再び京都大火による改元

延宝改元は、京都での大火や災害の頻発を理由とした災異改元として行われました。先の寛文改元も、京都での大火がその理由の一つでしたが、前回の火災から十数年しか経っていない寛文十三年（一六七三）五月八日、関白の鷹司房輔邸から発生した火災は再びの大火となり、御所を含む上京一帯を焼き尽くしました。

この大火に加え、ほぼ同時期には西日本を中心に集中豪雨も発生しており、これら災害が頻発したことを理由として、改元が準備されました。同年七月には早くも準備が本格化し、九月には改元が実施されています。

❖行われなかった霊元天皇の代始改元

ところで、この頃の天皇の代始改元について少し考えてみましょう。後西天皇の後を継いだ霊元天皇は、寛文三年（一六六三）に即位しましたが、代始めを理由とする改元は長く行われませんでした。江戸時代はじめの後水尾天皇の代始改元は、即位から四年が経過してようやく行われたほか、明正天皇の代始改元は行われていません。一方、後光明天皇や後西天皇の代始改元は、即位翌年にはそれぞれ行われています。

このように、天皇の代始めを理由とした改元は、この当時まだ確立していませんでした。一方、表向きの理由とはなっていないものの、将軍の代替わりの際には、改元が行われていることから、当時、幕府は天皇の代始めの改元には消極的であったという説もあります。

実際、霊元天皇の代始改元が行われていないことについて、当時の記録には「寛文三年に、今の天皇（霊元天皇）が即位され、代始めの改元を行いたいという意向が幕府に示されたという。しかし、結果として代始めの改元が行われなかったのは、幕府でそれを許可しなかったからだ」（『改元物語』）とも記されています。ここに記されていることが、すべて事実かどうかはわかりませんが、朝廷で希望した改元であったとしても、その理由によっては幕府に拒否されることがあるなど、朝廷の一存で改元を決定することが難しかった様子がわかります。

218▼

【天和】てんな

①**改元理由**：革年改元
②**改元年月日**：延宝《えんぽう》九年九月二十九日／西暦一六八一年十一月九日
③**使用期間**：二年五か月
④**出典**：『後漢書』
⑤**勘申者**：唐橋在庸
⑥**天皇**：霊元天皇
⑦**年号を冠する用語等**：なし

❖百八十年ぶりの辛酉革命による改元

天和改元は、辛酉年であることを理由とする革年改元です。先に触れたように、平安時代以降続いてきた辛酉年と甲子年の革年改元は、戦乱により戦国時代の永禄年間には中断していました。今回は、豊臣氏が大坂の陣で滅亡してからすでに半世紀以上が経過し、社会や朝廷と幕府の関係も比較的安定していたため、この辛酉革命による革年改元が復活したものと考えられます。直近の辛酉革命による革年改元は、文亀改元（一五〇一）ですので、百八十年ぶりの辛酉改元となりました。

なお、この時の朝廷と幕府の間で改元に向けた交渉が行われていますが、時の霊元天皇は、「天明」年号が良いと考えていたものの、幕府の返事が「天和」で、その通りに改元が行われたことから、天皇は「不快な気分になっていた」との風聞が、当時の公家の記録に記されています。

２１９▼

【貞享】じょうきょう

①**改元理由**：革年改元
②**改元年月日**：天和《てんな》四年二月二十一日／西暦一六八四年四月五日
③**使用期間**：四年七か月
④**出典**：『周易』
⑤**勘申者**：東坊城恒長
⑥**天皇**：霊元天皇
⑦**年号を冠する用語等**：貞享暦、貞享騒動

❖幕府、年号案の再提出を求める

天和改元は、江戸時代に入って二回目の甲子年を理由とする革年改元です。ところで、この時には、朝廷と幕府の交渉の中で、これまでになかった事件が起こりました。改元の準備が進められるなかで、幕府が朝廷から示された年号案を拒否したのです。朝廷では、十五程度の年号案を出して、その中から文長・天明、特に文長が良いとして幕府に伝えていますが、幕府は「朝廷が伝えてきた年号案の文字は不快である」として、勘申をやり直し、年号案を再提出するよう求めました。その後、朝廷では再び年号案を選び、宝永・安永・貞享を案として幕府に提示し、幕府はその中から貞享を選び、新年号が決定しました。幕府が年号案を突き返したのははじめてのことで、幕府の力が強まっていることが交渉の経過からもわかります。

220▼

【元禄】げんろく

①**改元理由**：代始改元
②**改元年月日**：貞享《じょうきょう》五年九月三十日／西暦一六八八年十月二十三日
③**使用期間**：十五年五か月
④**出典**：『文選』
⑤**勘申者**：高辻長量
⑥**天皇**：東山天皇
⑦**年号を冠する用語等**：元禄文化、元禄地震

❖元禄以降、代始改元が定着

元禄改元は、東山天皇の代始改元です。東山天皇は、改元前年の貞享四年（一六八七）に即位しましたが、前代の霊元天皇とは異なり、朝廷と幕府の間でも特に問題となることなく改元の準備が進められました。この改元以降、幕末までの歴代の天皇は、いずれも即位後の代始改元が行われています。

準備段階で、十一の年号案が幕府に示されましたが、その中でも、霊元上皇が希望していたとされた「宝永」年号を幕府は選ばず、「元禄」か「亨和」、特に「元禄」が良いというかたちで返答しました。朝廷でも幕府の意向にしたがい、「元禄」が選ばれ、その通りに改元されています。

221▼

【宝永】

ほうえい

①**改元理由**：災異改元
②**改元年月日**：元禄《げんろく》十七年三月十三日／西暦一七〇四年四月十六日
③**使用期間**：七年一か月
④**出典**：『唐書』
⑤**勘申者**：五条為範
⑥**天皇**：東山天皇
⑦**年号を冠する用語等**：宝永地震、宝永噴火

❖再び幕府による年号案の差し戻し

宝永改元は、元禄十六年（一七〇三）十一月に南関東で発生した大地震と、江戸の大火を理由とした災異改元です。関東での災害を理由とした改元は、明暦の大火を理由とした万治改元以来のものです。災害のあった翌月には、すでに幕府から朝廷に対して改元が申し入れられました。

改元の準備が進む中で、朝廷から幕府に示された年号案について、幕府は「出された案は好ましくない」として差し戻し、再び案を出すように求めています。このため、改元が当初予定されていた二月から三月に延期されました。これについて、関白もつとめた近衛基熙は、「江戸幕府の権力はすさまじい」と嘆いていますが、結局は再び提出された案の中から、幕府は「宝永」を選び、そのまま「宝永」と改元が行われました。

222▼

【正徳】しょうとく

①**改元理由**：代始改元
②**改元年月日**：宝永《ほうえい》八年四月二十五日／西暦一七一一年六月十一日
③**使用期間**：五年二か月
④**出典**：『尚書正義』
⑤**勘申者**：東坊城総長
⑥**天皇**：中御門天皇
⑦**年号を冠する用語等**：正徳新例

❖年号案の漢字「保」が連想するもの

正徳改元は、中御門天皇の代始めによる改元です。天皇の即位による改元は、即位の翌年に行われることが多いのですが、朝廷側では東山上皇の崩御などがあり、翌年の改元は見送られています。一方、幕府でも宝永四年（一七〇七）の富士山噴火や宝永六年の徳川綱吉死去など、「凶事」が続いたとして改元が急がれました。

ところで、霊元上皇は、「寛保」が良いとの意見でしたが、幕府では、「寛保」の「保」字が、綱吉に寵愛され、側用人から大名にまで出世した柳沢吉保（号は保山）に通じるとして、採用されず、新井白石の推薦もあった「正徳」に決まっています。このように、年号の文字が、当時の有力者などを連想させるかどうかも、年号を選ぶにあたっては、判断材料となっていたようです。

223▼

【享保】きょうほう

①**改元理由**：災異改元
②**改元年月日**：正徳《しょうとく》六年六月二十二日／西暦一七一六年八月九日
③**使用期間**：十九年十一か月
④**出典**：『後周書』
⑤**勘申者**：桑原長義、唐橋在廉
⑥**天皇**：中御門天皇
⑦**年号を冠する用語等**：享保の改革、享保の飢饉

❖相つぐ将軍の死による改元

享保改元は、将軍が次々と死去したことによる災異改元です。先の正徳改元のきっかけの一つが、徳川綱吉の死去でしたが、その後の正徳二年には、六代将軍家宣が在職わずか三年で死去し、さらに正徳六年には、家宣を継いだ家継がわずか六歳で死去するなど、将軍の死が相ついだことから、幕府は朝廷に改元を申し入れています。この時、幕府はよほど改元を急がせたようで、正徳六年（一七一六）四月の家継の死去直後に改元が申し入れられ、六月には改元が行われる運びになりました。朝廷では、準備にかける時間が少なく拙速だという意見や、六月の改元が悪い例があるなどとして、延期するよう求める意見もありましたが、結局は幕府の強い後押しもあり、六月中の改元となりました。

224▼

【元文】げんぶん

①**改元理由**：代始改元
②**改元年月日**：享保《きょうほう》二十一年四月二十八日／西暦一七三六年六月七日
③**使用期間**：四年十か月
④**出典**：『文選』
⑤**勘申者**：唐橋在秀
⑥**天皇**：桜町天皇
⑦**年号を冠する用語等**：元文金銀

❖桜町天皇の代始改元

元文改元は、享保二十年（一七三五）に即位した桜町天皇の代始めの改元です。この頃になると、天皇の代始めを理由とした改元も定着するようになります。

即位翌年の二月には四月中に改元を行うことが発表され、改元に関わる役者などが決まっています。朝廷と幕府の間での調整も順調に進んでおり、朝廷から示された年号案の中から幕府は「元文」を選び、それを受けた朝廷でも、そのまま「元文」と改元が行われています。

❖年号勘者は菅原氏が独占

なお、この時に、年号案を出す年号勘者をめぐって朝廷内で一悶着がありました。

年号勘者は、江戸時代には、菅原道真の子孫にあたる菅原氏（高辻家、五条家、唐橋家、東坊城家、清岡家、桑原家）の人々が独占的に担ってきましたが、当時の中御門上皇の強い意向で、菅原氏の出身者ではない、伏原宣通が改元勘者に内定したのです。伏原は、しばしば中御門天皇に講書などを行っており、これを受けて特に年号勘者に選ばれたものと考えられます。

ところが、これを知った菅原氏の人々は、そう黙ってはいられません。改元の儀式をつかさどる改元上卿などに、この人事案の撤回を求めるなどしていますが、なかなか思い通りにはいかなかったようで、最終的には菅家の当主らによる意見書を提出することになりました。そこには、過去の年号勘者に、そのような別の家から登用された例がないことや、改元勘者は、明経道（清原氏）の家ではなく、紀伝道（菅原氏）の家から登用している、などといった先例が書き上げられていました。

これ以上の事態の悪化を避けるため、最終的には、東山天皇が伏原を改元勘者から外すことを決断し、この事件は一件落着しました。一度任命された改元勘者が、病気などの理由ではなく、菅原氏の反対によって撤回されたのは前代未聞ですが、この後幕末にいたるまで、菅原氏による改元勘者の独占は続きました。

225▼

【寛保】かんぽう

①**改元理由**：革年改元
②**改元年月日**：元文《げんぶん》六年二月二十七日／西暦一七四一年四月十二日
③**使用期間**：三年
④**出典**：『国語』
⑤**勘申者**：清岡長香
⑥**天皇**：桜町天皇
⑦**年号を冠する用語等**：「御触書寛保集成」、寛保の洪水・高潮

❖辛酉革命による革年改元の定着

寛保改元は、この年が辛酉年であることによる辛酉革命による革年改元として行われました。辛酉革命を理由とする改元は、戦国時代に中断し、六十年前の前回天和改元で復活しました。この寛保改元の実施をめぐる、朝廷と幕府の交渉では、特に異論も出されず、順調に準備が進められていますから、当時辛酉革命を理由とする改元の実施は、朝廷と幕府ともに問題ないと考えられていたとしてよいでしょう。

はじめに朝廷内で年号案が出されて議論が進められますが、桜町天皇は追加で年号案を出すように命じ、計七年号を幕府に示しました。その際に朝廷は、寛保か延享、特に寛保が、大臣らの賛成の意見が多いと幕府に伝え、幕府も朝廷の意見と同じ寛保を選んでいます。

226▼

【延享】

えんきょう

①**改元理由**：革年改元
②**改元年月日**：寛保《かんぽう》四年二月二十一日／西暦一七四四年四月三日
③**使用期間**：四年五か月
④**出典**：『芸文類聚』
⑤**勘申者**：清岡長香
⑥**天皇**：桜町天皇
⑦**年号を冠する用語等**：なし

❖安定して準備が進められる

延享改元は、甲子年であることを理由とする甲子革令による革年改元として行われました。江戸時代では、三回目の甲子革令による革年改元となりますが、この甲子改元も朝幕間では実施することを前提とした準備が進められており、改元前年の十一月には、朝廷と幕府の間ですでに来年に改元をすることが決められています。

その後、示された七年号の中から、幕府は延享か宝暦、このうち宝暦が特に良いとして返答を行っており、朝廷でもそのまま延享と改元が行われています。

227

【寛延】かんえん

①改元理由：代始改元
②改元年月日：延享《えんきょう》五年七月十二日／西暦一七四八年八月五日
③使用期間：三年四か月
④出典：『文選』
⑤勘申者：五条為範
⑥天皇：桃園天皇
⑦年号を冠する用語等：なし

❖延期に延期を重ねて

寛延改元は、前年に即位した桃園天皇の代始改元です。即位翌年の延享五年（一七四八）一月には、朝廷と幕府の間で改元に関する合意がなされ、四月の改元が発表されますが、その後、家継の三十三回忌法要と重なるとして、六月に延期され、この期日も幕府からの明確な返答がないため、さらに延期となります。これについて、幕府は将軍家重の将軍襲職を祝った朝鮮通信使が派遣されるため、やりとりをする外交文書に年号が二つあると問題があるなどとして、通信使帰国後の改元を求めました。その後、再度朝廷と幕府の間で日程の調整がなされ、通信使帰国後の七月十二日にようやく改元にこぎつけました。

【宝暦】ほうれき

①改元理由：災異改元
②改元年月日：寛延《かんえん》四年十月二十七日／西暦一七五一年十二月十四日
③使用期間：十二年七か月
④出典：『貞観政要』
⑤勘申者：五条為範
⑥天皇：桃園天皇
⑦年号を冠する用語等：宝暦治水事件、宝暦事件

❖うち続く災異による改元

宝暦改元は、寛延三年（一七五〇）の桜町院の崩御、京都での大雷、翌四年の徳川吉宗の死去など、凶事や災害が相ついだことによる災異改元です。江戸時代には、天皇や上皇の崩御だけを理由とした改元は行われていませんが、凶事であることは認識されていたため、将軍の死とともに、連続した場合には、改元に至ることがありました。

朝廷では、年号を絞りこんだ上で、幕府に七案を提示し、その中でも宝暦・天明・明和、特に宝暦は天皇や大臣たちがみな支持していると伝えています。幕府もこの中から宝暦を選び、結果として宝暦と改元されました。なお、この時幕府に示され、選ばれなかった天明・明和ですが、明和は次の年号として、天明も次の次の年号として、のちに採用されています。

229▼

【明和】めいわ

①**改元理由**：代始改元
②**改元年月日**：宝暦《ほうれき》十四年六月二日／西暦一七六四年六月三十日
③**使用期間**：八年五か月
④**出典**：『尚書』
⑤**勘申者**：唐橋在家
⑥**天皇**：後桜町天皇
⑦**年号を冠する用語等**：明和事件、明和の大火

❖江戸時代で二人目の「女帝」の代始改元

明和改元は、後桜町天皇の即位による代始改元です。後桜町天皇は、桜町天皇の皇女でしたが、先に即位した弟の桃園天皇が二十一歳で崩御し、皇子も幼かったことから、急きょ即位することになりました。女性天皇としては、江戸時代初頭の明正天皇以来約百五十年ぶりで、また現在に至るまでの最後の女帝になります。

改元自体は、即位の翌年に行われる予定になっていましたが、桃園天皇の崩御による諒闇《りょうあん》（服喪）や、朝鮮通信使の来日などにより延期され、即位から二年後に行われることになりました。しかし、今回も前回の宝暦改元と同様、朝鮮通信使の到着が遅れるなどした結果、改元の日程がたびたび延期され、一月に予定されていた改元は、六月にまでずれこみました。

【安永】あんえい

①**改元理由**：災異改元
②**改元年月日**：明和《めいわ》九年十一月十六日／西暦一七七二年十二月十日
③**使用期間**：八年五か月
④**出典**：『文選』
⑤**勘申者**：唐橋在熙
⑥**天皇**：後桃園天皇
⑦**年号を冠する用語等**：なし

❖江戸での大火が原因の改元

安永改元は、明和九年（一七七二）二月二十九日に江戸で発生した、目黒行人坂《ぎょうにんざか》の大火を理由とする災異改元です。江戸三大大火にも数えられるこの大火では、多くの大名屋敷が類焼し、一万人を超える死傷者が出るなど、甚大な被害をもたらしました。

ところで、この前の年号「明和」ですが、改元の以前から、明和が九年になると「明和九年」（迷惑年）となり、不吉だとの噂が立っていました。そんな中での大火ですから、幕府も神経を尖らせたことでしょう。また、安永年間には、「年号は安く永くとかわれども　諸色高くて今に明和九」という狂歌も詠まれています。年号は「安く永く」と変わったが、諸色（諸物価）が高く、いまだに「明和九」（迷惑）だ、というのです。年号に、人々の素朴な願いが託されていたことを伝える狂歌です。

231
【天明】てんめい

①改元理由：代始改元
②改元年月日：安永《あんえい》十年四月二日／西暦一七八一年四月二十五日
③使用期間：七年十か月
④出典：『尚書』
⑤勘申者：五条為俊
⑥天皇：光格天皇
⑦年号を冠する用語等：天明の大飢饉、天明の大火

❖傍系から皇位を継いだ光格天皇の代始改元

天明改元は、光格天皇の即位による代始改元です。光格天皇は、閑院宮家に生まれましたが、後桃園天皇が若くして崩御し、兄弟などに皇位を継げる人物がいなかったことから、急きょ白羽の矢が立ち、即位することになりました。天皇は、神武天皇以来の皇統を継いでいるという自覚を強く持っており、儀式の復興を積極的に行うなど、朝廷権威の復興に努めました。

さて、今回も即位に伴う代始改元は行う前提で準備が進められており、即位する前からすでにその相談が朝廷と幕府の間でなされています。当初は、即位翌年の安永十年（一七八一）二月から三月頃に行われる予定でしたが、のちに四月に延期されました。朝廷は幕府に年号案七案を示した上で、天明・天保、特に天明が良いと伝え、幕府もそれを了承し、天明へと改元されました。

232▼

【寛政】

かんせい

①**改元理由**：災異改元
②**改元年月日**：天明《てんめい》九年一月二十五日／西暦一七八九年二月十九日
③**使用期間**：十二年一か月
④**出典**：『春秋左氏伝』
⑤**勘申者**：高辻胤長
⑥**天皇**：光格天皇
⑦**年号を冠する用語等**：寛政の改革、寛政異学の禁、寛政暦

❖再び京都大火による改元

寛政改元は、天明八年（一七八八）一月に京都で発生した大火を理由とする災異改元です。この大火は、京都でも最大規模の火災で、京都御所をはじめ、仙洞御所《せんとうごしょ》や公家の邸宅、二条城や東西の京都町奉行所、多くの寺社など、京都市中の大半を焼き尽くしました。この大火により、光格天皇も一時的に聖護院に避難を余儀なくされています。

この年の年末には改元の準備が本格化し、朝廷は、年号案七案、特に寛政・文化・寛安が良いと幕府に示しています。幕府はその中から寛政を選び、天明九年の一月には、寛政へと改元が行われました。

233▼

【享和】きょうわ

①**改元理由**：革年改元

②**改元年月日**：寛政《かんせい》十三年二月五日／西暦一八〇一年三月十九日

③**使用期間**：三年

④**出典**：『文選』

⑤**勘申者**：唐橋在熙

⑥**天皇**：光格天皇

⑦**年号を冠する用語等**：なし

❖辛酉年による革年改元

享和改元は、辛酉年であることを理由とする革年改元です。すでに改元前年の十二月には、改元勘者をはじめとした役者の人選が進んでおり、朝廷と幕府の間でも順調に改元に向けた準備が進められています。この頃には、辛酉年に革年改元を行うことは、朝廷と幕府の間での共通認識となっていたことがわかります。

翌寛政十三年（一八〇一）の一月には改元日が二月五日に内定し、これに合わせて新年号の絞りこみが行われ、享和と改元されました。

234▼

【文化】

ぶんか

①**改元理由**：革年改元
②**改元年月日**：享和《きょうわ》四年二月十一日／西暦一八〇四年三月二十二日
③**使用期間**：十四年二か月
④**出典**：『周易』
⑤**勘申者**：五条為徳
⑥**天皇**：光格天皇
⑦**年号を冠する用語等**：化政文化

❖甲子年による革年改元

文化改元は、甲子年であることを理由とする革年改元です。

先の辛酉年による享和改元と同様に、朝廷と幕府の間で、甲子革令による革年改元の実施はすでに既定路線となっていました。改元前年の享和三年十二月には、改元に向けた準備がすでに本格化しており、年末には計年号案七案が幕府に示されています。その中で、文化と嘉徳、特に文化が良いとの意見が伝えられ、幕府では文化が良いと返答し、そのとおり改元が行われました。

なお、文化改元の当時、江戸では、改元直後に、実際には使われていない「元明」と改元がされたと紙に書きつけて売り歩いた人物が捕まり、中追放《ちゅうついほう》に処されています。新年号を利用した商売も、江戸時代にすでに行われていたようです。

235▼

【文政】

ぶんせい

①**改元理由**：代始改元
②**改元年月日**：文化《ぶんか》十五年四月二十二日／西暦一八一八年五月二十六日
③**使用期間**：十二年八か月
④**出典**：『漢書』『群書治要』
⑤**勘申者**：清岡長親、五条為定
⑥**天皇**：仁孝天皇
⑦**年号を冠する用語等**：化政文化

❖六十年に一度の流行

文政改元は、前年の文化十四年（一八一七）に即位した仁孝天皇の即位による代始改元です。代始めのため、翌年に改元を行うことがすでに既定路線となっており、朝廷と幕府の間で順調に準備が進められていきます。朝廷からは新年号七案が幕府に示され、このうち文政と文長、特に文政が上皇や天皇などの意向であると伝えており、幕府も文政への改元を了承しています。なお、この時には、京都所司代が、改元の儀式の一部を見学しています。

ところで、この時期は、前の「文化」の年号と合わせて、それぞれから一字を取った「化政文化」と呼ばれる、歌舞伎や狂歌、浮世絵など、江戸を中心とした町人文化が花開きました。

236▼
【天保】てんぽう

①**改元理由**：災異改元
②**改元年月日**：文政《ぶんせい》十三年十二月十日／西暦一八三一年一月二十三日
③**使用期間**：十四年
④**出典**：『尚書』
⑤**勘申者**：桑原為顕
⑥**天皇**：仁孝天皇
⑦**年号を冠する用語等**：天保の改革、天保の飢饉、天保通宝

❖京都の地震による災異改元

天保改元は、文政十三年七月二日に発生した、文政京都地震を理由とする災異改元です。この地震は、京都周辺が震源の直下型地震であったと推定され、京都御所や二条城をはじめ、多くの寺社が被害を受け、京都だけでも数百人が死亡したと伝わります。

地震直後の同年八月には、すでに改元に向けた準備が本格化しており、年内の改元の方向性が示されました。朝廷は、幕府に年号案七案を示し、その中から天保と嘉永、特に天保が良いとし、幕府も天保を選択しています。なお、京都で発生した地震が単独で改元の理由となったのは、豊臣秀吉の時代の慶長改元以来です。

237▼
【弘化】こうか

①**改元理由**：災異改元
②**改元年月日**：天保《てんぽう》十五年十二月二日／西暦一八四五年一月九日
③**使用期間**：三年三か月
④**出典**：『尚書』『晋書』
⑤**勘申者**：五条為定
⑥**天皇**：仁孝天皇
⑦**年号を冠する用語等**：なし

❖相つぐ江戸での火災による改元

弘化改元は、江戸城で立て続けに発生した火災を理由とする災異改元です。江戸城は、天保九年（一八三八）に西ノ丸が火災により焼失し、改元が行われた天保十五年（一八四四）五月十日には、本丸が焼失しています。これら火災の連続により、幕府から朝廷に対して改元が申し入れられました。江戸の市中が大きく焼ける火災による改元は、明暦の大火による万治改元などの事例がありますが、江戸城の火災のみを理由とする改元は、これまでにはありません。

その後、朝廷と幕府の間での交渉や改元の準備は順調に進み、朝廷は年号案七案を幕府に示しています。その中でも朝廷は、特に弘化と嘉徳、特に弘化が良いとした上で、この二案の中から選んでほしい、と一歩踏みこんだ依頼をしています。結局幕府も弘化を選び、弘化と改元されました。

238▼

【嘉永】かえい

①改元理由：代始改元
②改元年月日：弘化《こうか》五年二月二十八日／西暦一八四八年四月一日
③使用期間：六年九か月
④出典：『宋書』
⑤勘申者：高辻以長
⑥天皇：孝明天皇
⑦年号を冠する用語等：なし

❖孝明天皇の代始改元

嘉永改元は、弘化三年に即位した孝明天皇の代始めを理由とした改元です。孝明天皇は、江戸時代の最後の天皇で、明治天皇の父にあたります。孝明天皇の在位中には、自然災害が多発したほか、ペリーの来航や、幕末の混乱などが立て続けに発生し、朝廷も時代の渦に巻きこまれることになりました。

さて、通常、改元は即位の翌年に行われますが、仁孝天皇の女御の薨去《こうきょ》などにより、翌々年まで延期されています。朝廷と幕府の間の改元に向けた準備も順調に進み、朝廷から幕府へ年号案七案が示され、そのうち天久と嘉永、特に天久が良いとの意見が伝えられています。しかし、幕府では天久ではなく嘉永を選び、その通り改元が行われています。

❖アメリカやロシアらと条約を締結

さて、この嘉永年間の大きな出来事としては、嘉永六年（一八五三）六月三日に、アメリカ東インド艦隊のペリー司令長官が浦賀に来航したいわゆる「黒船来航」が挙げられます。通商と開国を迫ったアメリカに対し、幕府は回答を一年先延ばしにしますが、翌嘉永七年一月十六日に再び来航したペリーに対し、ついに日米和親条約を締結し、日本は開国することになりました。

ついで安政五年（一八五八）には、大老井伊直弼の判断でアメリカと通商条約を締結し、それにオランダ・ロシア・イギリス・フランスも続きました。開港された港では、海外との貿易がはじまり、それにより物価の変動が激しくなるなど、国内の物流や物価にも大きな影響を与えました。また、金と銀の交換比率が、日本国内と海外とでは異なっていたため、金が大量に国外へ流出することとなりました。このため、幕府では貨幣の改鋳を行うなど、対応に苦慮しています。

一方、幕府と朝廷との関係も、良好とはいかなくなりつつありました。朝廷では、開国自体に反対する人々が多く、朝廷に相談なしに開国を決断した幕府に対する反発も起きていました。このような朝廷の政治的な立場が、のちに反幕府勢力と朝廷勢力との関わりへとつながっていくことになります。

239▼

【安政】あんせい

①改元理由：災異改元
②改元年月日：嘉永《かえい》七年十一月二十七日／西暦一八五五年一月十五日
③使用期間：五年三か月
④出典：『群書治要』
⑤勘申者：東坊城聡長
⑥天皇：孝明天皇
⑦年号を冠する用語等：安政地震、安政江戸地震、安政の大獄、安政の五か国条約

❖災害の頻発による改元

安政改元は、嘉永七年四月六日に発生した京都大火による内裏炎上や、異国船の来航など世上の不穏な状態を理由とした災異改元です。嘉永七年三月には、二度目のペリーの来航により、日米和親条約が締結されましたが、その直後には京都で大火が発生しています。女院御所から上がった火の手はまたたく間に寛政年間に再建された内裏を焼き尽くし、上京にまで広がりました。現在の京都御所は、この火災により焼失した内裏を復興したものです。

改元は、朝廷から度重なる災異を理由として申し入れられ、幕府も了承し、準備が本格化していきます。朝廷は、幕府に年号案七案を示し、その中で文長と安政、特に文長が良いとしましたが、幕府では安政を選び、安政と改元されています。

❖災害が頻発する安政年間

災害の頻発を理由として改元が行われたものの、安政年間には引き続き多くの災害が発生しました。その中でも幕府にとって衝撃的であったのは、安政二年（一八五五）十月二日夜、江戸で発生した直下型地震の「安政江戸地震」です。江戸での大地震は慶安三年（一六五〇）、元禄十六年（一七〇三）に続くものでしたが、死者は約一万人、倒壊家屋は一万五千戸とされるなど、被害は下町を中心に広い範囲に及び、火災も発生しています。また、余震も多く発生しました。なお、この安政江戸地震では、水戸藩の尊王攘夷派であった藤田東湖《とうこ》や戸田蓬軒《ほうけん》が圧死しています。このことは、のちの桜田門外の変へともつながっていきます。

ところで、この地震では、災害の情報をいち早く伝える瓦版が数多く作成され、その中には、鹿島神宮（茨城県鹿嶋市）の要石《かなめいし》が押さえているとされる鯰《なまず》が暴れ出した図案を描いた、いわゆる「鯰絵」も多く含まれています。

なお、改元直前には安政の東海地震と南海地震（嘉永七年十一月四日と五日）が一日おきに相ついで発生し、安政三年には八戸沖でも地震が発生、また安政五年にはコレラが広範囲で大流行するなど、政情不安が深刻化していくことになります。そこに追い打ちをかけたのは、安政七年三月三日に発生した、桜田門外の変でした。

240

【万延】

まんえん

①改元理由：災異改元
②改元年月日：安政《あんせい》七年三月十八日／西暦一八六〇年四月八日
③使用期間：一年
④出典：『後漢書』
⑤勘申者：五条為定
⑥天皇：孝明天皇
⑦年号を冠する用語等：なし

❖「倒幕」への動きが加速

万延改元は、安政六年十月十六日に発生した江戸城本丸の焼失を理由とする災異改元です。早くも火災直後から朝廷と幕府の間で来年早々に改元を行うことが決められており、その後も順調に準備が進められました。なお、翌年には辛酉革命による革年改元が控えていたため、江戸時代ではもっとも短い、わずか十一か月あまりで文久へと改元されています。

ところで、改元が行われる直前の三月三日には、水戸藩の浪士らによって、大老の井伊直弼が白昼に斬殺されるという「桜田門外の変」が発生し、幕府に衝撃を与えました。改元については、事件以前に朝廷との間で合意に達し、準備も整っていたため、予定通りに実施されていますが、この事件によって幕府の権威は大きく失墜し、明治維新へと続く動きが一気に加速することになります。

241▼

【文久】ぶんきゅう

①**改元理由**：革年改元
②**改元年月日**：万延《まんえん》二年二月十九日／西暦一八六一年三月二十九日
③**使用期間**：三年
④**出典**：『後漢書』
⑤**勘申者**：五条為定
⑥**天皇**：孝明天皇
⑦**年号を冠する用語等**：文久の改革

❖日本史上最後の辛酉革命による革年改元

文久改元は、辛酉年を理由とする革年改元です。改元前年には万延と改元されていましたが、辛酉革命を理由とする改元も予定どおり行うことが、前年の九月頃には朝幕間で合意に達しており、順調に準備が進められ、二月に改元がなされました。現在に至るまでの最後の辛酉革命による革年改元です。

文久年間には、外国との関係でも大きな事件が立て続けに発生しています。文久二年八月には、薩摩藩主島津忠義の父である島津久光の行列に通りかかった、イギリス人らが殺傷された「生麦事件」が発生し、翌年にはイギリスからの報復として薩英戦争が起こっています。また、文久三年五月には、下関で長州藩が外国艦船らに砲撃を加え、翌年に四国艦隊からの報復攻撃を受けています。長州や薩摩は、攘夷の困難さを知ることにより、倒幕による改革を目指していくことになります。

242▼

【元治】げんじ

①**改元理由**：革年改元
②**改元年月日**：文久《ぶんきゅう》四年二月二十日／西暦一八六四年三月二十七日
③**使用期間**：一年一か月
④**出典**：『周易』
⑤**勘申者**：五条為栄
⑥**天皇**：孝明天皇
⑦**年号を冠する用語等**：なし

❖朝廷が改元を主導する

元治改元は、江戸時代最後の甲子革令を理由とした改元です。これ以降、辛酉革命も含めて、現在に至るまで革年改元は行われていません。この辛酉・甲子年の革年改元は、戦国時代の一時期を除いて、平安時代から幕末までほぼ途切れずに行われてきており、もっとも安定した改元理由であったともいえるでしょう。

改元を行うことは、文久三年十一月には朝廷内で発表されていますが、これまでのように、事前に幕府と交渉を行った形跡がなく、朝廷で独自に改元の実施を決定したようです。これは、幕府の権威が失われる一方、朝廷の権威が上昇したことによる、朝廷側の自信の表れと見ることもできるでしょう。

実際、朝廷から幕府に年号案は示されたものの、その中で令徳と元治、特に令徳が良いので、令徳に加えて他の二、三字を返答するように幕府に求めています。これは、従来の幕府との交渉姿勢とは異なるもので、最終的な年号の決定を朝廷が行うことを宣言したに等しいともいえるでしょう。幕府では、この「令徳」が、「徳川家に命令する」という意味にも取れるなどとして、反対の意見が強く出ましたが、朝廷に対して直接反対をせず、中川宮朝彦親王や、当時関白であった二条斉敬らに働きかけて、ようやく「令徳」年号の撤回にこぎつけています。

江戸時代の初頭に、「禁中並公家諸法度」が定められて以降、基本的な改元の方式として行われてきた、朝廷と幕府の間での年号の文字や改元日を決める事前の折衝は、事実上この元治改元では行われなかったとしてもよいでしょう。年号の分野でも、朝廷と幕府の関係に大きな変化が生じていることが垣間見えます。

なお、この「元治」という年号については、改元直後の元治元年七月十八日に、禁門の変が発生し、京都市中の多くが焼失したことから、平安時代末期の戦乱である「保元・平治の乱」を連想し、そこから一字ずつをとった悪い年号だ、などとの噂も立っています。

243▼

【慶応】けいおう

①**改元理由**：災異改元
②**改元年月日**：元治《げんじ》二年四月七日／西暦一八六五年五月一日
③**使用期間**：三年五か月
④**出典**：『文選《もんぜん》』
⑤**勘申者**：唐橋在光
⑥**天皇**：孝明天皇
⑦**年号を冠する用語等**：慶應義塾

❖江戸時代最後の年号

慶応改元は、前年に発生した禁門の変など、度重なる災異を理由とした災異改元です。改元は、今回も朝廷が主導的に準備を進めていますが、改元を発議した人物は、のちに将軍となる一橋慶喜ではないか、との説もあります。

今回も朝廷は、幕府に対して前回と同様に年号案を七案示した上で、天皇の意向である慶応に加えて、一、二号を選んでほしいと伝えています。これを受けて幕府では、天皇の意向どおり、慶応が良いとの返事を送っています。江戸時代の最後に、このように朝廷と幕府の関係性が、まさに逆転している様子が、年号をめぐる交渉からもわかります。なお、この慶応年号は、長州の一部では不評であったようで、「徳川慶喜に応じる」という意味だなどとして、使わなかった人もいたようです。

第八章　近現代の元号

244▼明治～248▼令和

1868年～

244▼

【明治】めいじ

①改元理由：代始改元
②改元年月日：慶応《けいおう》四年九月八日／西暦一八六八年十月二十三日
③使用期間：四十三年九か月
④出典：『周易』
⑤勘申者：菅原（唐橋）在光（式部大輔）
⑥天皇：明治天皇
⑦元号を冠する用語等：明治維新、明治十四年の政変、明治神宮、明治節

❖明治改元とは

「明治」改元は、慶応三年（一八六七）一月九日に践祚（事実上の即位）された明治天皇の代始めを理由とする改元です。幕末の政治史に大きな影響を与えた孝明天皇は、慶応二年の末に突如発病し、十二月二十五日に崩御されます。これを受けて、皇嗣（皇太子）の睦仁《むつひと》親王が皇位に即《つ》かれたのです。それから八か月後に行われた明治改元では、従来の方法が大きく変更されています。

❖籤引きで新元号を決定

従来の改元では、改元定の難陳によって、年号の候補案が絞りこまれ、最善案の報告を受けて、天皇が勅定されることになっていました。しかし、『明治天皇記』などによれば、菅原家に加えて清原家からも元号の勘文（元号案）が示されると、その中から議定の松平慶永らによって二つか三つ

の良い案に絞りこまれます。九月七日、宮中の内侍所（賢所）において神楽を奏した後、明治天皇が自ら籤《くじ》を引かれ、新元号として「明治」を勅定されました。出典は『周易（易経）』の「聖人南面して聴かば、天下明に向《むか》いて治まる」に拠っています。天皇が自ら神意をうかがう籤により元号を決定したことは、前にも後にも例がありません。ただ、翌日にはこれまでと同じ改元定の儀式が行われていますが、難陳は省略され、また改元詔書の覆奏は、従来と同様に公家らが署名したものだけでなく、もう一通、新政府の要職についた人々による署名がなされたものも作成されています。

❖一世一元を永式に

この明治改元から「一世一元の制」が公式に採用されました。「一世一元の制」とは、天皇一代に一つの元号を用いるというものです。天皇の即位により元号を改めた後には、改元を行いません。つまり、これまでのような、地震や火災といった災害による災異改元や、辛酉年・甲子年の革年改元など、さまざまな理由による改元は、以後行われなくなります。この方針は、改元詔書に、「今より以後、旧制を革易し、一世一元を以って永式と為す」と記されたほか、当時の行政官から、全国に対して、「今より御一代御一号」に定められたことが伝えられました。のちに皇室典範によって、天皇の崩御により新天皇が即位すると規定されたことにより、天皇の崩御と新天皇の即位に際してのみ、改元が行われることになりました。

ところで、この一世一元は、どうして明治改元の時に取り入れられることになったのでしょうか。これについて、江戸時代から一部の知識人が一世一元にすべきだと議論しています。たとえば六代将軍徳川家宣の侍講もつとめた新井白石は、自著『折たく柴の記』の中で、「天下が落ち着くか乱れるか、人の寿命が短いか長いかは、天運や人事によるもので、年号の字によって、その吉凶が決まるものではない。日本や中国でも、天変や疾病などを理由と改元を行っているが、そうであれば、これまで使われてきた文字では、一字として良くないことが起こらない文字などはない」と、一世一元には言及していないものの、さまざまな理由で行われる改元を批判しています。

また、江戸後期に入りますと、大坂の懐徳堂《かいとくどう》学主であった中井竹山は、寛政三年（一七九一）に『草茅危言《そうぼうきげん》』を著し、その中で、「天皇一代でいくつか年号があっても、一代に一つの年号でも同じである。そうであれば、中国の明や清で採用されているように、一代に一号と定めるべきである」と提唱しています。さらに、ほぼ同じ頃、水戸藩の儒学者で『大日本史』の編纂にも関わった藤田幽谷は、寛政三年に記した『建元論』の中で、孝徳天皇が大化の年号を建てて以降、年号が二百にも及んでいることを指摘した上で、「即位の翌年に年号を改め、終身改元を行わない」のが良いとしています。この当時、中国では、すでに明代以降、皇帝一代に一つの年号という、「一世一元」が定着していましたから、それを知っていた知識人などは、日本でもその方式を採用すべきだ、と考えるようになっていたのです。しかし、それまでさまざまな理由で行ってきた慣習を一新しようとするこのような意見は、容易に取り上げられず、朝廷や幕府で本格的に一世一元の議論が行われた形跡はありません。そのため、幕末に至るまで、地震や火災などの災害を理由とした災異改元や、辛酉年・甲子年の革年改元が相ついで行われています。

❖核となった岩倉具視のリーダーシップ

それにもかかわらず、この「一世一元」が明治改元の時に実現されたのは、どのような経過によるものでしょうか。それに大きな役割を果たしたのが、岩倉具視にほかなりません。下級公家であった岩倉は、幕末の活躍により、新政府の参与、議定、のち行政官の輔相《ほしょう》に就任します。その立場から、明治天皇の即位式に関連して、即位以前から「即位同日に改元し、一代に一号とする」という方針を打ち出しています。改元日については、「即位大礼のすぐ後か、あるいはその年の間に行うべきか」などと、他の参与らに意見を求めていますが、「一世一元」については方針を変えていません。結局、このような岩倉の主張が核となって、明治改元と同時に、今後一世一元（一代一号）とする方針が決定しました。これは元号制度の歴史上、まさに画期的な出来事です。

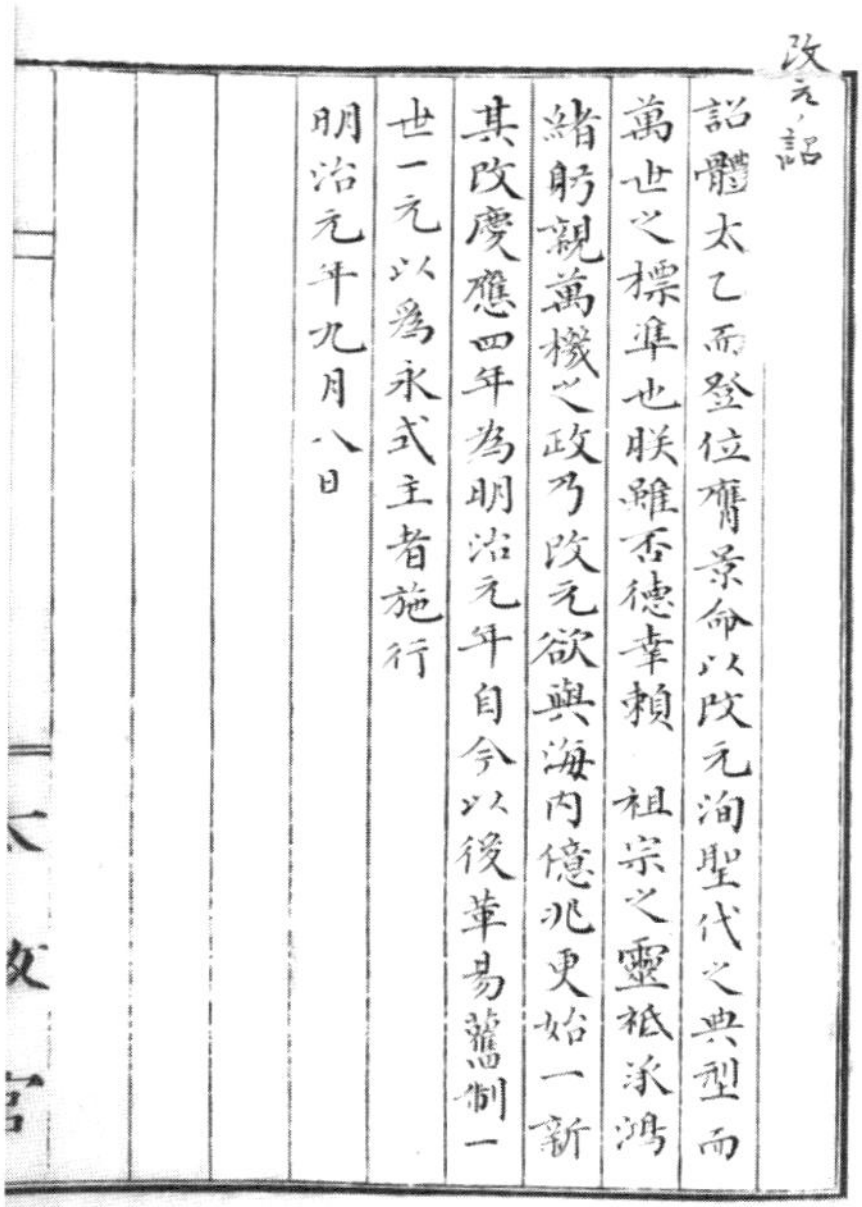
改元ノ詔
詔體太乙而登位膺景命以改元洵聖代之典型而
萬世之標準也朕雖否德幸賴 祖宗之靈祗承鴻
緒躬親萬機之政乃改元欲與海内億兆更始一新
其改慶應四年爲明治元年自今以後革易舊制一
世一元以爲永式主者施行
明治元年九月八日

「明治」改元の詔（国立公文書館）

明治天皇宸筆「明治」

245▼
【大正】
たいしょう

①改元理由：代始改元
②改元年月日：明治《めいじ》四十五年七月三十日／西暦一九一二年七月三十日
③使用期間：十四年五か月
④出典：『易経』
⑤勘申者：国府種徳（内閣書記官嘱託）
⑥天皇：大正天皇
⑦元号を冠する用語等：大正政変、大正デモクラシー

❖大正改元とは

「大正」改元は、明治四十五年（一九一二）七月三十日未明に、明治天皇が崩御され、直ちに皇太子の嘉仁《よしひと》親王が践祚されたことに伴う代始改元として行われました。近代国家におけるはじめての本格的な改元で、登極令《とうきょくれい》や皇室典範の規定に基づいています。

❖改元の近代的な法的根拠

明治改元の際、改元詔書に一世一元の制を「永式」とすることが打ち出されました。それを受けて、国家の根本法を整える過程で、明治時代にその方針が明文化されます。まず明治二十二年（一八八九）に、明治憲法と同時に制定された皇室典範は、その第二章「践祚即位」の中で、第十二条「践祚ノ後元号ヲ建テ一世ノ間ニ再ビ改メザルコト、明治元年ノ定制ニ従フ」（践祚の後で新しい元

号を決め、一世の間に再び改めないことは、明治元年の定めにしたがう）としました。

しかも、天皇の践祚・即位礼・大嘗祭などに関する儀式の詳細を定めた明治四十二年（一九〇九）の「登極令」では、元号について、第二条で「天皇践祚ノ後ハ直ニ元号ヲ改ム。元号ハ枢密顧問ニ諮詢シタル後、之ヲ勅定ス」、第三条で「元号ハ詔書ヲ以テ之ヲ公布ス」と定めています。これによって改元の具体的な手続きが明確になり、①天皇の践祚後「直ち」に元号を改めること、②元号は枢密顧問に相談し、その決議を上奏された天皇が自ら決定すること、③元号は詔書によって公布すること、の三点が明文化されたのです。

❖西園寺公望首相が積極的に関与した改元

明治天皇は、七月三十日の午前零時四十三分（実際はその一時間前）に崩御され、その直後に践祚された大正天皇により新元号の選出が求められました。そこで皇室典範と登極令の定めにより、西園寺公望総理大臣のもとで秘かに準備されていた元号の案と詔書の案が、枢密院に諮詢《しじゅん》されています。明治天皇の容態が深刻となった数日前から、元号案の選定準備が進められ、複数の案が学習院大学の岡田正之教授らから挙げられていたのです。その中には「乾徳」「永安」「昭徳」「天興」「大正」「興化」などがありました。

このうち、「乾徳」については、すでに中国の宋代に使用された先例があるとして、他の案も漢籍に詳しい西園寺首相が次々と退けています。そのようにして元号が絞りこまれた結果、第一案として「大正」、第二案として「天興」、第三案として「興化」が枢密院議長の山県有朋に提出されました。すると、枢密院の全員審査委員会、ついで本会議が開かれ、枢密顧問官らによって元号の文字の良し悪しなどの検討が行われた後、全会一致で決議され、午後五時半すぎに議長から大正天皇に、「元号を大正と改められるのが然《しか》るべし」と議決した旨が上奏されました。それを受けて大正天皇は、議決と同様に新元号を「大正」と決定するとともに、改元詔書が発せられています。なおこの時、

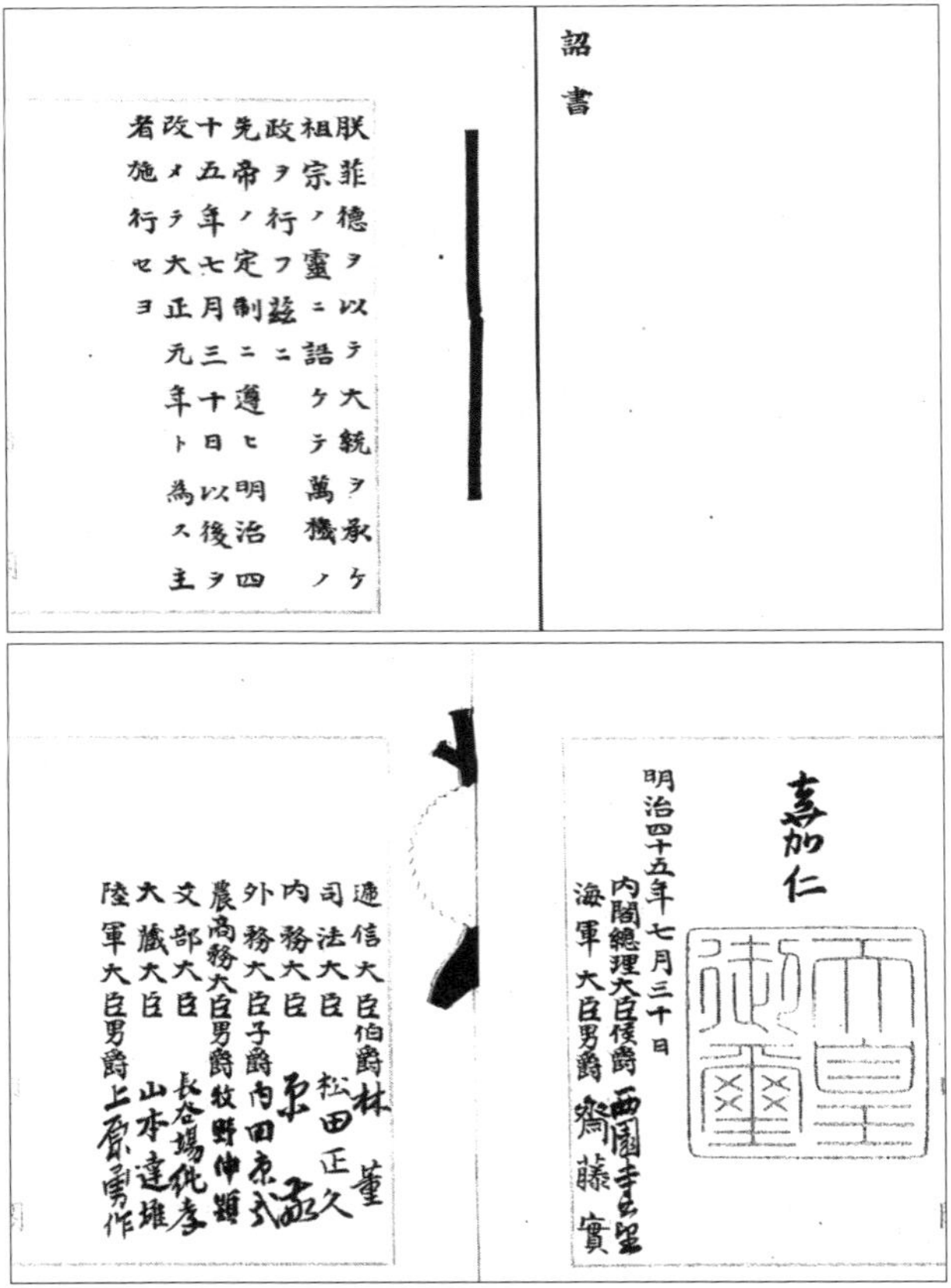
詔書

朕菲徳ヲ以テ大統ヲ承ケ祖宗ノ靈ニ誥ケテ萬機ノ政ヲ行フ茲ニ先帝ノ定制ニ遵ヒ明治四十五年七月三十日以後ヲ改メテ大正元年ト為ス主者施行セヨ

嘉仁

明治四十五年七月三十日

内閣總理大臣侯爵 西園寺公望

海軍大臣男爵 齋藤實

遞信大臣伯爵 林董

司法大臣 松田正久

内務大臣 原敬

外務大臣子爵 内田康哉

農商務大臣男爵 牧野伸顕

文部大臣 長谷場純孝

大蔵大臣 山本達雄

陸軍大臣男爵 上原勇作

「大正」改元の詔書（国立公文書館）

あわせて「内閣告示第一号」を出し「元号ノ称呼、左ノ如シ。大正（タイシヤウ）」と示されています。元号の読み方が正式に示されたのは、この大正改元がはじめてのことです。その出典は、『易経』に「大いに亨《とお》り以て正しきは天の道なり」とあります。

❖森鷗外の指摘と「元号考」

このように「大正」元号は、西園寺首相が精選に積極的な関与をして選ばれましたが、その発表後に「大正」は安南（ベトナム）人の建てた越という国で使われたことがある、ということに気づいたのは森鷗外です。そこで大正六年（一九一七）に宮内省の帝室博物館総長兼図書頭《ずしょのかみ》となった晩年の鷗外は、元号文字の研究を熱心に進め、奈良女子師範学校から吉田増蔵（学軒）を図書編修官に招き、その協力を得て大正十一年（一九二二）の没後に「元号考」を遺しています（『鷗外全集』に収載）。

246

【昭和】しょうわ

①改元理由：代始改元
②改元年月日：大正《たいしょう》十五年十二月二十五日／西暦一九二六年十二月二十五日
③使用期間：六十二年
④出典：『書経』
⑤勘申者：吉田増蔵（宮内省図書寮編修官）
⑥天皇：昭和天皇
⑦元号を冠する用語等：昭和維新、昭和恐慌、昭和基地、昭和元禄、昭和の日

❖昭和改元とは

「昭和」改元は、大正十五年（一九二六）十二月二十五日未明に大正天皇が崩御され、直ちに皇太子の裕仁《ひろひと》親王が践祚されたことによる代始改元です。今回も、皇室典範と登極令の定めに基づき、大正改元と同様の手続きが進められました。

❖図書寮編修官吉田増蔵による考案

大正天皇は幼少期から病弱で、即位後次第に天皇としての役割を果たすことが難しくなり、やむなく大正十年（一九二一）十一月から皇太子裕仁《ひろひと》親王（当時二十歳、のちの昭和天皇）が摂政をつとめておられました。そこで天皇の万一に備えて、一木喜徳郎宮内大臣から宮内省図書寮編修官の吉田増蔵に元号案の選定が内々に命じられています。

その際、選定の基準として以下の項目が示されました。①日本はもちろん、中国や朝鮮などの元号や、その帝王・后妃・高官らの諡号《しごう》（おくり名）や名字、また宮殿や土地の名前なども重複しないこと、②国家の理想を表すにふさわしい語の組み合わせとすること、③古典を出典とし、その字面は洗練され、意味も深長であること、④読む音（響き）が調和していること、⑤文字がわかりやすく簡単であること、の五項目です。この基準にのっとって、吉田は五十余の元号案を作成していますその中から神化・元化・昭和・神和・同和・継明・順明・明保・寛安・元安の十案が選出され、さらに絞りこみを進め、内大臣や元老の西園寺公望の賛同も得た上で、第一案として昭和、第二案として神化、第三案として元化が、若槻礼次郎首相に提出されています。

ただ同時に内閣でも元号案の選定が行われ、「大正」の案を出した内閣嘱託の国府種徳から、立成・定業・光文・章明・協中の五案が若槻首相に提出されています。その後、塚本清治内閣書記官長が審査して、第一案を昭和とし、参考として元化、同和の二案を添付しています。

やがて大正天皇は大正十五年十二月二十五日の午前一時二十五分、葉山御用邸で崩御されました。そこで、事前に準備してあった元号案が詔書案とともに枢密院へ諮詢され、全員審査委員会と本会議で質疑を行った結果、全会一致で「昭和」と改元することが決定しました。この時、詔書案の文言について、討議した原案に修正が施されるなどしたため、会議自体は約三時間に及んでいます。それから午前十一時すぎに、昭和天皇に新元号案が上呈され、それが裁可されました。その結果、崩御当日の十二月二十五日をもって、「昭和」と改元されるに至りました。この時にも大正改元と同様に、「内閣告示第一号」により、元号の呼称は「セウワ（しょうわ）」とすることが決められています。その出典は『書経』に「百姓《ひゃくせい》（全国民）昭明にして万邦（全世界）を協和す」とあります。

❖いわゆる「光文」誤報事件

なお、この昭和改元の際に、当時の「東京日日新聞」が、新元号は「光文」に決定されたとスクープを出しましたが、これは誤報であることが判明しています。前述のとおり、「光文」という元号案は、国府により提出されていましたが、最終の候補に残っていません。おそらく、元号を絞りこむ途中の情報が何らかの事情で流出し、誤って報じられたものと考えられます。

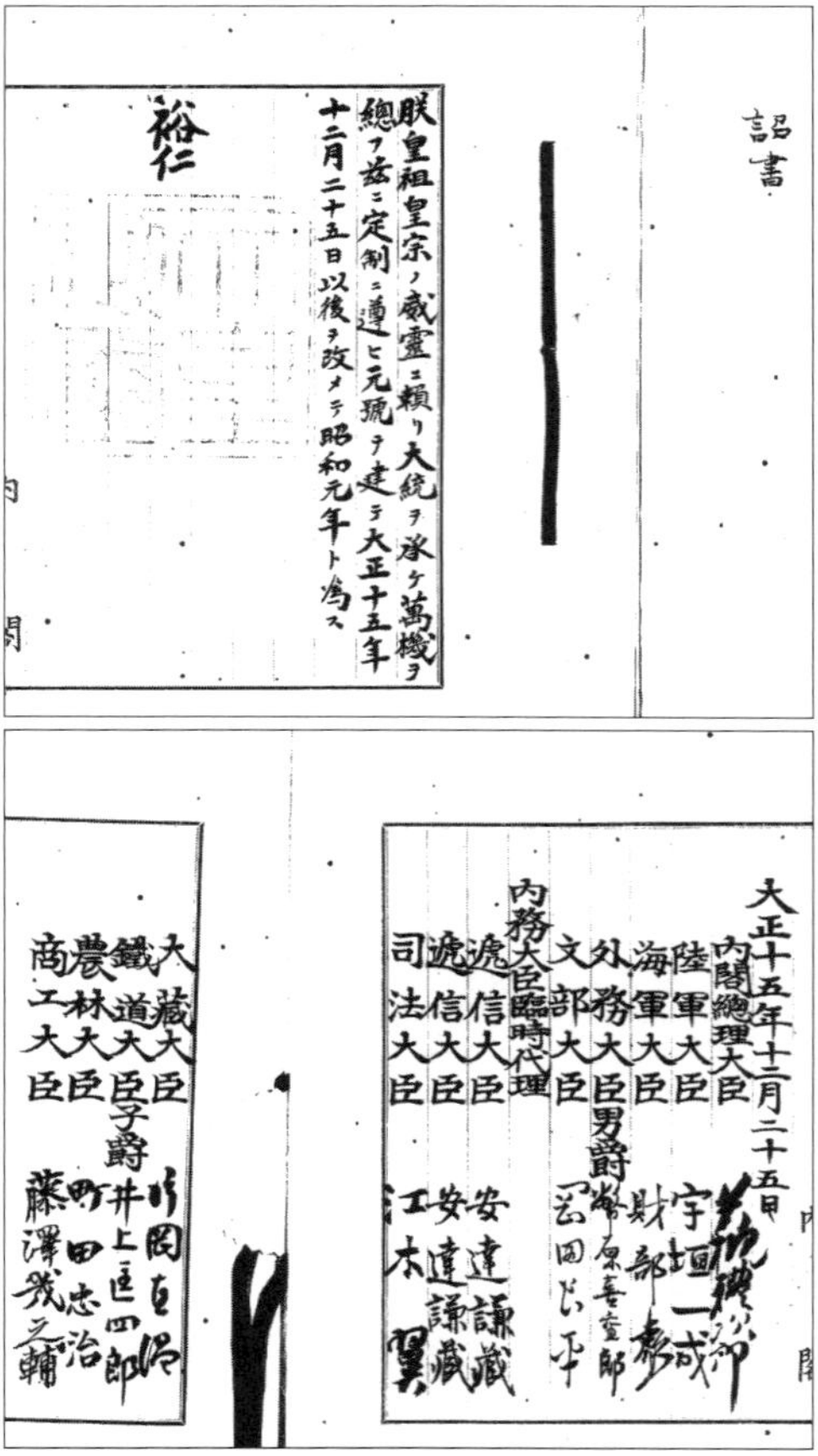

詔書

朕皇祖皇宗ノ威靈ニ頼リ大統ヲ承ケ萬機ヲ總フ茲ニ定制ニ遵ヒ元號ヲ建テ大正十五年十二月二十五日以後ヲ改メテ昭和元年ト為ス

裕仁

大正十五年十二月二十五日

内閣總理大臣 若槻禮次郎
陸軍大臣 宇垣一成
海軍大臣 財部彪
外務大臣男爵 幣原喜重郎
文部大臣 岡田良平
内務大臣臨時代理 遞信大臣 安達謙藏
遞信大臣 安達謙藏
司法大臣 江木翼
大藏大臣 片岡直温
鐵道大臣子爵 井上匡四郎
農林大臣 町田忠治
商工大臣 藤澤幾之輔

「昭和」改元の詔書（国立公文書館）

247▼

【平成】

へいせい

①**改元理由**：代始改元
②**改元年月日**：昭和《しょうわ》六十四年一月七日（施行一月八日）／西暦一九八九年一月七日
③**使用期間**：三十年四か月
④**出典**：『史記』『書経』
⑤**勘申者**：山本達郎（東京大学名誉教授）、他に市古貞次、宇野精一、目加田誠
⑥**天皇**：平成の天皇（令和の上皇）
⑦**元号を冠する用語等**：平成景気、平成の大合併

❖平成改元とは

「平成」改元は、昭和六十四年（一九八九）一月七日に、昭和天皇が崩御され、皇太子の明仁《あきひと》親王が践祚したことによる代始改元として行われました。近代以降、三度目の本格的な改元となりましたが、昭和改元の際とはその事情が大きく異なっています。以下にその経緯を見てみましょう。

❖敗戦から「元号法」の制定まで

昭和二十年（一九四五）の敗戦により、国内の法律や制度などが、ＧＨＱの指導のもと、大きく変わりました。その最大の変化は、日本国憲法の制定ですが、これに合わせて、皇室典範も根本的に変更され、憲法に基づく法律としての新皇室典範となりました。また天皇の即位や践祚について定めた登極令も、憲法施行前日に廃止されました。これまで見てきたように、大正改元と昭和改元

は、いずれも皇室典範と登極令の定めにより改元が行われたため、昭和二十二年（一九四七）施行の新憲法により、元号の法的根拠が失われることになりました。

実は、新憲法の公布された昭和二十一年（一九四六）十一月には、新皇室典範の制定にあたって、典範内の「国務的な事項」は、他の法制によることとされ、典範の元号規定も、削除される方向となっていました。そのため、政府では内閣法制局に検討させ、「元号法案」を準備しています。そこには、「①皇位の継承があったときは、新たに元号を定め、一世の間これを改めない。②元号は、政令でこれを定める」とされ、附則として、「①この法律は、日本国憲法施行の日から、これを施行する、②現在の元号は、この法律による元号とする」と定められていました。これは、のちの元号法の条文と非常によく似ています。その後、この「元号法案」は閣議決定されましたが、GHQ民政局の反対により、結局当時は法制化を断念します。それによって元号はその法的根拠を失うことになりました。

その後、元号については、しばしば国会でも議論されています。昭和二十年代には、明治改元当時の行政官布告にある、一世一元の規定が現在も効力を持っているという主張がなされることもありましたが、のちには法的根拠がないものの、「事実たる慣習」として元号が使われている、と政府も答弁しています。政府では、昭和三十年代には、総理府に設けられた「公式制度連絡調査会議」で元号について議論されていますが、法制化には至りませんでした。一方、民間においては、昭和四十年代頃から、元号法制化の動きが徐々に活発化し、政権与党の自民党でも、法制化に向けた動きが散見するようになります。そのような中、元号法制化に反対する活動も活発に行われ、元号制度だけにとどまらないさまざまな議論がなされました。

昭和五十四年（一九七九）二月、時の大平内閣は、昭和二十一年の内閣法制局の案に沿った簡明な条文の「元号法案」を閣議決定し、国会に提出しました。国会では多くの議論がなされ、参考人聴取も行われています。当時の世論調査では約八割が元号の法制化に賛成であり、衆議院と参議院を通過し、六月十二日には、「元号法」として施行されることになりました。

この元号法は、第一項に「元号は、政令で定める」とし、第二項には「元号は、皇位の継承があった場合に限り改める」としています。また、附則で、①この法律は、公布の日から施行する、②昭和の元号は、本則第一項の規定に基づき定められたものとする、と規定しています。これにより、「事実たる慣習」の元号について、法的な位置づけが明確化し、天皇の代替わりに改元が行われることが決定しました。

❖改元の経緯

元号法成立後の昭和五十四年十月には、元号制定の具体的な方法について、「閣議報告」がなされています。それによれば、元号案は、内閣総理大臣により高い識見を持つ者若干名に考案を委嘱すること、それぞれ「二ないし五」案を、意味や典拠等の説明を含めて提出することとされました。その際に、元号選定の基準として、①国民の理想としてふさわしいような良い意味を持つものであること、②漢字二字であること、③書きやすいこと、④読みやすいこと、⑤これまでに元号またはおくり名として用いられたものでないこと、⑥俗用されているものでないこと、の六項目が示されています。

それから十年後、昭和天皇は、昭和六十四年一月七日午前六時三十三分、皇居内の吹上御所で崩御されました。これにより元号史上最長となる六十四年にわたった昭和元号も幕を閉じることになりましたが、政府では、あらかじめ数人の学者らに考案を委嘱していた元号案の中から絞りこんだ三つの案（「平成」「修文」「正化」）を、「元号に関する懇談会」に諮って意見を聴取し、さらに衆議院と参議院の正副議長にも意見を聞いています。その後、全閣僚会議で報告がなされ、いずれの閣僚も賛同したため、直ちに臨時閣議が開かれ、最善案として「平成」に決定されました。その新元号「平成」を竹下首相の談話とともに小渕官房長官が記者会見で発表しました。その出典は『史記』五帝本紀に「内平外成」、『書経』大禹謨に「地平天成」とあり、政府が「国の内外にも天地にも平和が達成される」事を意味すると説明しています。それが施行されたのは翌八日午前零時からです。

新元号「平成」を発表する小渕官房長官（産経新聞社）

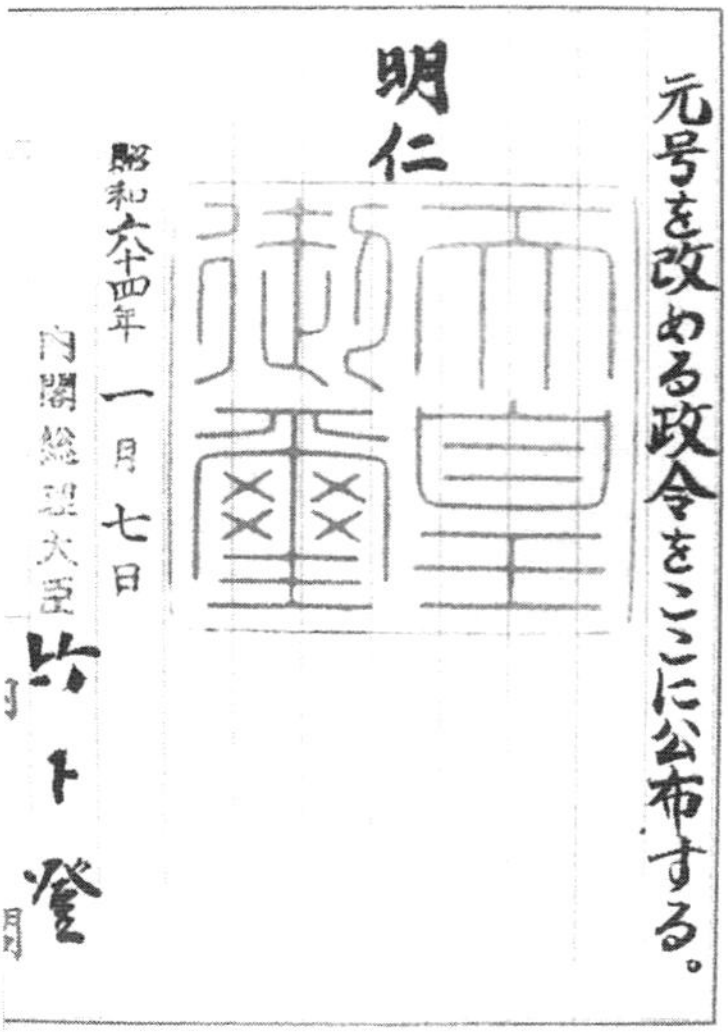
元号を改める政令をここに公布する。

明仁

昭和六十四年一月七日

内閣総理大臣　竹下登

「平成」改元の詔書（内閣官房）

248▼ 【令和《れいわ》】

①改元理由：代始改元
②改元年月日：平成《へいせい》三十一年（令和元年）五月一日（施行）／西暦二〇一九年五月一日
③使用期間：未定（使用準備のため、施行の一か月前〈平成三十一年四月一日〉に公表）
④出典：『万葉集』（巻五、「梅花歌三十二首并《セテ》序」）
⑤勘申者：報道によれば中西進（国際日本文化研究センター名誉教授、奈良県立万葉文化館名誉館長）、ほかに石川忠久（二松学舎大学名誉教授、漢字文化振興会会長）など
⑥天皇：令和の天皇（平成の皇太子）
⑦元号を冠する用語等：なし

❖「令和」改元の画期的な意義

今回の改元は、千三百年以上続いている日本年号（元号）の歴史上、画期的な意義を有します。その特徴は、まず約二百年ぶりの「譲位」（生前退位）による皇位継承の代始改元であること、ついで古来漢籍（中国の古典）を出典としてきましたが、はじめて国書（日本の古典）の『万葉集』が典拠とされたこと、さらに前回と同じく「元号法」に基づきながら、皇位継承の一か月前に決定し公表されたことです。各々について要点を説明します。

❖「高齢譲位」による皇位継承の代始改元

現行の皇室典範は第四条に「天皇が崩じたときは、皇嗣が、直ちに即位する」と終身在位の原則を定めています。しかし、皇統史上、生前退位された方は、第三十五代皇極女帝（在位六四二〜六四五年）から第百十九代光格天皇（在位一七七九〜一八一七年）まで六十例ほどみられます。

ただ、それ以降、仁孝─孝明─明治─大正─昭和と五代にわたって直系父子の終身在位が続いてきました。その上、明治の皇室典範が第十条で「天皇崩ズルトキハ皇嗣即チ践祚シ祖宗ノ神器ヲ承ク」と明文化し、それが前掲の現行典範に引き継がれています。しがたって、第百二十五代の今上陛下も終身在位されるだろうと思い込んできました。

ところが、父帝の崩御直後に五十五歳で皇位を継承された今上陛下は、平成二十八年（二〇一六）八月、「日本国の象徴」（元首のような国家の代表者）および「国民統合の象徴」（全国民の一体的な中心者）としての役割（国事行為・公的行為・祭祀行為など）を、日々模索しながら全力で果たしてきたけれども、そのようなつとめが高齢化の進行により困難となることを懸念して、元気なうちにそれを次世代の後継者に譲る必要がある、という叡慮を公表されました。

すると、それを視聴した大多数の国民が理解と共感を示しています。そこで、政府も国会も慎重に検討を重ね、翌二十九年（二〇一七）六月、「天皇の退位等に関する皇室典範特例法」を衆参両院の出席議員が全員賛成して制定するに至りました。それは、天皇の終身在位を原則として残しながら、高齢による退位（譲位）を特例として可能にしたのです。

この特例法に基づき、「皇室会議」も経て、今上陛下（八十五歳）は平成三十一年四月三十日限りで退位され、皇嗣の皇太子殿下（五十九歳）が五月一日に即位（古来「践祚《せんそ》」という）されることになりました。それに伴って「一世一元」の元号「平成」も改められるわけです。

❖はじめて国書の『万葉集』を典拠とした「令和」

元号の文字を考案する典拠は、史料の判明する平安前期末の「延長」（改元九二三年、出典『文選』）から最近の「平成」（改元一九八九年、出典『史記』と『書経』）まで、すべて漢籍が使われてきました。しかしながら今回は、はじめて国書が用いられ、しかもそれが歴史書ではなく文学書の『万葉集』から採られたことに驚いています。

ただ、今回は採択された「令和」以外の五案も、新元号公表後、関係者から漏れ伝わり報道されましたが、そのうち「久化」「万保」「万和」の三案は漢籍に拠っています。しかも、かつて「久化」は一回、「万保」は八回、「万和」は十四回も候補にのぼったことがあります。

すなわち、森本角蔵著『日本年号大観』（目黒書店、昭和八年）によれば、まず「久化」は、「正和」改元（一三一二年）の時、藤原俊光が『隋書』の「簡而可久、化之所感」から勘申しています。また、「万保」は「寛延」改元（一七四八年）の時、菅原為範が『毛詩』（詩経）の「君子万年、保其家邦」から勘申して以降八回、さらに「万和」は、「貞和」改元（一三四五年）の時、菅原長員が『史記』の「万国和」から勘申し、「文和」改元（一三五二年）の時、菅原総長が『文選』の「万邦協和」から勘申して以来十二回も候補にのぼり、「永徳」改元（一三八一年）の時、菅原秀長が『五行大義』の「万物和合」から勘申しています。

一方、国書に拠ったと伝えられるのは「英弘」「広至」「令和」の三案です。このうち「英弘」は、

『古事記』の序文（太安万侶作の漢文）に「飛鳥清原大宮御大八州（天武）天皇……敷英風、以弘国」とあり、ここから採られたものとみられます。また「広至」は、『日本書紀』欽明天皇三十一年四月乙酉条に「徽猷広被、至徳魏々」とあり、ここから採られたのではないかといわれています。

この「英弘」も「広至」も、日本最古の歴史書として現存する『古事記』（七一二年撰上）と『日本書紀』（七二〇年勅撰）を典拠としており、文字も意味も良いと思われます。しかしながら、それ以上に最も良いと判定され採択されたのが、『万葉集』を典拠とした「令和」です。

現存する『万葉集』は、全二十巻に約四五一六首の和歌を収めています。その編纂は何段階も経て、大伴家持が奈良時代末期の宝亀年間（七七〇〜七八一年）に完成したと推定されております（中西進氏『万葉集　全訳注原文付』解説参照）。その巻五には、大伴家持の父である大伴旅人や山上憶良の名歌を収めており、典拠となったのは「大宰帥大伴卿（旅人）宅宴梅花歌三十二首幷《セテ》序」の序文です。それは旅人か憶良の手になる流麗な漢文で書かれています。それを少しわかりやすく、読み下し文にして左に抄出します（丸括弧内は前掲書などを参考にした訳注）。

天平二年（七三〇）正月十三日に、帥《そち》の老《おきな》（大宰府長官の大伴旅人、六十五歳）の宅《いえ》に萃《あつ》まりて宴会を申《ひら》く。時に初春（旧暦一月）の令月（好《よ》き月）にして、氣淑《よ》く（空気は美しく）風和ぎ（風はやわらかに）、梅は鏡前《きょうぜん》の粉《こ》を披《ひら》き（梅は美女の鏡の前に装う白粉《おしろい》のごとく白く咲き）、蘭は珮《はい》後《ご》の香を薫《かおら》す。しかのみならず、曙《あさけ》の嶺に雲移り、松は羅《うすもの》（薄い絹のような雲）を掛けて蓋《きぬがさ》を傾け、夕《ゆうべ》の岫《くき》（山のくぼみ）に霧結び、鳥は縠《うすもの》（ちりめん）に封《こ》めらえて林に迷《まど》う。庭には新蝶舞い、空には故鴈《こがん》帰る。ここに天を蓋《きぬがさ》とし、地を坐《しきい》とし、膝を促《ちかづ》け觴《さかずき》を飛ばす（酒杯をくみかわす）。……もし翰苑《かんえん》（文章）にあらずは、何を以《も》ちてか情《こころ》を攄《の》べん。（唐では）詩（詩経）に落梅の篇（梅の実の落ちる詩）を紀《しる》す。古《いにしえ》と今とそれ何ぞ異ならん。宜しく園（庭）の梅を賦《ふ》して、聊《いささ》かに短詠を成すべし（和歌を詠もう）。

この序文の冒頭部分は、王羲之《おうぎし》の「蘭亭序」の形式に依り、また『文選』所収の張衡作「帰田賦」にみえる「仲春令月、時和気清」という表現を参考にしており、それをふまえた序文中の「令」と「和」を組み合わせて「令和」という元号が創成されたわけです。

元号としては「れいわ」（Ｒｅｉｗａ）と読む（「れい」は漢音、「わ」は呉音）ことが内閣告示で公表されています。これを人名に付けて「よしかず」とか「のりかず」と訓読する例もありますように、「令」は「よし」（好・嘉）、「のり」（法・則）の意味をもっています。それゆえ、四月一日正午、安倍首相は談話の中で「この令和には、人々が美しく心を寄せ合う中で、文化が生まれ育つ、という意味が込められております」と説明しています。

しかも、初春に外交を統括していた大宰府の長官公邸で「梅花」を賞《め》でながら、三十二人の官人たちが公邸に集まり和歌を詠んだ宴会の状況を記す序文ということにも、大きな意味があります。いわゆる天平文化の開花した当時、遣唐使などからもたらされた唐風の文物を享受していた彼らは、中国伝来の梅の花と香りを愉しむハイカラな宴会を開き、その席において漢詩ではなく日本古来の和歌（やまとうた）を詠むような、国際的センスと伝統的教養を兼ね備えていたことがわかります。

さらに、初春に開花する梅は、古来「梅は寒苦を経て清風を発す（放つ）」といわれますが、それをふまえて首相も談話の中で「厳しい寒さの後に春の訪れを告げ、見事に咲き誇る梅の花のように、一人ひとりの日本人が、明日への希望とともに、それぞれの花を大きく咲かせることができる。そうした日本でありたい、との願いを込め、令和に決定いたしました」と述べています。

❖施行一か月前に公表された新元号

この新元号「令和」は、元号選定の条件（国民の理想を表すにふさわしい良い二文字で、読みやすく書きやすく、先例がなく俗用されていないこと）に十分かなっています。しかも、それが「元号法」にいう「皇位の継承があった場合」の五月一日より一か月前に、政府の閣議で「政令」を決定して直ちに公表されたのは、書式のつくり直しや機器の切り替えなどを要する国民生活への配慮として理解できます。

ただ、その政令は、現行憲法の第七条に定める象徴天皇の国事行為として、天皇が署名され公印（「天皇御璽」と刻された金印）を押さしめることになっています。それゆえ、今回はまだ在位中の今上陛下が署名され、皇太子殿下が政府から説明を受けられました。この点は、閣議決定を行ってから新元号を内定案として公表し、やがて天皇の即位当日、新天皇のもとで政令の公布手続きを終えて正式の新元号が施行されるようにすることも、次回に向けて検討する必要があると思われます。

なお、今回の元号考案者（おそらく数名）は、前回の「平成」と同じく公表されていません。しかし、新元号「令和」は、四月一日の発表後まもなく、『万葉集』研究の第一人者で六年前に文化勲章を受章しておられる中西進氏（八十九歳）だろうと報じられています。

この点に関して中西博士は、四月十二日に東京都内の万葉集講座で「元号は世の中の一人の個人が決めることではない」（同日夕刻産経ニュースなど）と述べ、また十四日に自ら館長をつとめる「高志の国文学館」（富山市）において、「これは誰かがもし考えたとしても、それは粘土細工の粘土を出しただけで、それを加工してつくる、それは恐らく神とか天とか言われる人なんでしょう」（十五日テレビ朝日NEWS）、「元号は個人の所有物ではない」「美しい風土に限りない感謝と尊敬を持ちながら、国民の一人として令和という時代になることを喜んで迎えたい」（十六日読売新聞オンライン）と笑顔で語っておられます。

新元号「令和」を発表する管官房長官
（産経新聞社）

政令

元号を改める政令をここに公布する。

御名　御璽

平成三十一年四月一日

内閣総理大臣　安倍　晋三

政令第百四十三号

元号を改める政令

内閣は、元号法（昭和五十四年法律第四十三号）第一項の規定に基づき、この政令を制定する。

元号を令和に改める。

附　則

この政令は、天皇の退位等に関する皇室典範特例法（平成二十九年法律第六十三号）の施行の日（平成三十一年四月三十日）の翌日から施行する。

内閣総理大臣　安倍　晋三

告示

○内閣告示第一号

元号を改める政令（平成三十一年政令第百四十三号）の規定により定められた元号の読み方は、次のとおりである。

令和《れいわ》

平成三十一年四月一日

内閣総理大臣　安倍　晋三

「令和」に元号を改める政令（官報号外）

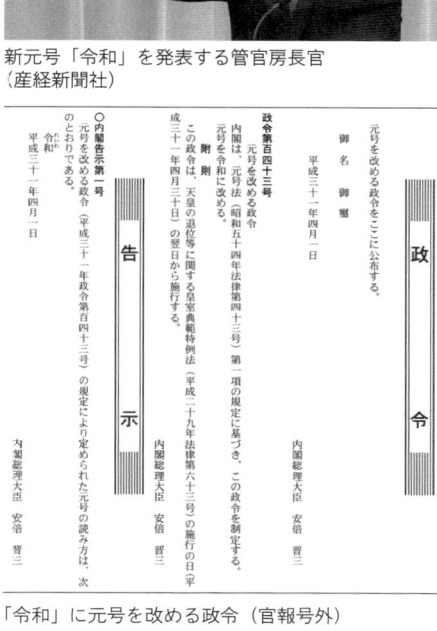

あとがき

はや三年前の平成二十八年（二〇一六）八月八日、今上陛下は、「日本国の象徴」「日本国民統合の象徴」としてのつとめを、皇后陛下とともに全力で果たしてきたが、その責任と役割を後継者の皇太子殿下に譲り末永く続けてほしい、という御意向を、ビデオメッセージで伝えられました。

すると、それに大多数の日本人が理解と共感を示しましたので、その実現に向けて政府も国会も真剣に取り組み、翌平成二十九年（二〇一七）六月、「天皇の退位等に関する皇室典範特例法」を、出席議員全員の賛成により成立させました。それに基づきまして、平成三十一年（二〇一九）の四月三十日限りで今上陛下（八十五歳）が退位され、翌五月一日から皇太子殿下（五十九歳）が践祚（即位）されることが可能になったのです。

この皇位継承に伴って「平成」が終わり、新しい元号に改められます。そこで、この機会に岡田芳朗氏著『旧暦読本』（創元社）のような読み物事典として『元号読本』を出版したい、という企画が創元社で立てられ、その執筆依頼を一年数か月前にいただきました。

しかしそのころ、私は友人の久禮旦雄氏と吉野健一氏とに協力を得て、文春新書から『元号――年号から読み解く日本史』を出そうとしていたところでしたから、同じようなものをつくるわけにいかないのと、また私が他用で多忙を極めて余裕がないため、しばらく躊躇していました。

けれども、編集局の松浦利彦氏から熱心なお勧めが続きましたので、具体的には私の編著『日本年号史大事典』（雄山閣、平成二十六年）などを参考にして、個々の元号に関するさまざまなエピソードなどを盛りこんだ草稿を、前記の久禮・吉野両氏に分担してもらう、ということでお引き受けしました。

その後、松浦氏が上手に督励を続けられ、また久禮氏が「大化」から「元弘」まで、また吉野氏が「建武」から「慶応」まで、さらに私が「序章　年号・元号制度の基礎知識」と「明治」から新元号「令和」までの執筆に全力を注ぎ、何とか改元直後までに仕上げることができました。

このたびの改元は、約二百年ぶりの譲位（生前退位）により新天皇が践祚（即位）される五月一日から施行されます。しかも、それを使用する一般国民の便宜（書式のつくり直しや機器の切り換えなど）に配慮して、一か月前の四月一日に決定し公表されました。

そのため、四十年前（昭和五十四年）に成立した「元号法」には「元号は、政令で定める」とあり、その政令は時の天皇に署名を賜って公布されることになっています。したがって、今回は平成の天皇が署名され、皇太子が説明を受けられて、直ちに公表という手順になったわけです。

この点は、原案の選び方、精選の進め方、発表のあり方なども含めて、今後のために総合的な再検討を要しますが、まずは、はじめて国書の『万葉集』を典拠とする新元号「令和」がスムーズに誕生したことを、心から言祝《ことほ》ぎたいと思います。

ところで、一般国民は私的にどのような紀年法を用いても自由ですが、公的機関などでは「元号

元　号（一世一元）	**西　暦**（キリスト生誕紀元）
● **漢字**による理想の表明	● **数字**による時点の表示
● 代始ごとに改元する**年代帯**	● キリスト生誕年からの**連続線**
● 人間的な**和風文化**	● 機械的な**洋風文明**
● 地域に根ざした**ローカルな知恵**	● 地域を越えた**グローバルな知識**

法」に基づいて定められた元号を優先して使うことが望まれます。もちろん、現在世界各地に流布している西暦も、必要に応じて専用したり併用してかまわないのですが、もしキリスト生誕紀元の西暦を日本の公式紀年とすれば、政教分離の原則をとる日本国憲法に抵触する恐れがあることを、GHQ側から昭和二十五年（一九五〇）に指摘されています。

あらゆる面で国際化が加速する現在、西暦を多用する傾向にあるのは当然ですが、数字の利便性とは別に漢字による元号のもつ文化的な意義を忘れてよいはずがありません。

幸い今回の改元前後に元号への関心が若い人々にも高まっております。その元号文化を一段と深く広く理解するために、本書が末永く愛読されますことを、ひそかに念じてやみません。

末筆ながら、漢籍に疎い戦後育ちの私共が年号・元号について研究できますのは、先学のおかげであることを明記し感謝したいと思います。その一人、というより一族は菅原道真の子孫で、年号案の勘申を続けた人々です。特に鎌倉時代の菅原（高辻）長成は、『元秘抄』『元秘別録』と題する元号文字の総合資料集を編纂し、その子孫が増補を続けて幕末に至っています。

もう一人は、『日本年号大観』と題する文字どおりの大著（A5判、八九二頁、他に詳細な折込図表十五葉、目黒書店、昭和八年）を著された森本角蔵氏です。

同氏は明治十六年（一八八三）鳥取県生まれで、長らく東京高等師範学校教授をつとめ、戦後の昭和二十八年（一九五三）に七十歳で亡くなっています。在職中に『四書索引』や『五経索引』をつくり、さらに昭和八年に『日本年号大観』を出版しています。

その序文によれば、森鷗外の『元号考』も参考にしながら、宮内省図書寮（現在の宮内庁書陵部）や内閣文庫（現在の国立公文書館）などの所蔵史料を博捜して、「なるべく客観的に、帰納的に、具体的に、資料を整頓し、提示し、あるがままの姿によって（公年号の全容を）立論することに努め」られたのです。その多大なる学恩を蒙ってきた私共は、今後さらに実証的な研究を続けていかなければならないと思っております。

まもなく令和元年を迎える平成三十一年（二〇一九）四月吉日

所　功

参考文献（おもなもののみ記載）

- 森本角蔵著『日本年号大観』目黒書店、昭和八年
- 帝国学士院編纂『宸翰英華』（図版編二冊、解説編二冊）紀元二千六百年奉祝会、昭和十九年
- 所功著『日本の年号――揺れ動く〈元号〉問題の原点』雄山閣、昭和五十二年
- 所功著『年号の歴史――元号制度の史的研究』雄山閣、昭和六十三年（増補版、平成元年）
- 佐藤均著『革命・革令勘文と改元の研究』佐藤均著作集刊行会、平成三年
- 宸翰英華別篇編修会編『宸翰英華 別篇 北朝』（図版篇・解説篇）思文閣出版、平成四年
- 久保貴子著『近世の朝廷運営――朝幕関係の展開』岩田書院、平成十年
- 米田雄介編『歴代天皇・年号事典』吉川弘文館、平成十五年
- 所功著『歴代天皇の実像』モラロジー研究所、平成二十一年
- 皇室事典編集委員会編著『皇室事典』角川学芸出版、平成二十一年（角川ソフィア文庫、平成三十一年）
- 所功編著『日本年号史大事典』雄山閣、平成二十六年（普及版、平成二十九年）
- 岡田芳朗著『改訂新版 旧暦読本――日本の暮らしを愉しむ「こよみ」の知識』創元社、平成二十七年
- 所功・久禮旦雄・吉野健一著『元号――年号から読み解く日本史』文春新書、平成三十年

年号・元号索引

【さ】

【た】

169 **観応**［北朝］ 貞和6年2月27日 1350/4/4
170 **文和**［北朝］ 観応3年9月27日 1352/11/4
171 **延文**［北朝］ 文和5年3月28日 1356/4/29
172 **康安**［北朝］ 延文6年3月29日 1361/5/4
173 **貞治**［北朝］ 康安2年9月23日 1362/10/11
174 **応安**［北朝］ 貞治7年2月18日 1368/3/7
175 **永和**［北朝］ 応安8年2月27日 1375/3/29
176 **康暦**［北朝］ 永和5年3月22日 1379/4/9
177 **永徳**［北朝］ 康暦3年2月24日 1381/3/20
178 **至徳**［北朝］ 永徳4年2月27日 1384/3/19
179 **嘉慶**［北朝］ 至徳4年8月23日 1387/10/5
180 **康応**［北朝］ 嘉慶3年2月9日 1389/3/7
181 **明徳**［北朝］ 康応2年3月26日 1390/4/12
182 **応永** 明徳5年7月5日 1394/8/2
183 **正長** 応永35年4月27日 1428/6/10
184 **永享** 正長2年9月5日 1429/10/3
185 **嘉吉** 永享13年2月17日 1441/3/10
186 **文安** 嘉吉4年2月5日 1444/2/23
187 **宝徳** 文安6年7月28日 1449/8/16
188 **享徳** 宝徳4年7月25日 1452/8/10
189 **康正** 享徳4年7月25日 1455/9/6
190 **長禄** 康正3年9月28日 1457/10/16
191 **寛正** 長禄4年12月21日 1461/2/1
192 **文正** 寛正7年2月28日 1466/3/14
193 **応仁** 文正2年3月5日 1467/4/9
194 **文明** 応仁3年4月28日 1469/6/8
195 **長享** 文明19年7月20日 1487/8/9
196 **延徳** 長享3年8月21日 1489/9/16
197 **明応** 延徳4年7月19日 1492/8/12
198 **文亀** 明応10年2月29日 1501/3/18
199 **永正** 文亀4年2月30日 1504/3/16
200 **大永** 永正18年8月23日 1521/9/23
201 **享禄** 大永8年8月20日 1528/9/3
202 **天文** 享禄5年7月29日 1532/8/29
203 **弘治** 天文24年10月23日 1555/11/7
204 **永禄** 弘治4年2月28日 1558/3/18
205 **元亀** 永禄13年4月23日 1570/5/27
206 **天正** 元亀4年7月28日 1573/8/25
207 **文禄** 天正20年12月8日 1593/1/10
208 **慶長** 文禄5年10月27日 1596/12/16
209 **元和** 慶長20年7月13日 1615/9/5
210 **寛永** 元和10年2月30日 1624/4/17
211 **正保** 寛永21年12月16日 1645/1/13
212 **慶安** 正保5年2月15日 1648/4/7
213 **承応** 慶安5年9月18日 1652/10/20
214 **明暦** 承応4年4月13日 1655/5/18
215 **万治** 明暦4年7月23日 1658/8/21
216 **寛文** 万治4年4月25日 1661/5/23
217 **延宝** 寛文13年9月21日 1673/10/30
218 **天和** 延宝9年9月29日 1681/11/9
219 **貞享** 天和4年2月21日 1684/4/5
220 **元禄** 貞享5年9月30日 1688/10/23
221 **宝永** 元禄17年3月13日 1704/4/16
222 **正徳** 宝永8年4月25日 1711/6/11
223 **享保** 正徳6年6月22日 1716/8/9
224 **元文** 享保21年4月28日 1736/6/7
225 **寛保** 元文6年2月27日 1741/4/12
226 **延享** 寛保4年2月21日 1744/4/3
227 **寛延** 延享5年7月12日 1748/8/5
228 **宝暦** 寛延4年10月27日 1751/12/14
229 **明和** 宝暦14年6月2日 1764/6/30
230 **安永** 明和9年11月16日 1772/12/10
231 **天明** 安永10年4月2日 1781/4/25
232 **寛政** 天明9年1月25日 1789/2/19
233 **享和** 寛政13年2月5日 1801/3/19
234 **文化** 享和4年2月11日 1804/3/22
235 **文政** 文化15年4月22日 1818/5/26
236 **天保** 文政13年12月10日 1831/1/23
237 **弘化** 天保15年12月2日 1845/1/9
238 **嘉永** 弘化5年2月28日 1848/4/1
239 **安政** 嘉永7年11月27日 1855/1/15
240 **万延** 安政7年3月18日 1860/4/8
241 **文久** 万延2年2月19日 1861/3/29
242 **元治** 文久4年2月20日 1864/3/27
243 **慶応** 元治2年4月7日 1865/5/1
244 **明治** 慶応4年9月8日 1868/10/23
245 **大正** 明治45年7月30日 1912/7/30
246 **昭和** 大正15年12月25日 1926/12/25
247 **平成** 昭和64年1月7日（施行1月8日） 1989/1/7
248 **令和** 平成31年（令和元年） 5月1日施行（4月1日公表） 2019/5/1

083	**大治**	天治3年1月22日	1126/2/15
084	**天承**	大治6年1月29日	1131/2/28
085	**長承**	天承2年8月11日	1132/9/21
086	**保延**	長承4年4月27日	1135/6/10
087	**永治**	保延7年7月10日	1141/8/13
088	**康治**	永治2年4月28日	1142/5/25
089	**天養**	康治3年2月23日	1144/3/28
090	**久安**	天養2年7月22日	1145/8/12
091	**仁平**	久安7年1月26日	1151/2/14
092	**久寿**	仁平4年10月28日	1154/12/4
093	**保元**	久寿3年4月27日	1156/5/18
094	**平治**	保元4年4月20日	1159/5/9
095	**永暦**	平治2年1月10日	1160/2/18
096	**応保**	永暦2年9月4日	1161/9/24
097	**長寛**	応保3年3月29日	1163/5/4
098	**永万**	長寛3年6月5日	1165/7/14
099	**仁安**	永万2年8月27日	1166/9/23
100	**嘉応**	仁安4年4月8日	1169/5/6
101	**承安**	嘉応3年4月21日	1171/5/27
102	**安元**	承安5年7月28日	1175/8/16
103	**治承**	安元3年8月4日	1177/8/29
104	**養和**	治承5年7月14日	1181/8/25
105	**寿永**	養和2年5月27日	1182/6/29
106	**元暦**	寿永3年4月16日	1184/5/27
107	**文治**	元暦2年8月14日	1185/9/9
108	**建久**	文治6年4月11日	1190/5/16
109	**正治**	建久10年4月27日	1199/5/23
110	**建仁**	正治3年2月13日	1201/3/19
111	**元久**	建仁4年2月20日	1204/3/23
112	**建永**	元久3年4月27日	1206/6/5
113	**承元**	建永2年10月25日	1207/11/16
114	**建暦**	承元5年3月9日	1211/4/23
115	**建保**	建暦3年12月6日	1214/1/18
116	**承久**	建保7年4月12日	1219/5/27
117	**貞応**	承久4年4月13日	1222/5/25
118	**元仁**	貞応3年11月20日	1224/12/31
119	**嘉禄**	元仁2年4月20日	1225/5/28
120	**安貞**	嘉禄3年12月10日	1228/1/18
121	**寛喜**	安貞3年3月5日	1229/3/31
122	**貞永**	寛喜4年4月2日	1232/4/23
123	**天福**	貞永2年4月15日	1233/5/25
124	**文暦**	天福2年11月5日	1234/11/27
125	**嘉禎**	文暦2年9月19日	1235/11/1
126	**暦仁**	嘉禎4年11月23日	1238/12/30
127	**延応**	暦仁2年2月7日	1239/3/13
128	**仁治**	延応2年7月16日	1240/8/5
129	**寛元**	仁治4年2月26日	1243/3/18
130	**宝治**	寛元5年2月28日	1247/4/5
131	**建長**	宝治3年3月18日	1249/5/2
132	**康元**	建長8年10月5日	1256/10/24
133	**正嘉**	康元2年3月14日	1257/3/31
134	**正元**	正嘉3年3月26日	1259/4/20
135	**文応**	正元2年4月13日	1260/5/24
136	**弘長**	文応2年2月20日	1261/3/22
137	**文永**	弘長4年2月28日	1264/3/27
138	**建治**	文永12年4月25日	1275/5/22
139	**弘安**	建治4年2月29日	1278/3/23
140	**正応**	弘安11年4月28日	1288/5/29
141	**永仁**	正応6年8月5日	1293/9/6
142	**正安**	永仁7年4月25日	1299/5/25
143	**乾元**	正安4年11月21日	1302/12/10
144	**嘉元**	乾元2年8月5日	1303/9/16
145	**徳治**	嘉元4年12月14日	1307/1/18
146	**延慶**	徳治3年10月9日	1308/11/22
147	**応長**	延慶4年4月28日	1311/5/17
148	**正和**	応長2年3月20日	1312/4/27
149	**文保**	正和6年2月3日	1317/3/16
150	**元応**	文保3年4月28日	1319/5/18
151	**元亨**	元応3年2月23日	1321/3/22
152	**正中**	元亨4年12月9日	1324/12/25
153	**嘉暦**	正中3年4月26日	1326/5/28
154	**元徳**	嘉暦4年8月29日	1329/9/22
155	**元弘**	元徳3年8月9日	1331/9/11
156	**建武**	元弘4年1月29日	1334/3/5
157	**延元**[南朝]	建武3年2月29日	1336/4/11
158	**興国**[南朝]	延元5年4月28日	1340/5/25
159	**正平**[南朝]	興国7年12月8日	1347/1/20
160	**建徳**[南朝]	正平25年月日不明	1370
161	**文中**[南朝]	建徳3年4月日不明	1372
162	**天授**[南朝]	文中4年月日不明	1375
163	**弘和**[南朝]	天授6-7年月日不明	1380-81
164	**元中**[南朝]	弘和4年月日不明	1384
165	**正慶**[北朝]	元徳4年4月28日	1332/5/23
166	**暦応**[北朝]	建武5年8月28日	1338/10/11
167	**康永**[北朝]	暦応5年4月27日	1342/6/1
168	**貞和**[北朝]	康永4年10月21日	1345/11/15

日本公年号一覧

（番号　公年号　改元年月日〈和暦・西暦〉）

001	**大化**	皇極天皇4年6月19日	645/7/17
002	**白雉**	大化6年2月15日	650/3/22
003	**朱鳥**	天武天皇15年7月20日	686/8/14
004	**大宝**	文武天皇5年3月21日	701/5/3
005	**慶雲**	大宝4年5月10日	704/6/16
006	**和銅**	慶雲5年1月11日	708/2/7
007	**霊亀**	和銅8年9月2日	715/10/3
008	**養老**	霊亀3年11月17日	717/12/24
009	**神亀**	養老8年2月4日	724/3/3
010	**天平**	神亀6年8月5日	729/9/2
011	**天平感宝**	天平21年4月14日	749/5/4
012	**天平勝宝**	天平感宝元年7月2日	749/8/19
013	**天平宝字**	天平勝宝9年8月18日	757/9/6
014	**天平神護**	天平宝字9年1月7日	765/2/1
015	**神護景雲**	天平神護3年8月16日	767/9/13
016	**宝亀**	神護景雲4年10月1日	770/10/23
017	**天応**	宝亀12年1月1日	781/1/30
018	**延暦**	天応2年8月19日	782/9/30
019	**大同**	延暦25年5月18日	806/6/8
020	**弘仁**	大同5年9月19日	810/10/20
021	**天長**	弘仁15年1月5日	824/2/8
022	**承和**	天長11年1月3日	834/2/14
023	**嘉祥**	承和15年6月13日	848/7/16
024	**仁寿**	嘉祥4年4月28日	851/6/1
025	**斉衡**	仁寿4年11月30日	854/12/23
026	**天安**	斉衡4年2月21日	857/3/20
027	**貞観**	天安3年4月15日	859/5/20
028	**元慶**	貞観19年4月16日	877/6/1
029	**仁和**	元慶9年2月21日	885/3/11
030	**寛平**	仁和5年4月27日	889/5/30
031	**昌泰**	寛平10年4月26日	898/5/20
032	**延喜**	昌泰4年7月15日	901/8/31
033	**延長**	延喜23年閏4月11日	923/5/29
034	**承平**	延長9年4月26日	931/5/16
035	**天慶**	承平8年5月22日	938/6/22
036	**天暦**	天慶10年4月22日	947/5/15
037	**天徳**	天暦11年10月27日	957/11/21
038	**応和**	天徳5年2月16日	961/3/5
039	**康保**	応和4年7月10日	964/8/19
040	**安和**	康保5年8月13日	968/9/8
041	**天禄**	安和3年3月25日	970/5/3
042	**天延**	天禄4年12月20日	974/1/16
043	**貞元**	天延4年7月13日	976/8/11
044	**天元**	貞元3年11月29日	978/12/31
045	**永観**	天元6年4月15日	983/5/29
046	**寛和**	永観3年4月27日	985/5/19
047	**永延**	寛和3年4月5日	987/5/5
048	**永祚**	永延3年8月8日	989/9/10
049	**正暦**	永祚2年11月7日	990/11/26
050	**長徳**	正暦6年2月22日	995/3/25
051	**長保**	長徳5年1月13日	999/2/1
052	**寛弘**	長保6年7月20日	1004/8/8
053	**長和**	寛弘9年12月25日	1013/2/8
054	**寛仁**	長和6年4月23日	1017/5/21
055	**治安**	寛仁5年2月2日	1021/3/17
056	**万寿**	治安4年7月13日	1024/8/19
057	**長元**	万寿5年7月25日	1028/8/18
058	**長暦**	長元10年4月21日	1037/5/9
059	**長久**	長暦4年11月10日	1040/12/16
060	**寛徳**	長久5年11月24日	1044/12/16
061	**永承**	寛徳3年4月14日	1046/5/22
062	**天喜**	永承8年1月11日	1053/2/2
063	**康平**	天喜6年8月29日	1058/9/19
064	**治暦**	康平8年8月2日	1065/9/4
065	**延久**	治暦5年4月13日	1069/5/6
066	**承保**	延久6年8月23日	1074/9/16
067	**承暦**	承保4年11月17日	1077/12/5
068	**永保**	承暦5年2月10日	1081/3/22
069	**応徳**	永保4年2月7日	1084/3/15
070	**寛治**	応徳4年4月7日	1087/5/11
071	**嘉保**	寛治8年12月15日	1095/1/23
072	**永長**	嘉保3年12月17日	1097/1/3
073	**承徳**	永長2年11月21日	1097/12/27
074	**康和**	承徳3年8月28日	1099/9/15
075	**長治**	康和6年2月10日	1104/3/8
076	**嘉承**	長治3年4月9日	1106/5/13
077	**天仁**	嘉承3年8月3日	1108/9/9
078	**天永**	天仁3年7月13日	1110/7/31
079	**永久**	天永4年7月13日	1113/8/25
080	**元永**	永久6年4月3日	1118/4/25
081	**保安**	元永3年4月10日	1120/5/9
082	**天治**	保安5年4月3日	1124/5/18

〈編著者略歴〉

所　功（ところ・いさお）
昭和十六年（一九四一）、岐阜県生まれ。名古屋大学文学部卒業、同大学院文学研究科修士課程修了。法学博士（慶應義塾大学）。日本法制文化史専攻。皇學館大学助教授、文部省教科書調査官を経て、京都産業大学教授。現在、京都産業大学名誉教授、モラロジー研究所教授、麗澤大学客員教授など。編著『日本年号史大事典』（雄山閣）、共編著『皇室事典』（角川学芸出版）、著書『年号の歴史――元号制度の史的研究』（雄山閣）、共著『元号――年号から読み解く日本史』『皇位継承』（文春新書）、『歴代天皇の実像』（モラロジー研究所）など。

久禮旦雄（くれ・あさお）
昭和五十七年（一九八二）、大阪府生まれ。同志社大学文学部卒業、京都大学大学院法学研究科博士後期課程修了。博士（法学、京都大学）。日本古代法制史専攻。モラロジー研究所研究員を経て現在、京都産業大学准教授。共著『日本年号史大事典』（雄山閣）、『元号――年号から読み解く日本史』（文春新書）など。

吉野健一（よしの・けんいち）
昭和五十九年（一九八四）、東京都生まれ。東京都立大学人文学部卒業、京都大学大学院文学研究科修士課程修了。日本近世史専攻。京都府立丹後郷土資料館学芸員を経て現在、京都府教育庁文化財保護課に勤務。共著『日本年号史大事典』（雄山閣）、『元号――年号から読み解く日本史』（文春新書）など。

元号読本《げんごうとくほん》
――「大化《たいか》」から「令和《れいわ》」まで全《ぜん》248年号《ねんごう》の読《よ》み物事典《ものじてん》

令和元年（二〇一九）五月二〇日　第一版第一刷発行

編著者　所功・久禮旦雄・吉野健一
発行者　矢部敬一
発行所　株式会社　創元社
〈本　社〉〒五四一-〇〇四七
大阪市中央区淡路町四-三-六
電話（〇六）六二三一-九〇一〇㈹
〈東京支店〉〒一〇一-〇〇五一
東京都千代田区神田神保町一-二　田辺ビル
電話（〇三）六八一一-〇六六二㈹
〈ホームページ〉https://www.sogensha.co.jp/

組版　はあどわあく　印刷　図書印刷

ISBN978-4-422-23040-5 C0021

改訂新版 旧暦読本

—日本の暮らしを愉しむ「こよみ」の知恵—

岡田芳朗著 暦法の基本的な仕組みから、二十四節気と七十二候、六十干支、雑節・節句などの生活暦、月や潮汐など天文学的知識まで詳しく解説。暦のすべてがわかる最新改訂版。 2000円

年中行事読本

—日本の四季を愉しむ歳時ごよみ—

岡田芳朗、松井吉昭著 盆正月や節句など季節のしきたりから社寺の祭事まで、現代に生きる年中行事の数々を月別で網羅。その意味や歴史を暮らしに即して解説した読み物事典。 1900円

十二支読本

—暦と運勢のしくみを読み解く—

稲田義行著 中国から伝わり、今なお日々の暮らしの中に息づく六十干支(かんし)について、発祥・発展の歴史をひもとき、年月日・時刻・方位・吉凶など様々な切り口で解説。 1800円

暦の歴史【「知の再発見」双書96】

J・D・ブルゴワン著、池上俊一監修、南條郁子訳 古代エジプトとマヤの暦はなぜ生まれたのか等、暦をめぐる歴史エピソードが満載。人類の叡智による「時のものさし」の五千年史。 1600円

古代マヤの暦

—予言・天文学・占星術—【アルケミスト双書】

ジェフ・ストレイ著、駒田曜訳 世界で最も複雑と言われるマヤ暦の仕組みから、マヤの予言までを解説。古代エジプト、インド、ローマなど、マヤ以外の文明の暦も紹介し、比較検討する。 1200円

日本の祭と神賑

—京都・摂河泉の祭具から読み解く祈りのかたち—

森田玲著 日本の祭のかたちを神輿・提灯・太鼓台・地車・唐獅子などの祭具の歴史から読み解き、京都と大阪(摂河泉)を中心に全国各地を探求。祭の本質と新たな魅力を描き出す。 2000円

古地図が語る大災害

—絵図・瓦版で読み解く大地震・津波・大火の記憶—

本渡章著 古代から近代までの古地図等を題材に、歴史上繰り返されてきた大地震・津波・大火の記録を読み解く。カラー図版多。折込み絵図・災害モニュメント探訪記の付録つき。 2000円

明治維新とは何だったのか

—薩長抗争史から「史実」を読み直す—

一坂太郎著 明治維新の主役は、内戦の勝者である薩摩・長州の出身者であった。薩長が主導した幕末維新の出来事を一次史料から丹念にたどり、現代につながる功罪を再検証する。 1500円

日本国憲法を生んだ密室の九日間

鈴木昭典著 連合国総司令部民政局次長以下二五人が、理想の民主国家の憲法を作成するチャンスに奮い立ち、情熱を傾けて執筆。憲法執筆の「密室の9日間」を生々しく再現。 2800円

すぐに役立つ366日記念日事典

日本記念日協会編、加瀬清志著 一年三六六日の記念日を網羅的に紹介。食、健康、交通、歴史などあらゆる記念日の由来やエピソードをわかりやすく解説した記念日ガイドの決定版。 1400円

*価格には消費税は含まれていません。